海外司马迁与《史记》研究丛书
主编 张新科 丁 波

青铜与竹简的世界

司马迁对历史的征服

[美] 侯格睿 著
丁 波 译
谢伟杰 审校

Worlds of Bronze and Bamboo:
Sima Qian's Conquest of History

商务印书馆
The Commercial Press

WORLDS OF BRONZE AND BAMBOO

by Grant Hardy

Copyright © Columbia University Press

Chinese Simplified translation copyright ©（2022）

by The Commercial Press,Ltd.

Published by arrangement with Columbia University Press

through Bardon-Chinese Media Agency

博达著作权代理有限公司

ALL RIGHTS RESERVED

For Heather, my 知己

总　序

　　司马迁是西汉时期左冯翊夏阳（今陕西韩城市）人，中国古代伟大的史学家、思想家、文学家，是世界文化名人。其创作的《史记》是我国第一部纪传体通史，全面叙述了从黄帝至汉武帝时期三千年来的政治、经济、文化多方面的历史发展，具有百科全书的特点，鲁迅先生称之为"史家之绝唱，无韵之离骚"，它在中国文化史上树立起一座巍峨的丰碑，具有永恒的价值和意义。《史记》不仅是中华民族的宝贵文化遗产，也是具有世界意义的历史学巨著。吕思勉先生《秦汉史》指出："通史之义有二：萃古今之事于一编，此通乎时者也。合万邦之事于一简，此通诸地者也。自古所谓世界史者，莫不以其所知之地为限。当谈、迁之时，所知之世界，固尽于其书之所著，则谓其书为当时之世界史可也。"《史记》记载历史，涉及的地域已经到了今天中亚、西亚一带，它也无愧是世界文化宝库中一颗璀璨的明珠。

　　《史记》在海外的传播最早从东亚一带开始。据史书记载，《史记》在魏晋南北朝时期传播到了朝鲜半岛。《北史·高丽传》

记载，唐以前"三史"传到高丽。《旧唐书·高丽传》说高丽"俗爱书籍"，"其书有《五经》，及《史记》、《汉书》、范晔《后汉书》、《三国志》、孙盛《晋阳秋》、《玉篇》、《字统》、《字林》，又有《文选》，尤爱重之"。据有关资料，自20世纪60年代以来，韩国出版韩文《史记》译本（包括全译和节译）数十种，在韩国诸多的《史记》选译中，"列传"是最为突出的部分。这些各具特色的译本，对于《史记》传播起了积极的作用。《史记》传入日本已有一千多年的历史。据覃启勋《史记与日本文化》著作考证，《史记》是在公元600年至604年之间由第一批遣隋使带回并始传日本的；明清之际，是《史记》东传日本的黄金时代。《史记》传入日本后，对日本的政治、文化等产生了重要影响。据《正斋书籍考》《三代实录》《日本纪略》以及《扶桑略记》等日本史书记载，上至天皇，下至幼童，包括僧徒，都在阅读《史记》，诸王诸臣也讲《史记》，甚至学生入学还要试《史记》，这种情况在全世界都是罕见的。在日本，各种形式的《史记》抄本、刻本，或选本，或全本，数量在百种以上，《史记》的传播和普及程度是非常广泛的。

《史记》在欧洲的传播时间稍晚。据有关资料，《史记》在18世纪传到俄国，俄国汉学家19世纪起就节译过《史记》。2010年，由越特金和其子花40年时间翻译的《史记》俄文版出版，这标志着《史记》全书第一个欧洲语言译本的问世。目前，《史记》在俄罗斯有广泛的影响。《史记》在欧美其他各国也有程度不同的传播。在法国，汉学家沙畹（Édouard Chavannes, 1865—1918）曾翻译《史记》，这在法国是个有一定影响的《史记》读本，而且是第一部西洋《史记》翻译，共五卷。2015年法文版《史记》全部出版，共九卷，由巴黎友丰书局的潘立辉先生主持编列。这套《史记》法文版由三部分构成：沙畹已翻译的五卷、康德谟补译的部分以及汉学家雅克·班岜诺教授续译的"列传"部分。美国自19世纪40年代开始关注《史记》，1840年出版的《中国丛报》开始有介绍司马迁的文章。20世纪50年代以来，华兹生（Burton Watson）和倪豪士（William H. Nienhauser）在《史记》英文翻译方面也取得了突出成就。在英国，也有学者翻译《史记》，较有代表性的是1994年雷蒙·道森（Raymond Dawson）《司马迁史记》，它作为"世界经典系列丛书"之一由牛津大学出版社出版。19世纪中期，奥地利汉学家先驱菲茨迈耶把《史记》24卷翻译成德文，这是最早的德文译介。其他国家如丹麦、匈牙利等也有《史记》译本。总体来看，《史记》从东亚到欧洲，传播范围逐步扩大。还应注意的是，1956年司马迁被列为世界文化名人后，尊崇司马迁、研究《史记》的人也更多了。

海外的《史记》研究，相对来说，东亚地区的研究由于时间长久，取得的成果较为丰富。比如韩国，自20世纪60年代以来，对《史记》的研究呈现出逐步发展的趋势。从研究的范围看，主要有司马迁的生平和思想研究、《史记》的历史性质研究、《史记》的语法研究、《史记》的文学性质研究、《史记》人物描写研究、

《史记》总体研究、《史记》与《汉书》比较研究等各方面。这些成果，无论从学术研究的方法上，还是从内容和水平上都开创了一个新时代。东亚地区日本《史记》研究的成果最为突出。据统计，仅现代而言，日本颇有影响的《史记》研究专家就有泷川资言、水泽利忠、宫崎市定、野口定男、加地伸行、池田四郎次郎、池田英雄、伊藤德男、今鹰真、青木五郎、佐藤武敏、藤田胜久等百余人，论著层出不穷。如泷川资言的《史记会注考证》广采博搜，汇集了日人及我国学者对《史记》的各家注释百余种，并加以考释。该书还在书后附有《史记总论》，包括太史公事历、《史记》名称、《史记》记事、《史记》体制等15个方面的内容。池田四郎次郎著、池田英雄校订增补的《史记研究书目解题》一书，对670多种《史记》研究的有关著作作了提要介绍，规模宏大，体例专精，远远超过了我国同类著作。池田英雄的专著《史记学50年》，详细介绍1945—1995年日本《史记》研究情况，并与中国的《史记》研究进行对比分析。在欧美及其他国家，翻译和研究《史记》并重。法国汉学家沙畹在翻译《史记》时，前面有长达250页的前言和导言，给读者全面介绍《史记》的来龙去脉，是西方汉学史上研究《史记》的最为权威的著作。美国学者如华兹生《司马迁：中国伟大的历史学家》、侯格睿《青铜与竹简的世界：司马迁对历史的征服》、杜润德《朦胧的镜子：司马迁笔下的矛盾与冲突》等著作，都是很有见地的著作。

由于《史记》具有不朽的魅力和永久的生命力，所以，引起海内外学者的广泛关注和持续研究。《史记》研究从汉代起步，至今已有两千多年的历史，取得了多方面的成就，并且逐渐形成了一门新的学问——"史记学"。"史记学"的建立，不是一朝一夕的事情，总体来说，要以大量的海内外《史记》研究资料为基础，以理论分析提升为指导，走综合化研究的道路，采取多样化的研究方法，集体协同攻关，并且加大与世界对话的力度，共同提高研究水平。为了弘扬中国优秀传统文化，实现"史记学"世界化的目标，促进《史记》研究向更广、更深的领域发展，目前急需要做的一项重要工作就是要将海外《史记》研究的成果介绍进来，以便互相借鉴和学习交流。正因此，我们策划了这套"海外司马迁与《史记》研究丛书"，聘请专业人士，有计划地翻译介绍海外《史记》研究的重要著作，以期为"史记学"的建立贡献绵薄之力。

这项重大工程，得到了陕西师范大学"长安与丝路文化传播学科创新引智基地"和商务印书馆的大力支持，在此我们表示衷心感谢。

张新科

2021 年 5 月 15 日

怎样读《史记》
——一位美国学者的答卷（代序）

张大可

怎样读《史记》，在当下学习中国传统文化蔚然成风的形势下，这无疑是一个大家很感兴趣的话题。北京史记研究会会长丁波先生恰好翻译了一本研究《史记》的书，作者是美国学者侯格睿，希望我看后写一点评介文字。我欣然接受，愿意为广大爱好读《史记》的朋友尽一点力。我发现侯格睿氏的论著有一种独特的视角，特别是怎样读《史记》，值得分享给广大读者。下面就是我的读后感，分三个题目来说。

一、侯格睿氏阅读《史记》的切入点

侯格睿是一位美国当代学者，他写了一本有助阅读《史记》的论著：《青铜与竹简的世界》。这一名称是不是有点怪怪的？它怎么与《史记》相联系呢？书名的副题揭示了谜底："司马迁对历史的征服"。原来"青铜世界"与"竹简世界"是侯格睿独创的专门名词，也可以说是文学形象的比拟术语。这两个术语是对中国历史模型文、武两个层面的摹写，解剖历史模型就是侯格睿读《史记》的切入点。"青铜世界"，指秦始皇用青铜武器创造的秦帝国这一物质世界，代表中国历史的"帝制"模型。尽管秦王朝十四年就崩溃了，但"帝制"制度影响了中国历史两千多年，直到1911年的辛亥革命才结束了"青铜世界"的帝制。"竹简世界"，指司马迁用墨水在竹简上创造了《史记》这部史书，它是一个道德层面的文化世界，一个比"青铜世界"更为宏大壮丽的"宇宙世界"模型，生命力更强。"竹简世界"的积淀与延伸，就是司马迁创造的《史记》纪传体史籍的积淀与延伸，它伴随"青铜世界"的帝制，也影响了中国历史两千多年，积淀为二十六史。秦王朝的崩溃与帝制的结束，表明"青铜世界"只是一个历史阶段。秦始皇想把他创造的秦帝国传之万世，只是一个幻想。司马迁创造的"竹简世界"，还将伴随时间的流逝与历史推演无限延伸，是真正的传之万世。侯格睿在书中告诉我们，他是把秦始皇和司马迁两人作为中国历史的代表，一个是物质世界即制度的创造者，一个是精神世界即文化对物质世界的模拟，并展开比拟的。比拟的结果是，"竹简世界"取代了"青铜世界"，也就是司马迁征服了秦始皇。化为书题就是"司马迁对历史的征服"。

上面的表述，很让人"沮丧"（侯格睿用语），是不是有些莫名其妙？为了行文方便，我们把侯格睿的论著《青铜与竹简的世界》，用"侯著"二字代称。侯著全书的语言，如同他的书题一样，"别具一格"。侯格睿打破了常规语言的排列组合，用中国作家王朔的话来说，就是别具一格地"码字码"。例如王朔的"爱你没商量"，就比常规的表达"非常爱你"或"爱死你"要幽默得多，有一种不可用语言描绘的韵味，我们姑且称它为"另类语言"。这种语言增殖了语言的内涵和负荷，它不是一种技巧运用，而是独特的思维方式。技巧可以学习，思维方式是"天才"，即"个性"，无法学习，读者只能去适应，看懂他，所以称为"另类语言"。侯著满纸另类语言，明明是常见的词语，由于非常规的排列组合，不仅要细细咀嚼，还要与前后文大开大合地广泛联系、反复推敲，才能明其所以。

书归正传，我们回到侯格睿氏读《史记》的切入点这一话题上来。其实就是一句话："从解析《史记》的五体结构开始。"多么直白的一句话，谁都能听得懂，但好像是什么都没有说。问题的关键是：什么是《史记》的五体结构？你看到的《史记》五体结构是什么样的形象？你怎么解析《史记》的五体结构？于是侯格睿氏创造了"青铜世界"与"竹简世界"这两个另类术语，把"青铜""竹简"两个名词与"世界"码在一起，还把二者串联起来，"青铜与竹简的世界"，是不是打破了语言的常规组合？侯格睿把他的创造"青铜与竹简的世界"用作书题，什么意思？书的副题"司马迁对历史的征服"，就是对书题的阐释，《史记》的五体结构呈现在侯格睿眼前就是"青铜世界"与"竹简世界"两个历史模型。这两个历史模型是司马迁创作《史记》呈现出来的，可以看作是对历史征服的战利品。所以"征服"一词在这里就是"阅读""创作"，或者"复制"的意思。为什么用"征服"呢？"征服"有"驾驭""把控"的意思。司马迁"阅读"历史，把它重新"创作"或"复制"出来，可以说是对历史的把控与驾驭，用"征服"一词来描述，十分贴切、生动。"征服"，还有一层意思，是"竹简世界"对"青铜世界"的"征服"。侯格睿在书中将司马迁对"青铜世界"与"竹简世界"的创作过程告诉了读者。侯氏从《史记·秦始皇本纪》中看到始皇陵的建造与规模体制，悟出了这是一个"青铜世界"的"宇宙模型"。始皇陵的建造用了七十万人，劳作了几十年，其规模体制十分宏大。始皇陵的结构有天文、地理，以及秦始皇建立的帝国制度，这不就是中国古代历史发展以及帝制形成的历史模型吗？《史记》五体结构所包容的历史内容，不就是竹简对始皇陵象征的历史宇宙模型的复制吗？于是，"青铜世界"与"竹简世界"也就诞生了。两个模型放到历史的天平上，是合二为一的，"青铜世界"是物质世界，它是参照物，而"竹简世界"是司马迁对参照物的复制与摹写，岂不是"竹简世界"征服了"青铜世界"吗？阅读《史记》，就要从观赏、参悟《史记》五体象征的"宇宙模型"开始，也就是要从凌空的高度鸟瞰《史记》全貌。一本书怎么鸟瞰呢？所以，《史记》在侯格睿眼里，不是一本书，而是一个"宇宙模型"。简而言之，读《史记》"从解析《史记》的五体结构开始"，这并不能表达出上述的一大堆思维内容，按照常规的语言叙述或解说也表达不出这些思维内容。所以另类语言不是常规语言的技巧使用，而是一种思维创作，它靠的是作者的灵感与深思。

那么，按侯著的思维方式，是怎样读《史记》呢？具体内容详下第二题的解读。

二、侯著全书的内容 —— 怎样读《史记》

侯著全书共八个章题，中译文字约 17 万字。全书内容展开分为三个层次，演示侯格睿阅读《史记》的方法。第一章，揭示司马迁为什么写历史，是第一个层次。第二、三、四章，揭示司马迁建构《史记》的微观世界，即"竹简世界"的"宇宙模型"是怎样搭建起来的，着重分析微观事例，是第二个层次。第五、六、七章，揭示司马迁对孔子形象的建构和对秦始皇的塑造，演示对儒家历史的探究，儒家与秦始皇是两个宏观事例的分析，是第三个层次。第八章是呼应第一章所作的补充和余论。

下面我们对侯著三个层次的内容，再进一步作具体的解读。

第一章，"历史的意义"，揭示司马迁写历史的动机。侯著认为，历史在中国古代文化传统中占有重要地位，极为统治者和士人所重视，主要有三个方面的因素：祖先崇拜、崇古意识、官僚主义政治需要借鉴。儒家文化兴起加强了崇古意识。历史能为现实的政治提供合法化的解释，也能为批评现实政治的负面提供佐证和隐蔽。传统文化的影响，激励司马迁以一种全面和系统的方式总结世界历史，完成一部中国文化和思想的集大成之作，建立圣人孔子式的功业，这是第一个动机。司马谈临终遗言，要司马迁以最高的孝道完成他开创的未竟事业，即完成《史记》的创作，尽孝道是第二个动机。后来司马迁受难，承受腐刑的奇耻大辱，更坚持要完成《史记》，留待后人评说，洗刷耻辱，这是第三个动机。第八章的补充论述，着重说历史有什么用，也提出了三个方面。其一，《史记》写了许多历史人物事业的成败，提供给人们的教训是"知时变"。一个人想要获得事业的成功，就要懂得适应时代。其二，历史是极其复杂的，有时正确的理性的推断也不可避免失败，或许直觉的感知更为可贵。李斯的悲剧就是一个典型例证。他的理性告诉他，与赵高合谋发动政变是错误的，但他最终还是沿着错误的道路走，你从中能吸取什么教训吗？其三，一个人要善于了解别人，还要让自己被理解，你的才能才可见用于世，脱颖而出。司马迁的伟大与高明之处，在于他自己不出来说教，而是给读者提供创造性的历史分析机会，让读者自己成为历史学家，自己从阅读历史中引出结论。司马迁怎样做到的？侯著第二章到第七章，用六个章题、两个层次的论述作了回答。

　　侯著第二、三、四章，揭示司马迁怎样建构"微观世界"，也就是怎样创作《史记》的。什么是"微观"？侯著没有作定义式的解说，从这三章呈现的内容来看，侯著定义的"微观"有两层含义。其一，指全部《史记》呈现的中国三千年古代史的历史框架是一个微观的"宇宙世界"模型,侯著又称之为"竹简世界",直白地说,"微观世界"就是《史记》一书的代名词。"微观阅读",就是"《史记》阅读"。其二,"微观"的第二个含义,也可以说是更重要的含义,是指历史细节,侯著称之为碎片化的历史事迹,也就是落实在竹简上的一件一件历史事实。两个"微观"的含义合在一起,才能描述司马迁的创作方法与创作过程。《史记》五体结构的框架,即十二本纪、十表、八书、三十世家和七十列传,是五大系列模块,共同构成《史记》这一个"宇宙世界"模型。这个模型,是司马迁运用海量信息,也就是海量的碎片化历史细节组装起来的。海量的历史碎片,每一个碎片,就是一个"微观世界"。构建模块的历史碎片,是从海量历史碎片中筛选出来的。创作过程就是筛选历史碎片再把它们组装起来的过程。三个章题及其内容的叙述,就是还原司马迁的这一创作过程。

　　侯著第二、三、四章的题目与释义如下:第二章,"表现世界",指司马迁组装完成的模型世界,落实在竹简上,今天转换为印刷在纸上的书籍,呈现为五体结构。所以,"表现世界",解读出来就是"呈现的历史模型"。第三章、第四章,是对第二章"表现世界"所呈现出的模型的阅读,也就是演示司马迁怎样选择历史碎片把它们组装起来的过程。侯格睿在前言中有明确的交代,他说:"从第二章到第五章,我认为《史记》是一个微观世界,并演示了如何阅读它。"这里侯格睿对"阅读"一词做了深度的解释,"阅读"就是对司马迁创作过程的演示。第三章,"历史之网"，是对一件事或一个人的阅读演示，例如鲁隐公被弑、卫州吁篡权，是一个个的事件；对魏豹的阅读演示则是针对一个人。第四章，"事件的意义"，是对重大历史事件或历史过程的阅读演示，侯著选择的是楚汉相争，为什么汉胜楚败。本文只评说侯著呈现的读《史记》方法，具体演示的内容，详侯著，兹从略。

侯著第五章，"塑造世界"，对应第二章"表现世界"，是侯著设定的"解释原则"。第六、七章，对应第四、五章，是对"解释原则"的演示。第六章，"圣人的历史"，是阅读《孔子世家》，探究儒家历史以及孔子形象的塑造。第七章，"争夺世界"，是对秦始皇记载的解读，秦始皇焚书坑儒，是儒家政治的反面典型。

"塑造"比起"表现"，显然是上升了一个层面。具体来说，就是《孔子世家》表现出来的孔子形象以及儒家学说的道德评判是原本的历史模样，还是司马迁"塑造"出来的？更深一层的追问是，历史家笔下的历史著作，是原本的历史，还是历史家"塑造"的历史？再深入追问到原始，那些构建历史的海量的历史细节、历史事实元素是原本的真实，还是"塑造"出来的？也就是常说的生活真实、事实真实。"塑造"，换作"虚构"，在精神世界中也是成立的，那是艺术，那是文学。最优秀、最经典的文学名著，所写的生活真实，并不是事实原型，恰恰是"虚构"的典型。但有价值的文学虚构，却是生活原型的升华，离开了生活原型的胡编乱造，不是"虚构"而是荒诞。《史记》作为文史名著，既是史学，也是文学。毫无疑问，《史记》记事有虚构，否则哪来文学呢？问题不在于有没有虚构，而在于虚构的文学真实与事实的原型真实，哪个为主，即《史记》第一性是史学，还是文学？侯著"塑造世界"对《孔子世家》的阅读，认为组装孔子形象的碎片是司马迁挑选的，有一些碎片不是原型历史细节的真实，而是"塑造"出的，即孔子形象是用文学手法完成的。

侯著在对历史事件与人物的重新演示或组装时发现，同一个历史碎片多次使用，组装在《史记》五体不同的模块上，有不同的记载，甚至有的是互相矛盾的。或许司马迁对同一事件掌握了不同的资料，但更多的碎片是有案可查的。例如取自《左传》的同一资料，司马迁在运用中有的就作了改造，使用在不同的地方还有差别。侯著认为这是司马迁有意为之，为什么？组装的需要。按侯著演示的过程，可以作如下推断。我们如果把已经逝去的事实，即历史比作一幅名画或者一块玻璃，把名画撕得粉碎或把玻璃打成碎片，那么原有的名画或玻璃已经消失了，成为历史。原来的名画或玻璃是唯一的存在，既然已经消失了、没有了，只剩下一地碎片，那么，历史家创作，就是把碎片重新组装起来。所以历史家笔下的历史已不是原来的历史，不同组装师复原的显然不一样。因为碎片与垃圾混杂，组装师披沙拣金，把真实的碎片捡拾出来，一些已经消失的碎片还要"塑造"出来。你挑选的真实碎片越多，你被迫"塑造"的碎片就越逼真，那么你组装的模型就越接近原有的真实。侯著认为司马迁"挑选"的碎片，以及他"塑造"的碎片，是真实可靠的，所以《史记》第一性是史学，司马迁是伟大的史学家。

历史学家组装出来的历史有什么用？侯著认为，无论是东方史学，还是西方史学，终极目的，即回顾历史是为当今服务，从历史中吸取借鉴。历史家鲜明地将自己的判断写在历史中告诉读者，这才是完整的历史。因为历史家的判断是其复原历史的终极目的。希罗多德《历史》就是这样的作品。而《史记》，找不到作者司马迁，他隐身在历史碎片中，对记述的历史没有做出历史家的结论，《史记》是一部未完成的书，是半部历史。侯著又指出，实际上司马迁有很强的自我判断，他只是没有直接告诉读者，而是运用他的组装模块，以及对碎片的挥洒调遣把复杂多样的历史面貌呈现给读者，引导读者自己对历史的结论做出判断，每个读者都是历史家。这正是司马迁的伟大和高明。侯著在最后一章和"结语"中说："通过《史记》的微观结构，他创造了一个模仿整个世界的模型。""司马迁的书不仅仅是对他所知的所有时间和地点的描述，它也是一部所有时代的历史。""据我所知，《史记》鹤立鸡群，在中国历史作品中独一无二。"侯著给予了《史记》以崇高的评价。

三、侯格睿氏指引了一条阅读《史记》的捷径

侯著本旨并不是为了读《史记》所写的一本技术指导书，而是探索司马迁作为一个历史学家的人格与风格的学术论著。中国

学者李长之在20世纪40年代出版的《司马迁之人格与风格》这部名著可资比较，这里称之为"李著"。李著全书共九章，约22万字，两书篇幅相差不大，最大的相似点是均为另类作品。这里所指"另类"的意思，准确地说就是"别开生面"的一种思维方式。李著描绘的是李氏心中作为文学家的司马迁之人格与风格，侯著描绘的则是侯氏心中作为历史学家的司马迁之人格与风格。两位作者笔下的司马迁形象完全不一样，但司马迁只有一个，那么，这两个司马迁哪一个更接近原型呢？一千个有建树的作者阅读《史记》，就有一千个不同的司马迁形象，而且常读常新，永远不会出现题无剩义，也就是《史记》将会一代一代承传下去，永远不会停止"阅读"的脚步。因此，哪一个作者笔下的司马迁形象更接近原型呢？这一提问与比较并不重要，重要的是哪一个作者笔下的司马迁形象更完整，作者引出的判断是否具有高度的理论价值，对当前有何种有益的借鉴，这才是各自作品的学术价值。李著与侯著最大的不同点是语言。李著是常规语言写出的另类作品，读起来顺畅得多。侯著的另类语言读起来确实新颖，但另类语言的穿透力与思维模式更加深刻，非常规语言可比。两者不在一个评价标准上，而又各有千秋。

上述一段话是对侯著的学术价值作一个交代，不是本文评介的内容。本文着重评介侯著带给读者的阅读方法，这是侯著学术价值的溢出价值，但它不亚于本身的学术价值。对于大众读者来说，我认为侯著的这一溢出价值比学术价值更有借鉴意义，所以特为之作评介。本文前面第一、二两题对侯著阅读方法已作了具体阐释，本题再总括侯著阅读方法的亮点，它给读者指引了一条阅读《史记》的捷径。

"侯著"阅读方法有两大亮点：一是独特的"阅读"视角；二是独特的"阅读"方式。分说于次。

（一）独特的"阅读"视角。此指侯著阅读的角度为凌空鸟瞰，把握《史记》全貌，表现在三个方面。其一，《史记》五体是一个微缩的"宇宙世界"模型，五体是模型的五大系列模块；其二，《史记》记载的历史内容，是从海量的历史细节中挑选出来的一部分，这些历史细节就是组装模型的历史碎片；其三，历史碎片的排列组合，以及某些碎片多次出现在不同模块上，有一定的章法。章法就是历史的判断，就是司马迁的创作，司马迁自己没有把它说出来，而是让读者自己去领悟，做出判断。所以，读《史记》，人人都是历史家。显然，这一方法是指引给读者的一种思维模式。想一想我们是怎样读《史记》的。我敢负责任地说，每一个读《史记》的人，都是一篇一篇地读，或者把相关的篇章合成一组来读，或者把某一个历史阶段的篇章合成一组来读，侯格睿本人也一定是这样来读《史记》的。但是侯氏的阅读方法与一般读者大相径庭的是：侯氏是鸟瞰，一般读法是在地面上平视。但是《史记》不是一本书，而是一个"宇宙世界"，鸟瞰才能看到全貌，平视只能看到一个局部。在这里，"阅读"已不只是在浏览，而是探讨、创作，或者叫深度阅读，要把体会、感悟写成论文，写成著作。平视的读法，是对《史记》记载的一件一件历史事件的思考，或者是对一个历史人物的思考，或者是对某一个专题的思考。所以，平视的读法看到的《史记》五体，是分门别类的编纂史料，做历史判断的思维受到局限。侯氏的鸟瞰，有如前述，他看到的是一个"宇宙世界"模型，做历史判断的思维境界上升了不知几个台阶。

（二）独特的"阅读"方式。一般的阅读是沿着阅读的对象思考问题，侯氏的阅读是演示创作阅读对象的过程，即演示司马迁的创作过程。侯著在"历史之网"中做了淋漓尽致的演示。例如鲁隐公之被弑、卫州吁之篡权，一般的读者限于对所见记载作思考，侯著的阅读则是从模块上把所有关于鲁隐公、卫州吁的历史碎片集中起来按时间顺序排列，思考司马迁为什么选择这些历史碎片，它是怎样组装在模块上的，也就是用演示司马迁的创作过程来解释鲁隐公为什么被弑、卫州吁是怎样篡权的。这一阅读方式与其阅读视角是紧密相连的。简明说来，就是我们在阅读《史记》，要探究某一个问题时，首先要从《史记》各体中把相关事件的记述全部集中起来，思考司马迁为什么要选择这些历史碎片。它在各部分，即在各个篇章的记载有何不同，为什么有这些不同，司马迁是怎么思考的，司马迁的结论是什么。如果读者看不到司马迁的结论，即历史判断，那么读者自己的判断是什么，自己的判断就是这一历史的结论。这一思维路径，这一阅读方法，显然是一条深入思考的捷径，人人都是历史家。

侯著怎样读《史记》，本文就评介到这里。最后本文要给读者提出一个警告作结束语。任何一种方法，任何一种理论，它都有一个适用的角度，过了度，真理就成谬误。侯著的"阅读"方法过度运用就可能出现悖论。例如"历史之网"对魏豹的"阅读"就作了过度解读。侯著集中了魏豹在《史记》不同模块上的历史碎片，说是五个不同的版本，就是过度解读生出的悖论。所谓五个版本，指魏豹降汉、背汉、被汉将韩信俘获，这个过程，各个时间点、背叛情节，在《史记》五个篇目中记载不同。这五个篇章为：《魏豹彭越列传》《高祖本纪》《外戚世家》《淮阴侯列传》《秦楚之际月表》，侯著依次称之为版本1、2、3、4、5。检索这五个版本，按编年法整理成一个版本，如果前后协调一致，那就是一个版本，五个版本的说法就不成立。表的模块是司马迁首先完成作为全书写作的提纲，《秦楚之际月表》这一版本对魏豹的降汉、背汉、被汉俘获有着明确的记载，摘录如下：

《秦楚之际月表》：

汉二年三月，魏豹"降汉"。（引号内为表中文字）

四月，高祖"王伐楚至彭城，坏走"/魏豹"从汉伐楚"。

五月，"王走荥阳"/"豹归，叛汉"。

六月，"王入关，立太子，复如荥阳"。

九月,"汉将信虏豹"。

《魏豹彭越列传》:

"汉王渡临晋,魏王豹以国属焉,遂从击楚于彭城。汉败还,至荥阳,豹请归视亲病,至国,即绝河津叛汉。"

按:魏豹降汉、从汉伐楚,在汉王渡临晋时,套入表中,即在汉二年三月;魏豹向汉王告假归国在"汉败还,至荥阳之时",套入表中,即在汉二年五月或六月。其间,汉王一度入关请救兵,魏豹告假,或在汉王离荥阳之时则在五月,或在汉王返荥阳时则在六月。

《高祖本纪》:

"三月,汉王从临晋渡,魏豹将兵从。六月,……汉王稍收士卒,与诸将及关中卒益出,是以兵大振荥阳,破楚京、索间。三年,魏王豹谒归视亲疾,至即绝河津,反为楚。汉王使郦生说豹,豹不听。汉王遣将军韩信击,大破之,虏豹。……其明年,立张耳为赵王。"

《淮阴侯列传》:

"汉之败却彭城,六月,魏王豹谒归视亲疾,至国即绝河关反汉,与楚约和。汉王使郦生说豹,不下。其八月以信为左丞相击豹,信遂虏豹。"

按:这两个版本套入表中,得到完整的编年序事:魏豹在汉二年三月降汉,将兵从高祖伐楚,四月高祖从彭城败还退至荥阳,安排诸将阻击项羽，高祖入关请兵，六月返回荥阳大败楚兵。六月，魏豹告假归国，反汉。汉王派郦生说魏豹归汉，豹不从，其时当在七月。八月汉王遣将韩信击豹，九月虏豹。《外戚世家》的记载只是补充魏豹叛汉的一个原因，不必引录。

　　从上面的对照可以看出，《史记》对魏豹的记载，只有一个十分协调和完整的版本，根本不存在五个版本。其中《高祖本纪》记载"三年，魏豹谒归视亲疾"，与《秦楚之际月表》在"二年"，整整差了一年，这难道不是两个版本吗？答案是否定的。只要看看上下文的语境，这"三年"二字是《史记》在流传中发生的讹误。"三年"前面的文字，记录汉王在京索间的大捷，"三年"后面的文字，即记录魏豹告假归国，按《秦楚之际月表》《魏豹彭越列传》《淮阴侯列传》的记载，均发生在汉二年六月，中间怎么会突然插入"三年"二字呢？再对照下文："其明年，立张耳为赵王。"按逻辑，"三年"后的"其明年"是"汉四年"。而张耳为赵王是在"汉三年"，因此这"其明年"之前的"三年"二字乃"二年"之讹。当然，也可能是错简，"三年"二字是在"其明年"之后，属下一段文字的开头。我们把"二年"代入原位置，或把"三年"移动在"其明年"之后，上下文豁然贯通。如果找不到版本证明，通过上下文的语境做如上校正，在校勘学理论上叫理校。必须先完成这一步校勘再作历史分析。侯著把一个文本讹误导致的历史碎片，当成了司马迁特意为之的历史碎片，因此所作的"阅读",即为悖论。

　　这个例证在侯著中是大醇小疵,也许是作者偶然失检导致的。此处为何花这么大的篇幅来"阅读"这个"小疵"呢?因为它有着特别的警示意义。一个不真实的历史碎片,可以导致重大的历史判断失误。这一例证也从一个侧面证实司马迁创作《史记》的严谨,他采择的历史碎片,乃至"塑造"的历史碎片都是真实的,或者说接近原型的。正如班固、刘向、扬雄所评价的那样,司马迁序事,"其文质,其事核,不虚美,不隐恶,故谓之实录"。

目录

前　言 / 1

第一章　历史的意义 / 11

　　历史在中国文化中的地位 / 17

　　司马迁和历史 / 30

第二章　表现世界 / 49

　　《史记》的结构 / 51

　　阅读结构 / 67

　　竹简的世界 / 78

第三章　历史之网 / 95

　　历史之网 / 96

　　多重叙述 / 111

第四章　事件的意义 / 128

　　事件的意义 / 130

　　评估概括 / 150

第五章　塑造世界 / 169

　　判断史 / 170

作为诠释工具的《史记》/ 188

　　改造世界 / 201

第六章　圣人的历史 / 209

　　文学塑造 / 209

　　圣人的历史 / 225

第七章　争夺世界 / 246

　　青铜的世界 / 247

　　争夺世界 / 266

第八章　理解世界 / 281

　　适应时代 / 282

　　理性的限度 / 292

　　理解与被理解 / 302

结　语 / 307

致　谢 / 315

参考文献 / 316

索　引 / 331

译后记 / 360

前　言

这是一本关于《史记》的书。《史记》写于公元前100年前后，作者是汉武帝朝的太史令司马迁。把《史记》称为一本书，但实际上它与你现在所能看到的任何一本书没有任何相似之处。首先，《史记》是用毛笔和墨汁写在数以千计的竹片上的，这些竹片被用三到四根丝绳串在一起，然后像遮阳的百叶窗一样卷起来，有130卷。一个人要把最原始状态的整部《史记》握在手里是不可能的，你需要一辆手推车才能装得下它。

就影响而言，本书与《史记》不可相提并论。虽然我和所有作者一样，对自己的书寄予厚望，充满自信地写下了后面的话。我的努力也许可以比肩此前对《史记》进行解释的先辈，能够对读者理解《史记》带来一些影响。或许在最好的情况下，甚至可以引起比较史学的讨论。司马迁的《史记》已经成为中国文化的经典文本。他写了一部全世界的历史（对他来说，世界就是中国及其邻国），描述了从最早的传说时代到他自己生活的时代的整个世界，并定义了何谓中国。《史记》在中国历史和史学上有着重要地位，而在中国文学和中国哲学研究领域，《史记》的地位也不容小觑。我认为，在孔子和秦始皇之后，司马迁是中华帝国的创建者之一，这不仅是因为他为孔子和秦始皇创作了具有决定性影响的传记，事实上，司马迁也创造了孔子和秦始皇的形象。

由于物理形态的限制，《史记》最初只在很小的范围内流传。几个世纪之后，《史记》逐渐广为人知，并最终成为一直延续到20世纪的中国传统史学的基础。中国的每个朝代都为它的前朝修史，以证明本朝的正统，《史记》是正史的典范，是中国历代正史中的第一部。到目前为止，中国共有二十六部正史，北京中华书局出版的二十六史，近十万页，它们共同构成了我们研究中国历史最重要的史料。

本书和司马迁的书都是关于历史的，这种相似性掩盖了许多明显的差异。我和司马迁在通史与历史编纂学、私人著作与学术著作、创新与墨守成规之间存在着鲜明的差异，而且我们著作的结构也完全不同，而这些不同会让读者对我们所从事的历史研究的广度产生怀疑。我的书遵循大家熟知的模式：我提出了对过去所发生的事情的看法，提出了合理的观点，引用了有针对性的论据，并仔细地注明了我所借鉴的其他学者的观点。如果一切正常，读者会认为我的观点是正确的，或者至少貌似可信。这是自希罗多德和修昔底德以来历史学家的基本任务，尽管我的著作在分析、论证和文献运用方式上（更不用说才华和雄辩），与希腊古典史学存在差距，但显而易见的是，我继承了希腊古典史学的传统。

西方世界的读者翻开《史记》就会发现，他们进入了一个不同的世界。《史记》由五部分组成：本纪（记载帝王事迹）、年表、书（关于音乐、历法、天文和经济的专题论著）、世家（记载封建贵族事迹）和列传。在《史记》中，一个历史事件或某个人物的信息，可能分散于不同的几个部分中，不止一次被提及，叙述的角度也会有所不同。读者在努力试图读懂碎片化的《史记》时会萌生沮丧和失望，由于司马迁行文的难以捉摸，这种感觉会愈发严重。

《史记》几乎是一本作者遁形的书。显然，司马迁在文本的形成过程中起了一定的作用，但他故意在《史记》中弱化他的贡献，经常将史料转述或直接抄录到他的书中，很少评论和解释。即便是汉代人物的传记——这些最有可能就是司马迁自己创作的，也不带个人色彩，只泛泛而论，叙述中很少有第一人称。虽然大多数篇章的结尾都有至少一段的个人评论，称作"太史公曰"，这些评论十分简短、无规律可循，大多是直接引用别人的评价而已。此外，这些个人评论的作者是谁也模棱两可，因为著名的"太史公"可以指司马迁，也可以是他的父亲司马谈。司马谈在《史记》的创作中也扮演了一些模糊的角色。《史记》的最后一章貌似是司马迁的自传，但他用大量篇幅描述父亲和董仲舒对他的教导，而没有他自己生活中的细节。整部《史记》，司马迁拒绝用自己的声音和基于自己的判断去重建古史，对西方的读者而言，这是一个严重的缺失。

尽管如此，司马迁还是创作了一部史书。《史记》是一部古代主题的史书，司马迁按照年代顺序编排史料，用完善的体例呈现历史事件的全貌，他的评论则体现了他处理史料的娴熟技巧。从司马迁的评论中也可看出，他重视史料的精确性，《史记》中错综复杂的年表安排尤其反映了这一点。再者，书中对军事和政治事件的关注，以及对历史上个体行为和决策的关注，对于习惯了西方历史著作模式的读者而言，还是比较容易理解的。

西方汉学家热衷于探讨和强调《史记》与他们自己史学传统的相似性，特别注意司马迁在他的简短评论中所描绘的批评方法论，并将司马迁不带个人色彩的引用描述为"客观"。如果人们把它作为文献来源进行挖掘，以这种方式解读《史记》是可以的，但《史记》的基本结构是奇怪和混乱的。按照西方关于历史的概念，《史记》并不能轻易地对号入座；要想用西方的术语来建立它的可信度，似乎显得扞格难通。说到底，司马迁的《史记》建立在与西方世界截然不同的历史概念和历史观基础之上。

在西方，历史是修辞学的一种形式。古希腊历史学家通过记载过去的事情，试图让人从中得到教诲、道德升华、激励、荣誉感，但是如果这些记载想成为历史，那么作者必须让读者相信他的记载是准确的、他的论断值得信赖。由荷马到希罗多德，一个显著的特征是，希罗多德意识到了听众充满质疑。随着历史写作的日臻成熟，历史学家从法律和神学，并最终从自然科学中借鉴了论证技巧，但基本的策略没有改变。历史学家一直努力试图让读者相信，他们关于过去的事情的重构是真实发生过的。尽管历史学家已经放弃探寻绝对真实，但是他们的叙述仍然要按照严格的论证和史料标准建立起来的合理论据进行检验。我们可以承认自己的偏见，承认自己研究方法的局限；我们可以尝试去解释，并且承认或许有更有效的替代方法；但我们一般都相信，通过合理的推论，我们能接近历史的真实。

相反，在《史记》中，历史学家奇怪地缺席了。司马迁没有太多的考证，或根据他自己的观点去叙述。众所周知，读者想从《史记》中获取司马迁的观点是非常困难的。《史记》的目的不是宣告历史真相，而是引导读者理解历史。司马迁并不期望他的《史记》是历史的最终定本，他的写作风格强调的重点也不是他在认真筛查史料和比较差异方面的努力。事实上，他那些往往不确定的、矛盾的评论，相对于他真正的创作目的而言，是次要的。《史记》展现了一种理解世界的方法，这种解释体系能让我们以一种不那么严格的推理的方法，与过去的世界建立更直接的联系。相比提供一种历史学家关于历史的更具说服力的叙述，司马迁努力将历史直接在我们面前打开，或者是将历史对我们有用的部分高度概括出来。《史记》不是一本普通的书，当你把它抱起来时（即使以现代的装帧形式，它通常都是好几册），你拿的是一个微缩世界。

《史记》中的所有体例都是按某种目的设计出来的，如果说《史记》是一种有用的世界模式，那么有人就会问："有什么用？"

《史记》中的一些记载,我们并不陌生:它歌颂令人钦佩的英雄,树立典范,进行道德说教,但最重要的是,司马迁并不是直接完成这一切。司马迁不喜欢直接提供结论和引用相关论据材料,他更愿意让读者自己成为历史学家。当然,西方伟大的史学家也总是避免公然的道德说教,但《史记》将这种对道德说教的回避发挥到了极致,按照西方史学家的标准,《史记》是一部未完成或证据不充分的作品。司马迁似乎故意放弃了对叙述的控制,这反而使他的叙述看起来更加可信。司马迁并未尝试过多地影响读者,他试图使读者相信,他们是从历史本身而不是从那些公认的历史学家那里获取知识的。这显然是一种被刻意文饰过的立场,因为《史记》中的史料是被精心筛选和细致编排过的。但是我们也要提防被带入传统的西方阅读历史的模式,在这种模式中,只有客观和主观的区别,而《史记》别有用意。

司马迁的历史具有一种神奇的魔力,他用写实的笔法记录超越普通因果关系的具体话语和行动,旨在以这样的记录影响世界。《史记》就是用这样具有表演感和仪式感的语言呈现这个世界的。通过《史记》中的命名、归类和排序,司马迁给予宇宙本身一种特定的结构。毫无疑问,司马迁并不同意这样一种自我肯定的叙述,他在《史记》中并未打算展示他的独创性和才华。司马迁也不明白西方关于自然和超自然之间的区别。相反,他试图匹配相似的人或事,以一种完全自然的方式(即运用他的文字魔力)去归类。他的编排揭示了宇宙固有的模式,并以这样的一种方式巩固了自然秩序。微观世界和宏观世界由此内在地、神奇地联系在一起。

为混沌世界带来秩序是一种微妙的操作，司马迁想发现世界秩序而不是创造世界秩序。司马迁追求的不是准确性，事实上也无法足够准确。在司马迁看来，理想的编年史作家，不是客观记录每一个历史事件的人，而是一位能穿透事件表面发现它们所体现的道德真理的圣人。为了超越单纯的准确性，圣人依赖于对历史人物的直观理解，他们遵循客观世界道德准则，让他们在资料稀少的情况下，能判别哪些人合乎道德准则，哪些人背离了道德准则。对普通人来说，这种直观的关联能力可以通过注解去学习了解。我们研究历史——批判性地评估史料和我们对待历史的反应——是为了改变，非常期望随着我们的学习，我们的判断力会变得更清晰、更符合自然秩序。

我们不仅被历史改变，而且有能力改变历史，因为历史从未真正结束。当历史学家把有价值的人从默默无闻或不应有的声名中解救出来时，他们便在这些人的生活故事中又增添了一章。这不仅仅是令人愉快的转变：历史学家通过历史评论，在他们寻求揭示的道德世界的顺利运转中发挥着至关重要的作用。榜样影响着模仿者，历史学家参与了他们自己的历史，最后，没有什么是孤立的。

司马迁神奇的历史体系，以宇宙学为基础，假定了一种自然的道德秩序、相互关联和理想的圣人评判，这些都通过命名和分类来实现。在这一点上，把《史记》放在汉代儒学语境下并不困难,特别是《史记》与《春秋》传统紧密相关。《春秋》这部小书,记载了公元前772年到公元前481年鲁国的历史,过去一般认为其作者是孔子,它由一些干巴巴编年记载的关于鲁国国君死亡日期、正式出访、战争、婚姻和各种征兆的内容组成。尽管如此,它与孔子的联系,仍然吸引着东周和汉代的学者们在其编排和措辞的细微差别中寻求微言大义。到司马迁时代,《春秋》被看作是一个神奇的文本,包含了历史变化的原则和道德行为的模式。司马迁把他的著作称为《太史公书》,太史公是他和他父亲在汉朝宫廷的职务,后来他的《太史公书》被人们称为《史记》。但是,它其实应该被称作《司马迁的春秋》。如同《春秋》——至少是汉代的儒家所理解的,《史记》是一部书,但又不仅仅是一部书;它是一部历史,又不仅仅是一部历史。

《史记》描绘了世界,也展示了一种阅读世界的方法,并通过形式上反映宇宙自身秩序的方式来理解它。本书中,我试图探索《史记》构建世界的方式,同时,我会仔细研究《史记》自身的体例。每个文本的体例都对应一定的阅读策略,而《史记》不是一部简单易懂的史书。事实上,它好像故弄玄虚让你不容易读懂。

我着重关注《史记》的两个方面。在每一个方面,用一章确定一个解释原则,并在接下来的两章加以说明。在分析了中国文化中历史思维的特殊影响及司马迁致力于研究历史的原因之后,从第二章到第五章,我把《史记》看作一个微观世界,并演示了如何阅读它。在第二章,我对《史记》的体例进行了全面的描述,并对其含义进行了史学分析。在第三章，我又给出两个详细的例子，说明《史记》的各个部分是如何一起运作的，以呈现整个世界的复杂性。第四章提供了更多阅读微观世界的例子，并分析了一个广泛的叙事群——关于项羽与高祖之间冲突（以汉代的建立而结束）的二十多卷。

第五章到第七章，将《史记》看作一个儒家历史研究和圣贤评判的典范。我回顾了从孔子以来（特别是体现在《春秋》中的）儒家历史传统，指出了司马迁解决矛盾冲突的办法。我也注意到司马迁如何执行孔子对"正名"的要求。在接下来两章中提供的案例，展示了司马迁如何赋予史料意义。第六章是阅读《孔子世家》，第七章是关于司马迁对秦始皇记载的解读，秦始皇是儒家政治思想中的反面典型，也是司马迁构建世界体系的竞争对手。

在最后一章，我探讨了司马迁史学的几个主要问题，包括个人与时代的关系、传统的道德观以及他的认知观。事实表明，《史记》看似客观，其实是司马迁对历史投入了个人情感的产物。

关于《史记》的介绍，有两部很好的英文著作——华兹生（Burton Watson）1958年出版的《司马迁：中国伟大的历史学家》（*Ssu-ma Ch'ien: Grand Historian of China*）和杜润德（Stephen Durrant）1995年出版的《朦胧的镜子：司马迁笔下的矛盾与冲突》（*The Cloudy Mirror: Tension and Conflict in the Writings of Sima Qian*）。这两部作品都对司马迁的历史进行了概括性介绍，华兹生提供了更多历史背景的细节，杜润德则关注文本的文学特征。此外，他们都试图借助儒家的先例来解决《史记》中的矛盾之处：华兹生引用孔子在《春秋》中将客观叙述和道德解释相结合；杜润德注意到儒家君子概念中"文"与"礼"的互补典型。

我试图弄清楚《史记》中许多同样困扰我的前辈的矛盾之处，所以有些重叠是可以预料的。我从这些早期的著作中受益匪浅，我向读者推荐这些著作，如文本批评和儒家经典，读者可以从中找到一些常规问题的充分解答。然而，在许多方面，我的研究是对之前这些关于《史记》研究观念的挑战。在本书中，我建议将《史记》看作一个微观世界。虽然这种方法并不能解决阐释这一令人费解的古代历史的所有困难——事实上，我不愿坚持我终于（在两千年之后）找到了这部书的关键——但我相信，我对《史记》的阅读，突出并强调了一些以前被忽视的文本特征。在这个离司马迁已经很久远的时代，我们无法提供关于司马迁意图的确凿证据，但如果我对他富有想象力的著作的重建被认为是可信和有用的话，我就心满意足了。和司马迁不同，我的意图是很容易确认的——我希望能对司马迁构建的非凡历史和使之成为可能的知识环境进行一次全新的、引人深思的审视。

第一章　历史的意义

1975年，湖北云梦睡虎地发掘了一组秦代（前221—前207）墓葬。墓葬中出土的都是这一类型秦墓中的典型文物：青铜器、漆器、陶器、玉器和丝绸，这些物品都被放在棺椁四周的小木箱中。在睡虎地秦墓11号墓坑中的棺椁被打开后，考古工作人员惊奇地发现，棺椁主人身边紧凑的空间中竟然有1100多片竹简。墓主显然是一位文人，陪葬品是他生前用过的竹简。不幸的是，竹子比原来把竹简串在一起的绳子更耐用，11号墓墓主残存的骨架好像在一堆狭长而散乱的竹简中游动。幸而这些竹简上的文字大多清晰可辨，并最终被重组成十本法律文书。①

为什么有人愿意将书作为陪葬品呢？这种行为在早期中国似乎相当普遍，至少在知识阶层是这样的，但是在大多数情况下，

---

① 何四维（A. F. P. Hulsewé），《1975年湖北出土秦文献》，《通报》64（1978），第175—217页；《云梦睡虎地秦墓》编写组，《云梦睡虎地秦墓》（北京：文物出版社，1981）；李学勤，《东周与秦代文明》，张光直译（纽黑文，康涅狄格州：耶鲁大学出版社，1985），第425—430页。

陪葬的书并未能被保存下来。在自1949年以来被发掘的近10000座汉代（公元前202—公元220）墓葬中，只有很少一部分出土了写在竹简或丝帛上的文本，这些文本从哲学类著作如《道德经》《孙子兵法》到儒家经典如《诗》《易》，再到历史类著作如《战国纵横家书》，再到许多以前不为人知的与医学、占卜和哲学有关的文献。① 由于死亡对一个人来说无疑是一个重要转折，那些埋葬死者的人一定认为，这些书或者能纪念刚刚结束的生命，或者能以某种方式帮助逝者的灵魂进入他或她的来世之旅。人们不可能因为不知道如何处理逝者生前用过的书，就把它们扔到其墓葬中。在当时，有读写能力的人不多，书更是稀缺品，墓葬中出现的文本，和其他陪葬的精美的青铜器和漆器一样，都属于贵重物品。

作为贵重物品，书籍的价值足以显示子女对去世父母的敬重程度，它们和精美的棺椁及陪葬的马车一样，都衬托了墓主的地位。陪葬的书籍有一个最重要的特点：它所记载的内容是其他陪葬品所无法比拟的。关于占卜和宗教的经文，可以指导灵魂穿越未知的领域，就像马王堆汉墓中出土的铭旌和可能是哲学或者医学的文献，这些东西为逝者提供了一种获得安宁和平静的自然力量，它能帮助他们在从此岸到彼岸的道路上一帆风顺（在古代墓葬中经常会有刻着如TLV字的青铜镜，似乎也有这样的功

---

① 王仲殊，《汉代考古学概说》，张光直等译（纽黑文，康涅狄格州：耶鲁大学出版社，1982），第175、209页；鲁惟一（Michael Loewe），《中国新近发现写本初览》，《通报》（1977），第99—136页。

能）。① 我想，这些陪葬的文献几乎都是能使一个手上有大把时间的虔诚的藏书家灵魂快乐的读物。② 但是，陪葬的竟然有法律文本？难道11号墓的主人是一位研究法律的学者，他不能忍受身边没有案卷和法典吗？他是期望打开他墓穴的或是面对他的灵魂的人会佩服他一生所做出的法律判决吗？还是他希望向不得不面对的管理层，甚至是天庭的管理层去申辩吗？当然，这些只是不切实际的猜测，我们所知道的墓主的一切，来自另外一份文献，这份历史文献被放置在逝者的头下——一个代表着荣誉的位置。

像一个枕头一样卷起来放在逝者头下的是一本被学者们称为《编年记》的书，这本书按年代顺序记载了从公元前306年到公元前217年秦国发生的事件，还包括了秦灭亡后几年的历史事件。这个时期，秦始皇灭掉战国时期各个独立诸侯国，建立了大一统政权。这本简短的书典型的开篇是："十五年，攻魏"和"庄王三十年，王崩"。有的只是简单记载的年代，没有任何事件。③ 相对而言，那些法律文献比《编年记》引人入胜，但我们的注意力

---

① 有关铭旌和TLV铜镜的详细信息，见鲁惟一《天堂之路：中国人对永生的寻求》（伦敦：艾伦·昂温出版社，1979）。

② 事实上，早期的中国人并不认为一个人只有一个灵魂，而是至少有两个。根据宇宙由阴和阳构成的原则，一个人由身体、与心灵相关的魂（阳）和与身体相关的魄（阴）组成。一般来说，人们认为魂到处游荡，而魄与身体在一起享受随葬品。然而，如果魂对心理过程负责，人们一定想知道魄是否能使用随葬的文本所需要的文字。没有思考的阅读可能是一种常见的体验，但它很少有效。见鲁惟一《中国人的生死观》（伦敦：艾伦·昂温出版社，1982），第121页；余英时《"魂兮归来！"——论佛教传入以前中国灵魂与来世观念的转变》，《哈佛亚洲研究杂志》47（1987），第363—395页。

③ 这本书的现代汉语版本及与其他历史记录进行的评论和比较，见梁文伟《云梦秦简编年记相关史事核斠》（博士论文，台湾大学，1981）。

还是被《编年记》吸引了，让我们惊奇的是，这个名为"喜"的人是如此关心国家大事。喜出生于秦昭王四十五年（前262），在秦国的档案和法律系统中担任过一些职务，他的岁数与11号墓墓主骨龄一致，这表明墓主就是喜本人。

在这个案例中，历史研究的工作能将人的好奇心充分调动起来。当面对沮丧、未知或者是令人恐惧的未来时，喜试图通过诉诸历史来掌控形势。通过一部个性化的《编年记》贯通过去发生的事，他牢牢地将个人生活放在他服务的国家大历史背景下。历史赋予他一个清晰的身份，一个明确的目标，一份他攻坚克难的记录。在过去的百年中，秦国通过无情的统一战争结束了战国混乱的局面。喜准备用他头下枕的《编年记》，将他从彼岸世界可能面对的混乱中拯救出来。

事实上，选择历史作为生命意义的源泉并不一定普遍。在许多民族和文化中，历史是被排斥的，认为它只是广泛存在的实体的短暂表象，永恒的真实往往可以通过其他途径获得。例如，尽管古希腊出现了诸如希罗多德、修昔底德等一流的历史学家，这些历史学家的研究却并不是古希腊历史学传统产生的基础。相反，后世的学者更愿意相信亚里士多德的名言"诗比历史更普遍更真实，因为诗反映的是普遍的，历史反映的是个别的"，他们将更多的精力集中于订正和解释荷马史诗。[①]

---

① 亚里士多德，《诗学》1451b，S. H. 布彻（S. H. Butcher）译，载《亚里士多德的诗歌与美术理论》第4版（伦敦：麦克米伦，1907），第35页。

同样地，印度人关于再生、因果报应和世界虚幻的观念，引导着印度学者放弃历史，转而从宗教、史诗和哲学中探寻世界。除了《诸王流派》(*Rajatarangini*，又译《王河》，克什米尔编年史，1149年)，印度历史著作到公元14世纪穆斯林入侵之后才大量涌现，考虑到伊斯兰教对待历史的态度，这也就不足为奇了。① 和犹太教和基督教一样，伊斯兰教相信造物主一直参与着人类历史，并且在一个特定的时间和特定的地方给人类启示。因此，研究人类历史是了解造物主的一条主要途径。在那些旨在寻求展示他们所信奉的宗教正统的未曾中断的权威性（或者他们竞争对手的虚伪性）中，历史写作也成了战场。最后，伊斯兰教、犹太教和基督教所假定的最终审判，赋予个人历史行为的令人敬畏的意义。

当然，这些宗教没有一种在前帝国时期的中国占据太重要的地位，在这里，历史是知识阶层的主要关注对象。对喜而言，在他生活的秦代，中国人已经积累了让人羡慕的神话学、占卜学、宗教学、哲学和预测自然变化的分析体系，其中任何一种，都可以被喜用来探索宇宙并在宇宙中找到自己的位置。但是，喜选择了历史作为手段，这并不出乎意料。从远古时代，中国文明就异乎寻常地被与过去绑定，它拥有世界文明史上最长且被最完整保

---

① 彼得·哈代，《中世纪印度历史学家》（伦敦：吕扎克，1966）；罗米拉·帕尔（Romila Thapar），《在〈诸王流派〉中表达的迦尔诃那（Kalhana）的历史思想》，载《中世纪印度历史学家》，穆希布·哈桑（Mohibbul Hasan）编（密拉特：米纳克希·普拉卡山，1968），第1—10页。

留下来的书写历史的传统。事实上，迷恋于维护和解释历史记载，既是中国人引以为傲的传统，也是19世纪和20世纪中国向现代文明转变的主要障碍之一。

在喜和他的历史文献被埋葬了100多年之后，司马迁（前145？—前86？）出于安全保存的考虑，也将他写在竹简上的历史著作埋藏起来。司马迁试图通过《史记》为人类历史建立秩序，尽管在《史记》被埋藏之时，司马迁仍然活着，但他已强烈预感到他的作品会让他付出怎样的代价。[1] 司马迁在汉武帝极端愤怒之下为同僚辩护，获重罪，为了有足够的时间完成《史记》，他宁愿忍受宫刑而不是慷慨赴死。这让他家族香火断绝，使自己和父亲蒙羞，甚至会危及《史记》在他身后的境遇。[2]《史记》是司马迁的自我澄清，是他给父亲的献礼之作，它让司马迁留名后世。《史记》对于中国史学有着深远的影响，在认真分析司马迁写作《史

---

[1] 华兹生将《史记》称为"伟大历史学家的记载"，但在我看来，这似乎过分依赖于西方的历史观。"史"这个字恰当的意思是抄写员或档案工作者，尽管这些官员确实记录了历史事件（除了他们的其他占卜和仪式功能之外），但他们没有参与我们与历史学家这个词联系起来的那种分析和解释。同样值得注意的是，《史记》的标题不是司马迁的文本的原创，而是被用作封建国家抄写员的工作的通用名称。见《史记》卷14·509—510，卷15·686，卷130·3295—3296。

出于类似的原因，我将太史令翻译成"大占星家"，而不是"大历史学家"。重要的是要记住，写一部世界历史不是司马迁官方职责的一部分，贺凯（Charles O. Hucker）定义如下："在汉朝早期'大占星家'显然有一些历史职责，但总的来说，他负责观察天体现象和自然界中的不正常行为、解释征兆，负责关于国家重要仪式的占卜和天气预报，以及准备官方历法。"贺凯，《中华帝国官制辞典》（斯坦福，加利福尼亚州：斯坦福大学出版社，1985），"太史令"。另见本书第26页注释②。

[2] 我们从班固《汉书》司马迁的传记中知道，司马迁遭受宫刑前有一个女儿，没有关于可以继承他血统的儿子的记录。见《汉书》卷62·2737。

记》背景的各种细节之前,我们回顾一下促使司马迁转向历史的文化因素,或许十分必要。

历史在中国文化中的地位

为什么研究历史在中国知识阶层生活中占据统治地位?虽然原因是复杂的,但是大体上可以罗列出几个因素,或者说几组因素:祖先崇拜、儒家文化和官僚主义。刻在牛肩胛骨和龟壳上的卜辞已经说明,从最初,崇敬和讨好祖先就是中国文化的重要组成部分。商朝(约前1525—前1050)人选用那些带有沟和槽的甲骨,以便在加热时,这些甲骨能产生规则而又不能精确预测的纹路,这些纹路或正面或反面地对占卜的问题给出解释,原始的问题被刻在兽骨和龟壳上以备后用。商朝人渴望从卜辞中判断先人对当下问题的影响:是否商王所有的祖先都享受了应有的祭祀?是否有一些物质会导致人们做梦,会带给人们病痛或其他种种不幸?人们是否可以借助占卜影响战争、财富、疾病、收获和生育?[1]

商朝之前,中国人就有祖先崇拜的传统,他们渴望从祖先那里得到指导和帮助。对商王来说,更是如此,商王的祖先死后拥有和生前一样的威望。商王拥有的与祖先沟通的权力,既是他们作为祖先的后代而获得的,也是因为他们就是祖先选定的法定沟

---

[1] 吉德炜(David N. Keightley),《商代史料》(伯克利和洛杉矶:加州大学出版社,1978),第33—35页。

通者，这也是商王世俗权力的重要组成部分。商王与祖先的沟通方式不是秘不外传的，人们相信死者在另一个世界的活动和生前并无差别，因此，在宗教盛会和宗族祭祀中，使用专业的祭祀人员扮演祖先，让人们感觉祖先就在现场。①

而且，祖先崇拜自然而然地让人们尊重过去，尊重他们高贵的祖先曾经取得的丰功伟绩；祖先们的历史功绩在后人的颂词和故事中反复被庆祝着，在效仿中被高高挂起。此时此地，对祖先的崇拜在年轻人与年长者之间形成强烈的附属关系，这些年长者很快就会成为祖先神。很难判定，是牢固的等级划分和家族尊卑导致宗教活动，还是宗教活动导致社会出现等级划分和家族尊卑，但可以肯定的是，人们沟通天人的方式，让传统、先例、延续、敬祖及社会和谐被高度重视。正如安乐哲（Roger Ames）在谈到儒家学说时说：

> 在这个范式中，一个人的声望并不是来自他与前人相比如何突出，而是来自他能在什么程度上体现、表达和放大传统。正因为如此，从最初的时代，中国人就极其重视历史记载。这些历史记载是过去文化传统的宝藏，新的文化传统由此显现。②

---

① 亚瑟·伟利（Arthur Waley）译，《诗经》第 2 版（纽约：格罗夫出版社，1987），第 209—216 页。许倬云（Cho-yun Hsu）、林嘉琳（Katheryn M. Linduff），《西周文明》（康诺新港：耶鲁大学出版社，1988），第 376—377 页。

② 安乐哲（Roger Ames），《中国古代的统治艺术》（檀香山：夏威夷大学出版社，1983），第 xii—xiii 页。

当周人打败商人,建立一个新的王朝,他们立刻放弃了革新主张,相反地,他们将自己打扮成那个已经崩塌的传统的继承者和重建者。

　　同样地,当西周王朝衰落时,集政治、宗教和宗族权威于一体的传统,让位于战国时期(前403—前221)出现的争霸、篡权和混乱,为了反抗日益扩大的战争和政治冲突,这个时代应运而生的绝大多数战略家和思想家都从历史先例中寻求救世良策。儒家回顾周初的黄金时代,墨家把传说时代的禹作为自己的典范,道家将目光转到更为遥远的官府出现之前。显而易见,各家的主张都不是新的方案,而是过去被证明的、可靠的经验。正如孔子所说:"述而不作,信而好古。"①

　　古人已经实现了社会大同,并得到广泛认同,从古代获取支持是十分普遍的现象,即使是粗暴地视古代为无用和过时的法家,在为了证明他们抛弃历史传统是合理的时候,也不得不弯腰从历史先例中寻求证据。《商君书》:

　　　　故汤武不循古而王,夏殷不易礼而亡。反古者不可非,而循礼者不足多。②

---

①《论语》7·1。
②《商子》1·2b;戴闻达(J. J. L. Duyvendak)译,《商君书》(伦敦:亚瑟·普罗布斯坦书店,1928),第173页。司马迁在他关于商君的传记中引用了这句话。《史记》卷68·2229。

客卿游士们争相用历史典故来粉饰自己的观点,也会引用非主流的传统,有时甚至编造对自己更有利的典故,默许将矛盾的、不完整的记载作为确定性的材料来使用,从而使情况更为混乱。人们有时贬损这样的行为是"世俗之人,多尊古而贱今,故为道者必托之于神农、黄帝而后能入说"①。战国争霸的时代,客卿游士们为了获得权力和影响各国统治者,展开激烈论辩,这最终导致历史向职业化发展。因为一旦国君确信辩论中甲方的论据比乙方的更充分,或者乙方的论据被证明是虚假的,甲方就能赢得国君的信赖。儒家建议国君遵守古代的道德准则,而这些建议并未被广泛采纳,他们成为这种厚古薄今运动的先锋。从这个意义上说,儒家思想是导致中国文化重视历史的第二个重要因素。

孔子自己就承认,夏商时代的历史文献太稀少了,以致无法恢复夏商时代的传统,但他认为当下仍然存在的周朝,尽管在其达到顶峰的近600年后已经被削弱了,但仍是早期传统的集大成者,周礼被保存了下来。②孔子及其追随者着手将能收集到的有关占卜、诗歌、政府文书、仪礼和编年史汇集起来,把这些文献编成五部儒家经典:《易》《诗经》《尚书》《礼记》和《春秋》。他们自己成为这些经典传播、解释和历史分析的专家。随着儒家传授和注释经典的不断增多,中国古代文明中共同继承下来的遗产,

---

① 《淮南子》19·11a,葛瑞汉(A. C. Graham),《道家论》(拉萨尔,伊利诺伊州:敞院出版社,1989),第67页。

② 《论语》3·9、14。

毫无疑问地成为儒家的特性。[1]

事实上，这段简单的概括在很大程度上要归功于司马迁对孔子功绩的历史性和英雄性重构。杜润德已充分阐明，儒家著作被汇集和经典化经历了几个世纪的时间，这些经典文本创作的许多细节，包括编辑者和编写者的身份，至今仍然存在许多未解之谜。[2] 但在汉代的许多学者看来，孔子对传统观念的塑造及其与现在的联系，具有决定性作用。

儒家经典文本地位的巩固，包括儒家作为学派正统地位的确立，与中央集权政府的建立紧密相关。儒家学派的一些学者认识到，至少是在中国，掌握了历史就能在当下掌握政权。当中国实现统一后不久，儒家学说便成为政府的官方意识形态。汉朝建立六年后，汉高祖刘邦任命儒生叔孙通制定庙堂礼仪；在汉武帝（前141—前87）统治期间，五经博士的官方身份得到确立。[3] 得到国家政权的全力支持，儒家思想虽也曾经历几次挫折，但直到1911年帝国结束，其一直在中国占据统治地位。儒家思想在中国

---

[1] 总的来说，儒家在战国结束时已成功地规范了古代中国的观念。正如约翰·诺布洛克（John Knoblock）指出的那样，"学者们可能会选择不同人物作为他们的英雄，强调一个或另一个细节，但他们并没有对人类社会的出现和发展的基本顺序、年代和梗概提出异议"。约翰·诺布洛克译，《荀子》卷2（斯坦福，加利福尼亚州：斯坦福大学出版社，1990），第4页。

[2] 杜润德，《朦胧的镜子：司马迁笔下的矛盾与冲突》（奥尔巴尼：纽约州立大学出版社，1995），第47—69页。

[3] 关于汉朝儒家地位上升的简要总结，见罗伯特·P.克雷默（Robert Kramers）《儒家各派的发展》，载崔瑞德（Denis Twitchett）与鲁惟一编《剑桥中国秦汉史》（剑桥：剑桥大学出版社，1986），第747—765页。

的统治地位,确保了儒家学派所编纂的经典中倡导的对历史的敬畏一直占据重要地位,几个世纪以来,儒家学派和他们的经典都得到了大的发展。事实上,直到当代,用文言写作历史,也是最流行的展现文学天赋的手段。正如芮沃寿(Arthur F. Wright)所发现的:"写史就是继续圣人的工作。"[1]

在用道家、法家、墨家和儒家这些标签描述战国时期的学术发展时,我遵循的是汉代学者所开创的学术分类。在那个时代之前,各个学派和其地位都处于变动中且是兼收并蓄的,竞争者之间有惊人的相似性,即使在同一学派中也有激烈的争辩。例如,公认的儒家代表孟子曾说:"尽信《书》则不如无《书》,吾于《武城》,取二三策而已矣。"[2] 被我们归为儒家学派的人,对于历史现象和历史变化有共同的认识,这些观念盛行于整个封建帝国时期。

在儒家观念中,天命观最为重要,它为朝代更替提供道德解释,天命并非没有人情味的"天"或"天庭"的力量,它支持一个有德之人取代无德的暴君。这种模式重复上演着——强大明智的王朝建立者最终让位给自己的后代,那些后代因残忍、痴迷享乐而使"上天"不得不收回天命,将"天命"授予更合适的人选。这种模式的典型范例保存在《尚书》中。在《尚书》中,周文王

---

[1] 芮沃寿(Arthur F. Wright),《关于中国历史研究中泛化的使用》,载路易斯·戈特沙尔克(Louis Gottschalk)编《历史写作中的泛化》(芝加哥:芝加哥大学出版社,1963),第38页。

[2]《孟子》7B·3。

告诉臣子,他之所以能打败商王,和商王之所以打败夏王没有区别。① 这种将正统诉诸历史先例的做法,最终导致了一系列官方正史的出现——二十六史,这些正史都义正词严地记录了被取代王朝的罪恶。② 而且,当政者精心地保存自己的记录,正如我们应该看到的,这样做并不纯粹是留给那些不可避免的取代者的恩惠。

儒家常常被看作是一个实践的、世俗的学派,孔子强调道德和社会关系,很少涉及抽象的概念和宏大的哲学体系,以及那些不可思议的现象或者来世。这种实用的态度影响着儒家的阅读和历史编写。历史按照教化的功能被评价,它描写的历史人物根据行事被分为好的或坏的。人与人之间戏剧性的相互作用被看作历史变化背后的推动力。通过阅读历史,一个人能理解社会并找到一种合适的生活方式。儒家的实用主义和理性主义,也充分表现在他们不喜欢虚幻的东西,这些东西被排除在他们的历史之外,或者,至少被改编得合乎理性。奇迹般的说法被贬低,传奇性的人物(特别是那些其他学派尊为英雄的人物),甚至是天神,常常被他们剥去超自然的神性,设定历史时代和血统谱系。③

---

① 《尚书》,"多士"和"多方";见理雅各(James Legge)译《书经》,《中国经典》卷3(牛津:牛津大学出版社,1865:台湾重印),第453—463、492—507页。

② 有关这些作品所依据的历史假设的描述,见白乐日(Etienne Balazs)《中国的文明与官僚主义》,H. M. 赖特(H. M. Wright)译,芮沃寿编《儒家与中国文明》(纽黑文,康涅狄格州:耶鲁大学出版社,1964),第129—142页;鲁惟一《中华帝国》(伦敦:艾伦·昂温出版社,1965),第280—291页。有关更详细的总结和分析,见张志哲《中国史籍概论》(南京:江苏古籍出版社,1988),第94—314页。

③ 卜德(Derk Bodde),《中国文明论文集》,查尔斯·勒·勃朗(Charles Le Blanc)与包蕾(Dorothy Borei)编(普林斯顿,新泽西州:普林斯顿大学出版社,1981),第48—51页。

通过将神话转变为历史，儒家不仅抛弃神话思维，也拒绝在学术论述中给神话留一个位置。这样做的结果是，英雄时代和现实世界之间并无一个截然分开的界限。在古希腊，人们都承认他们已经不能再像《伊利亚特》中的英雄那样与天神一起行走交谈。与古希腊不同，在中国，遥远的古代与当下并无质的区别。[①] 事物大部分一如既往，即使过去的成就已黯然失色，理论上，古人仍然可以是我们追随的对象。当然，中国没有明显的超自然神、超然的领域，这并不完全是儒家努力的结果。中国人从未有过真正的存在超自然的造物主创世神话，狂热的祖先崇拜也缩小了世俗和神圣之间的距离。[②] 能看见的和不能看见的是同一个世界体系中的不同部分，在这个世界体系中，他们之间的联系和责任持续地从一个存在领域到另一个领域，从一个时代到另一个时代。

公元前 213 年秦始皇焚书，这一事件最终成为儒家学说的奠基神话，使儒家的崇古观念变得更加突出。当秦始皇发现学者竟敢批评他所取得的成绩时，他就禁止私人收藏除实用的医术、占卜和农业之外的书籍，企图砍掉这些批评的基础。如果儒家的记载是可信的，历史类书籍是这次焚书的一个主要目标，焚书之后，秦始皇紧接着集体处决了 460 名儒生，这些儒生成为这场灾祸中

[①] 可以比较保罗·韦纳（Paul Veyne）在《古希腊的人是否相信他们的神话》中所描述的希腊对英雄时代的态度。宝拉·维辛（Paula Wissing）译（芝加哥：芝加哥大学出版社，1988），第 17—18 页。

[②] 见牟复礼（Frederick W. Mote）《中国思想之渊源》第 2 版（纽约：克诺夫出版社，1989），第 12—16 页。

的烈士。① 卜德（Derk Bodde）认为，这项臭名昭著的法令所造成的破坏，不仅仅是人们经常提及的古代文化的巨大损失，事实上，秦始皇焚书坑儒产生了一个意想不到的后果：

> 焚书远远没有达到李斯阻止人们以古讽今的目的，它反而使中国人更加自觉地对过去的历史产生浓厚的兴趣。文化被摧毁的事实，激发汉代学者更加努力地去恢复文化。焚书的结果，导致中国人对书籍的狂热崇拜进一步发展，也促进了中国人原本保留在历史记载中的根深蒂固的历史观念的发展。②

和儒家一样，秦始皇意识到，在中国，掌握过去是保障政治权力完整的一个不可分割的部分，这是我们要讲的第三个因素，即国家官僚主义在中国历史思维发展中的地位。正如白乐日所指出的，在中国，"历史是官员为官员而写作的"③。

或许，"早期的官僚机构"这个词更适合司马迁时代的中国，中国的统治者求助于宗族谱系、仪式和上天的征兆等手段，确认

---

① 在这些事件的最早的记载中，被处决的人和被焚烧的书并不一定相关，尽管通常断言学者们因为隐藏了被禁止的著作而被杀害。这些记载还暗示所有受害者都是儒家，尽管这种情况极不可能，因为秦始皇在他的宫廷中保留了各个学派的学者，他处决儒生的直接原因是两名术士的背叛。《史记》卷 6·258；华兹生译，《大史家记录》（后面简称《记录》）全 3 册（秦和汉，1&2），修订版（香港：香港大学出版社，1993；初版，全 2 册［汉］，纽约：哥伦比亚大学出版社，1961），秦：58。

② 卜德，《中国的第一个统一者》（莱顿：博睿出版社，1938），第 162—166 页；引文引自第 166 页。

③ 白乐日，《中国的文明与官僚主义》，第 135 页。

他们统治的合法性,他们身边聚集了一批受过教育的官员,这些人负责宗教仪式和记录重要的事情。商王有自己的占卜者,这些人小心翼翼地保存甲骨卜辞以备将来参考,有时候他们还会就预言如何被应验加一些标记;西周初期,政府也有大量官员负责收藏记录。①《左传》中经常提及春秋时期的史官,有时还提到了他们的姓名。《左传》是儒家典籍,它恰如其分地歌颂了史官们的勇气、独立性和严格的道德判断。②

出于自身的需要,统治者并不质疑保留官方记录的必要性。战国时期,随着旧的主权格局被取代,规模更大、更复杂的政府崛起,这些政府对常规的报表和详细的税收、人口记录以及法律文书有更大的需求。当然,史官很快意识到,除了辅助统治者,一份清晰的记录对提升自己的事业和观点很有帮助。一些史官甚至宣称,史官的天职就是通过记录来批评任性的君主(尽管这是典型的儒家对待昏君的做法)。作为回应,统治者试图左右关于他们的历史记载,破釜沉舟的做法是彻底摧毁这些记载(即便是秦始皇焚书,也是遵循历史先例)。③

---

① 吉德炜,《商代史料》,第42—45页;许倬云,《西周文明》,第233、246页。关于不同类型的史官及其职责和技能,见金毓黻《中国史学史》(上海:商务印书馆,1941),第3—19页;李宗侗,《史官制度:附论对传统之尊重》,载杜维运和黄建兴编著,《中国史学史论文选集》全2册(台北:华世出版社,1976),1:65—109。李宗侗的文章特别有趣,他认为史官群体相当保守,并试图通过他们的著作保留传统社会结构和仪式的形式。

② 如《左传》中关于史官的典型参考资料和故事,见闵公2·7;宣公2·4;成公5·4;襄公14·3、25·2、29·6;昭公17·2;理雅各译《春秋左传》,《中国经典》卷5(牛津:牛津大学出版社,1872;台湾重印),第129、291—292、357、466、515、549、667页。

③ 见《孟子》5B·2。

全面的历史知识被认为是官员的基本要求，部分是由于在很多政策讨论中离不开语言精练的历史典故。这是春秋时期的传统，在那个时代，外交人员总是引用古代的诗句，并期望其他国家的对手能推断出这些诗句的含义。① 曾经激怒秦始皇的"道古以害今"，是一种容易被人接受的方式，避免了对统治者的直接批评——这是中国传统文化所极力回避的，也保护了官员自己。② 当然，人们研究历史不仅仅是为了辩论做好准备，而且也为了仔细审视历史，寻找获得有用的历史先例，找到被公认为国家基础的道德准则。毫不奇怪，存在着使用历史先例的历史先例——《尚书》记载了周天子的弟弟被任命到商王故地为王，周天子对其弟建议：

> 往敷求于殷先哲王，用保乂民，汝丕远惟商耇成人，宅心知训。别求闻由古先哲王，用康保民。③

西周初，周天子用天命为自己的统治辩护，但是，官员也以天命为工具，劝谏独裁统治者。周天子对于被指责推行将要失去"天命"的政策十分敏感，《尚书》和《诗经》都鼓励周天子以"殷"为鉴（镜子），以此纠正自己的行为。"古人有言曰：'人无于水

---

① 这种做法也可以在孔子和他的学生之间的讨论中找到，这些学生在他那里接受从政的培训。例如，《论语》7·14，冉有通过向孔子询问关于伯夷和叔齐的看法，来确定孔子对鲁国当代政治的见解。
② 除了标明之外，都是笔者翻译的。参考华兹生的《记录》可以比较。《史记》卷6·225；华兹生，《记录》，秦：54。
③ 《尚书》，"康诰"，理雅各译，《书经》，第386页。

监，当于民监。'今惟殷坠厥命，我其可不大监抚于时！""殷鉴不远，在夏后之世。"①把历史作为镜子，人们能找到身份认同并改正那些经常出现的错误，《墨子》《孟子》《韩非子》以及《国语》经常引用这种观点。②后来，中国历史上最有影响的一部通史——《资治通鉴》(1084)，在书名中用到了"鉴"。

除了作为合法性和身份认同的基础，历史也是维持稳定的关键因素。建议者一遍又一遍地争论，认为坚持那些过去经过检验的标准，能确保统治者将政权传给后代，正如《诗经》中所说：

……弗念厥绍。
罔敷求先王，克共明刑。
肆皇天弗尚。
……子孙绳绳、万民靡不承。③

这种观念被与天命观和祖先崇拜（后代不掌政权，他的祖先将被从神坛上拽下来）捆绑，儒家官员将人的天性与制度高度统一。尽管夏、商、周的文献已经被证明存在差异，但孔子自己宣称，经过仔细分析历史发展中的典范，人们可以了解周朝何以取得胜

---

① 《尚书》，"酒诰"，理雅各译，《书经》，第 409 页。《诗经》，"文王"（《毛诗》，第 235 页）；见理雅各译《诗经》，《中国经典》卷 4（牛津：牛津大学出版社，1871；台湾重印），第 431 页。颂"荡"（《毛诗》，第 255 页）以强调商人应该借鉴夏人的失败为结尾。见理雅各译《诗经》，第 510 页。

② 《孟子》，4A·2；《墨子》，9·13a；《国语》（"吴语"3，上海古籍出版社），2：598。

③ 《毛诗》第 256，伟利译，见《诗经》，第 300—301 页。

利,即使百代之后,也是这样。① 在这样的认识之下,采纳那些历史知识丰富的建议者的意见,统治者就变得很有见识。

如果引用一个历史上伟大的榜样,或以天命为警告,或以威胁到皇帝后嗣的方式,仍不能让统治者听从劝告,官员就会以后人的评价为由劝说君主。庞大的官僚机构运作所必需的大量报告、信件、法令和王权象征物都被认真地保存了下来,有实用的原因,但主要是被作为政治工具。官员们鼓励统治者对他们记录在册的行为负责,他们试图确保文件尽可能详细。这一做法再一次沿用了以往的先例。《左传》记载,公元前671年,一位大臣劝说国君不要进行一次违背礼制的旅行:"君举必书。书而不法,后嗣何观?"② 这一论点的说服力取决于这样一种假设,即子孙后代将继续沿袭传统。

最后,因为商代和西周初年宗教、政治和宗族权威的巩固,导致如吉德炜(David Keightley)所指出的:"国家……在理想情况下,得到来自各方的所有拥戴,而留下很少的意识形态空间作为异见的基础。"③ 因此,官僚们被迫引用历史作为他们观点的依据。中国从未出现过一个独立于国家之外的教会,并将之作为一种可供选择的道德权威。同样,中国与其他发达文明的隔绝程度,

---

① 《论语》2·23。
② 《左传》,庄公,23·3,理雅各译,《春秋左传》,第105页。
③ 吉德炜,《中国早期文明:何以中国的思考》,载罗溥洛(Paul S. Ropp)编《中国遗产》(伯克利和洛杉矶:加利福尼亚大学出版社,1985),第31页。

意味着中国不能援引外来的观念和做法去服务现实。[①] 如果有人挑战中国具有历史意识的统一社会体系，就会被贴上"野蛮人"的标签（秦人就经常被视为"野蛮人"）。

　　祖先崇拜、儒学和官僚主义都促成了中国文明中历史意识盛行。虽然人们可能会说，儒学成功的秘密在于它对文化中已经存在的历史倾向的占有和放大，但最终，很难断定哪些是因，哪些是果。我在这里描绘的实践和态度是以复杂的方式联系在一起的，它们的确切结构随着时间的推移而改变。然而，非常明显的是，中国人另辟蹊径，将历史作为身份认同和发展方向的源泉。

司马迁和历史

　　大约公元前108年，司马迁——汉武帝朝的太史令，转向历史，开始写作一本书，以一种全面和系统的方式总结从传说时代到他生活时代的历史。像孔子一样，司马迁汲取和拓展了中国文化中的历史意识，最终创造出了如此有说服力和吸引力的未完之作，两千多年来一直让中国知识分子阅读它、争论它、欣赏它、续写它，并试图模仿它的体例和文学风格。司马迁的《史记》，最终成为二十六部正史之首，这些正史都采用了司马迁制定的基本体例和方法，共同构成了我们研究中华帝国历史的第一手史料。德效骞

---

① 见史华慈（Benjamin I. Schwartz）《古代中国的思想世界》（剑桥，马萨诸塞州：哈佛大学出版社，1985），第65页。

（Homer H. Dubs）曾经统计过，第一批二十五史包括2000万字符，翻译成英文的话，有450册，每册500页。①

司马迁的开创性成就其实困难重重。司马迁是第一个试图写一部通史的中国人，完成这样一项工作所涉及的概念性和技术性问题很多。年表如何确定？哪些材料可以作为史料？如何处理文献材料的来源？记叙的主线是什么？最重要的，历史知识应该如何被组织在一起？司马迁以一种大胆的创新的方式回答了最后一个问题。当司马迁发现用传统的历史写作方式无法满足他的要求时，他设计出了一种新的组织史料的方法，把《史记》分为本纪、表、书、世家和列传。司马迁采用了早期历史编纂形式，并把它们融合成一个新颖的、连贯的整体。正如清代史学家赵翼（1727—1814）总结的：

> 古者左史记言，右史记事。言为《尚书》，事为《春秋》。其后沿为编年、记事二种。记事者，以一篇记一事，而不能统贯一代之全。编年者，又不能即一人而各见其本末。司马迁参酌古今，发凡起例，创为全史。本纪以序帝王，世家以记侯国，十表以系时事，八书以详制度，列传以志人物，然后一代君臣政事，贤否得失，总汇于一编之中。自此例一定，历代作

---

① 德效骞（Homer H. Dubs），《中国历史的可靠性》，《远东季刊》6（1946）：第23—25页。《史记》是正史中被最完整翻译出来的一部，沙畹（Édouard Chavannes）的6册本注释翻译了1—50卷（1895—1905），华兹生的3册本翻译了70卷（一些是部分翻译）（1961，1993年修订和增补）；倪豪士（William Nienhauser）计划全部翻译，共9册（1994—　）。

史者遂不能出其范围，信史家之极则也。①

然而，其他问题没有得到如此彻底的解决。尽管司马迁朝着一种系统的历史方法前进，但在前进过程中，他似乎在不断地制定规则。或者以更积极的眼光看，《史记》因为尝试有意识的和理智的探索而变得更加生动。和其他推出新结构、新词语和新概念的开创性作品类似，《史记》既能令人兴奋地解读，也足以使读者沮丧。举个例子，《史记》分为五体，导致了一个令人奇怪的结果：一个特殊的故事会不止一次地出现，每次出现都会从形式上略有不同，观点也略有差异。至少对西方读者来说，这样一部历史著作是有问题的。此外，在大多数卷的结尾，司马迁都有一个简短的评论，这些评论中有他的历史观，但各卷中的表述偶尔也有抵牾。

其他正史很难重复司马迁的卓越成就，他们把关注的重点转到一个朝代上，保留了《史记》中带有评论的"本纪"和"列传"的核心体例（这种体裁在中国被称作"纪传体"），有的扩充了"书"。到了宋朝，历史学家试图采纳《史记》综合全面的广阔视域的优点，但这样做，他们通常不得不放弃编年—纪传的形式。司马光（1019—1086）采用逐年记载的编年体完成了《资治通鉴》，一部贯通1326年的通史；郑樵（1108—1166）和马端临

---

① 赵翼：《廿二史劄记》全2册（北京：中华书局，1963），1：3。

（13世纪）扩充了"书"这种体裁，增加了跨越几个朝代的如税收、政府结构和刑罚等类目。① 但是，在构建对世界的描述时，《史记》一直是大家模仿和改编的范例，司马迁牢固地确立了中国的历史观念。

考虑到历史在中国文明中的地位和《史记》在中国历史著作中的地位，司马迁为什么要著史的问题就意义重大了。事实上，这个问题包含两个独立的线索：（1）为什么司马迁向历史寻找答案？（2）是什么环境或者什么困难让司马迁向历史寻找答案？当然，前面的问题很好解决，司马迁被我前面所列举的中国文化中深厚的历史情结所影响。关于司马迁写史的目的，在《史记》最后一卷（卷130）《太史公自序》和收录在《汉书》的《报任安书》中有明确的表述。这两部文献合起来，提供了我们所能知道的司马迁生活的全部内容。②

司马迁明显受到了祖先崇拜的影响。他的自传就是以追述他的杰出的祖先的事迹开篇，特别是那些曾在周朝官廷中担任史官的祖先，并且司马迁用大量的篇幅记叙他父亲司马谈的生活和观点。司马谈的父亲获得过五大夫的荣誉头衔，尽管司马谈曾学

---

① 有关总说明及特别注明司马迁为范本的基本信息和引文，见狄培理（Wm. Theodore de Bary）、陈荣捷（Wing-tsit Chan）与华兹生编《中国传统的来源》（纽约：哥伦比亚大学出版社，1960），第491—501页。

② 在下面的讨论中，除非特别交代，信息都来自《史记》卷130这一章的翻译，见华兹生《司马迁：中国伟大的历史学家》（后面简称《大史家》）（纽约：哥伦比亚大学出版社，1958），第42—57页。宇文所安（Stephen Owen）已经翻译了司马迁给任安的信，载《中国文学选集：从开始到1911》（纽约：诺顿出版社，1996），第136—142页。

习哲学和天文学，但在他被任命为太史令之前，似乎一直在务农（从公元前140年到公元前110年去世）。虽然司马谈的事业比较成功，但是司马迁在回顾家族过去的荣光时，仍然感觉到家族在走下坡路。太史令的主要工作是收藏各种记录、观察自然天象、制定历法和占卜，在西汉王朝，这并不是一个有影响力和受人尊敬的官职。司马迁描述他的父亲时说："文史星历近乎卜祝之间，固主上所戏弄，倡优蓄之，流俗之所轻也。"①

司马迁转向著史，儒家也发挥着主要作用。自班固（32—92）批评司马迁不是正统儒家开始，中国评论者一直在争论：司马迁是偏儒家还是偏道家（认为司马迁偏道家，主要是根据《史记》卷130《太史公自序》中司马谈的《论六家要旨》，在这篇文章中司马谈更倾向于道家）。② 对我来说，这是个不成问题的问题。确实，司马迁持折中主义态度，观点比较灵活（他当然不反对道家），但是他最根本的观点都是儒家的。这明显体现在他对孔子的尊敬和他作品的整体风格上，具体包括对神话的合理化改造、用"表"效仿《春秋》、接受了王朝循环的天命观。后面，我将详细说明司马迁的儒学观，即使在《太史公自序》中，他对儒家也是全面肯定的。

---

① 《汉书》卷62·2732；华兹生译，《大史家》，第63页。引文来自司马迁给任安的信，海陶玮（J. R. Hightower）译，载白芝（Cyril Birch）编《中国文学选集：从早登到十四世纪》（纽约：格罗夫·韦登菲尔德出版社，1965），第95—102页。

② 关于这个论题的英文版本，可以比较华兹生《大史家》，第34、168—169页；罗伯特·B. 克劳福德（Robert B. Crawford）《〈史记〉的社会和政治哲学》，《亚洲研究杂志》22，第4期（1963年8月），第401—416页。

在《太史公自序》中，司马迁记载了他父亲的临终遗嘱，尽管司马谈有道家倾向，但他采用了典型的儒家的动情的劝诫方式。司马谈拉着司马迁的手，眼含热泪，敦促他完成自己规划的非官方史书以重塑祖先的荣光。他哀叹自己没有能力参加泰山的封禅大典（他那个时代最重要的宗教祭祀活动），强调了子女的孝道，并以儒家的圣人周公和孔子为例。正如司马迁后来回忆的，他父亲希望他能纠正和补充儒家的经典，并成为儒家从周公到孔子五百年轮回中的一员。① 更可能的是，在过于狂热地希望儿子成为儒家圣人的野心作祟下，司马谈偏离了儒家正统（到了亵渎的程度）。在李长之看来，司马谈希望儿子成为"第二个孔子"，这对司马迁这样一个传统的儒家来说是不可想象的。②

也许是为了削弱他父亲令人惊讶的愿望中的异端含义，司马迁在父亲遗言之后用大段篇幅讨论《春秋》的意义，这是他十分仰慕并希望效仿的著作。因为《春秋》被普遍认为是孔子的作品（尽管是错误的），它是汉代学者关注和辩论的焦点，很难确定司马迁希望如何模仿《春秋》，因为在《太史公自序》中，关于《春秋》的讨论几乎完全引用了汉代大儒董仲舒（前179—前104）的观点。司马迁明显支持这样的观点：孔子因不成功而沮丧，将他的道德评价通过《春秋》隐晦地表达，希望这些道德评价能成为后世统治者的榜样。我们可以得出这样的结论，司马迁同样希望

---

① 见《孟子》2B·13。
② 李长之，《司马迁之人格与风格》（上海：开明书店，1948），第63页。

他的《史记》成为道德准则，能表达他对历史变化模式的分析，而不是他在结尾处明确否认的："而君比之于《春秋》，谬矣。"①

司马迁温和的异见通常被认为是他政治上谨慎的表现，儒家的评判多是非常负面的，司马迁如果直接效仿《春秋》笔法，容易被视为不忠。然而，司马迁效仿《春秋》的一个主要的意图很可能就是为了批评当朝的恶政，这个主题让我们把司马迁、历史和官僚主义融合在一起。②西汉初年，许多有影响的官员都从历史中去寻找制定政策的指导和劝谏皇帝的先例，司马迁父子却很少参与这样的活动，"太史公既掌天官，不治民"③。

华兹生是英语世界中司马迁最重要的评论者和翻译者，他总是将"太史令"翻译为"大史家"，或许是为了剥去至今仍然附着在"占星术"上伪科学的污名。尽管司马迁的职位让他能很方便接触到帝国的档案，但他的史学活动并不在他的工作范围内，除非他自己希望延续家族的传统，并使这种传统更加明确。和后世其他正史不同，那些正史都是在官方支持下完成的，而《史记》是一部个人作品，司马迁死后，它只是在私人范围内流传。太史令在朝堂讨论中并无太多影响，事实上，司马迁在公元前99年最著名的进谏中招致了一场灾祸。

---

① 《史记》卷130·3300。

② 赖明德认为，司马迁的历史写作，除了是要完成他父亲的遗愿之外，最重要的因素是他以孔子为榜样，要宣扬《春秋》。见赖明德《司马迁之学术思想》（台北：华世出版社，1982），第60—62、76—86页。

③ 《史记》卷130·3293。

李陵被派遣带领 5000 士兵深入敌境攻打匈奴人。虽然最初取得了一些胜利，但最终因为伤亡惨重、武器和粮草匮乏，而预计增援的部队又未能到达，李陵不得不投降匈奴。汉武帝大怒，他希望他的将军能大获全胜，否则便以死尽忠，汉武帝身边的大臣也都加入了声讨李陵的队伍。然而，司马迁与李陵只是泛泛之交，却冒死提醒汉武帝，李陵过去也有战功，他投降是为了能活下来，将来有机会继续报效皇帝。

司马迁为李陵辩护让汉武帝更加生气（为李陵辩护，暗含着对李广利的批评，他是汉武帝当时最宠爱的妃子的哥哥），司马迁被指控"诽谤中伤皇帝"，这是死罪。在汉代，犯重罪的官员可以通过赎买或自杀免除罪罚，但这些选择都不适合司马迁。他的家族没有赎罪的财力，而他为了实现父亲的遗愿完成史书编纂，又不能选择自杀。尽管代价是残酷的，但机会出现了，司马迁被处以腐刑。他接受了这种羞辱，他自己也承认这种羞辱是"最下腐刑极矣"，但最终完成了《史记》。① 他在给任安的回信中极力解释他的选择（任安也是一名当时身陷囹圄的官员），司马迁的最终辩解是他的《史记》，它毫不意外地展示了这样的魅力：批评统治者而又能毫发无损。

司马迁投身历史付出了如此高昂的代价，我们必须要问，是什么让司马迁能如此奋不顾身？什么样的愤懑、不安或缺憾让司

---

① 《汉书》卷 62·2727。

马迁有如此坚定的决心,以致他宁可屈辱地活着,也不能放弃历史?我可以提出一些可能性,但从一开始就承认这点也是明智的,即最终我们只能从《史记》这个含糊的文本中寻找答案。然而,一些有学术依据的猜测也可能指导我们的阅读。

可以确定的是,司马迁父亲的死(当时司马迁35岁)给他带来巨大的悲痛。《太史公自序》有近60%的篇幅是《史记》的内容概要,除此之外的篇幅的一半是留给他父亲的。事实上,除了在一篇劝诫人们遵循孝道的文章中客观提及"父亲和母亲"[①],司马谈是司马迁提到的唯一一位直系家庭成员。在《太史公自序》中,司马迁没有提到自己的兄弟、妻子和子女。在一种强调孝顺父母的文化中,在百善孝为先的时代(也许是因为顺从统治者的必然戒律在政治上是有用的),司马迁被紧紧地和父亲捆绑在一起,他的父亲是他的榜样和导师。他父亲临终坦承自己的失败人生,司马迁被深深触动:

余先周室之太史也。自上世尝显功名于虞夏,典天官事。后世中衰,绝于予乎?汝复为太史,则续吾祖矣。今天子接千岁之统,封泰山,而余不得从行,是命也夫,命也夫!

余死,汝必为太史;为太史,无忘吾所欲论著矣。且夫孝始于事亲,中于事君,终于立身。扬名于后世,以显父母,此孝之大者。夫天下称诵周公,言其能论歌文武之德,宣周邵之

---

① 《史记》卷130·3295。

风,达太王王季之思虑,爰及公刘,以尊后稷也。幽厉之后,王道缺,礼乐衰,孔子修旧起废,论《诗》、《书》,作《春秋》,则学者至今则之。自获麟以来四百有余岁,而诸侯相兼,史记放绝。今汉兴,海内一统,明主贤君忠臣死义之士,余为太史而弗论载,废天下之史文,余甚惧焉,汝其念哉!

迁俯首流涕曰:"小子不敏,请悉论先人所次旧闻,弗敢阙。"[1]

如果写作是对某种深切的需要或缺失的回应的话,司马迁写作《史记》的原动力则是完成父亲未尽之事业。司马谈已经收集了大量史料,或许已经开始写作,但他的写作因病逝而戛然而止。[2] 我们已经知道太史令的职责,司马谈写史更多的是私人行为而不是职责要求,但司马迁继承了他父亲的遗愿继续写作,一方面是平复丧父之痛的一种途径,一方面也是为了彻底改变父亲的失败。他这种愿望是如此强烈,以致他能忍受腐刑带来的耻辱。

孝道是维系司马迁与他父亲关系的根源,但孝道的要求并不总是立刻就能被实施。例如,司马迁在他父亲去世前15年中曾四处游历,他的旅程中明显包括一次去孔子故乡的朝圣之旅,这次

---

[1] 《史记》卷130·3295。

[2] 学者们长期以来一直试图确定《史记》哪些部分是司马谈撰写的,围绕时间顺序或意识形态进行辩论,但他们的努力尚无定论。例如,李长之确定了他认为可能由司马谈撰写的八卷,还有其他九卷可能由司马谈或司马迁撰写。其他学者,证据并不充足,认为多达37卷是司马谈撰写的,这似乎是不可能的。见李长之《司马迁之人格与风格》,第155—163页;张大可《史记研究》(兰州:甘肃人民出版社,1985),第58—73页。

旅行让他父亲十分满意。但是，离开父母，一个人去朝圣学习有一定的讽刺意味，因为"父母在，不远游"①。

更重要的是，当被判处腐刑时，司马迁的选择是什么？他可以选择自杀，这样能保住家族的荣誉；或者接受腐刑，这将给他和父亲带来耻辱，但是能有机会完成让他父亲名垂千古的事业。任何一种选择，都会让他的父亲香火断绝。在《报任安书》中，司马迁说他没有兄弟和近亲，这些足以说明他自己没有男性后裔。② 这或许就是为什么司马迁在追忆他父亲要求他继承祖先血统（世袭？或是职业）时含糊不清。

司马谈告诫他的儿子："夫孝始于事亲，中于事君，终于立身。扬名于后世，以显父母，此孝之大者。"③ 这与孟子明显不同，孟子认为"不孝有三，无后为大"④。最后，司马迁押下赌注：留下一部能传世的作品，要比避免家族蒙羞和无后更有意义。但是这种选择并不被广泛接受。正如他给任安的信中所说：

> 仆以口语遇遭此祸，重为乡党戮笑，污辱先人，亦何面目复上父母之丘墓乎？虽累百世，垢弥甚耳！是以肠一日而九回，居则忽忽若有所亡，出则不知其所如往。每念斯耻，汗未尝不发背沾衣也。身直为闺阁之臣，宁得自引深藏于岩穴邪！

---

① 《论语》4·19。
② 《汉书》卷62·2733。
③ 《史记》卷130·3295。
④ 《孟子》4A·26。

故且从俗浮沉，与时俯仰，以通其狂惑。①

　　腐刑和丧父之痛的双重打击，加剧了司马迁对另一个问题的严重不满。司马迁生活在一个政治和社会激烈变化的时代，他对他所看到的许多现实充满质疑。经过几个世纪的战国纷争，中国在公元前221年由秦始皇实现了统一。秦始皇试图革除历史风俗，对中国社会进行大规模改造。尽管他预计其后代将统治中国上万年，但秦帝国在他死后就短命而亡，从统一到灭亡仅仅14年。之后中国又陷入了激烈的内战，直到汉高祖在公元前202年宣布建立汉朝。汉高祖虽然出身农民，但是他恢复了中国传统贵族社会的许多元素，包括分封诸王和诸侯。他的继位者战胜了来自诸王侯和吕后家族的挑战，但是整体上，他们推行无为而治，让国家得以休养生息。

　　公元前141年，年仅15岁的汉武帝登基，一切都开始改变。在他漫长的统治期内，汉武帝坚定不移地消灭诸侯，在北方边境与匈奴展开大规模战争，远征朝鲜半岛，派遣七万人深入中亚，并向南方开拓。汉武帝也改革了宗教和朝廷礼仪，国家垄断货币铸造，平准均输，盐铁官营，增加税收，严刑峻法。总之，汉武帝似乎正在回归令秦始皇不得人心的中央集权制度。

---

① 《汉书》卷62·2736。华兹生译，《大史家》，第66—67页。杜润德对司马迁的孝道进行了深入研究，指出"他只有手拿一部完整的《史记》才能靠近他父亲的坟墓，只有完成的历史才能让他和他的父亲名垂千古"。杜润德，《处于传统交叉点上的自我：司马迁的自传体著作》，《美国东方学会杂志》106，第1期（1986年2月/3月），第35页。

司马迁被朝廷的政策所困扰，他转向历史寻求答案（我们有把握相信，司马迁在汉武帝时代严刑酷法的经历，不会显著改变他对汉武帝的负面评价）。正如我们在前面所看到的，中国有利用历史批评现实的旧传统，《史记》中绝大部分内容似乎符合这种传统。有迹象表明，司马迁对汉武帝的经济、军事、法律、宗教和人事政策严重不满，《太史公自序》中关于儒家《春秋》冗长的讨论突出了这一点。事实上，寻找隐藏于司马迁叙述中暗含的批评，为历代《史记》研究者提供了数不清的乐趣。

《史记》远不止是一部淡淡的（甚或浓重的）、含沙射影式的批评作品。当司马迁的对话者壶遂打断他对《春秋》功能的思考，指出在记录当代丰功伟绩时不适宜使用《春秋》褒贬笔法时，司马迁表示同意，并告诉我们，他接受父亲的遗愿，要记录当代高尚的行为和值得尊敬的贤者。① 虽然这种说法是政治上的权宜之计，我不认为它完全是轻率之言。即使汉武帝也有他的优点，毕竟，他把儒学确定为汉朝官方意识形态，在他统治的时代，中国空前强大，充满自信。当司马迁帮助朝廷制定新的历法，并于公元前104年作为帝国复兴的一部分颁行天下的时候，他亲自参与了朝廷庆祝取得伟大成就的活动。司马迁兴趣广泛，对他笔下的人物充满了同理心。他能公正地记录历史人物的优点与缺点。说到底，《史记》描绘了一幅层次丰富、多姿多彩的中国历史图景，但在他历史

---

① 《史记》卷130·3299。

叙述的表层之下，似乎涌动着一股悲观的暗流。

司马迁写作《史记》的最后一个动因，就是他渴望能对他生活时代的社会恢复、政治统一、文化总结有所贡献。① 汉朝的建立者实现了中国政治的稳定，社会生活其他方面也陆续安定巩固。司马迁在《太史公自序》中肯定了汉代学者已经取得的成绩，他们扭转了周朝末年和秦代文化的颓败，对法律、军事制度、历法、度量、礼制进行了系统规范，但历史、文学和哲学等方面所有重要文献却仍然零散而混乱。司马迁接着指出：

> 天下遗文古事靡不毕集太史公。太史公仍父子相续纂其职。……凡百三十篇，五十二万六千五百字，为《太史公书》。序略，以拾遗补艺，成一家之言，厥协六经异传，整齐百家杂语，藏之名山，副在京师，俟后世圣人君子。②

司马迁希望他的《史记》成为中国文化和思想的集大成之作。又一次，司马迁这种动机与孝道产生了联系（正如"家"这个词来自"家庭"），《论六家要旨》明显是司马谈的作品，它对主要哲学

---

① 杜润德引用了《吕氏春秋》《淮南子》和《庄子》第33章作为这种总结概括的例子。见杜润德《朦胧的镜子：司马迁笔下的矛盾与冲突》，第3—5页。
② 《史记》卷130·3319—3320。"补艺"的字面意思是"纠正六艺"，我认同司马贞的注解"补六艺之阙"。不幸的是，这条注解在《史记》卷130·3321注释2中被错印，"义"应为"艺"，见泷川资言《史记会注考证》10册本（东京：东方文化学院，1934），130·64。泷川指出，"六艺"这里指六种儒家经典。关于六艺，更多见杜润德《朦胧的镜子：司马迁笔下的矛盾与冲突》，第47—48页。

流派的优点和缺点都做了全面分析。① 司马迁在《太史公自序》中全文收录了这篇作品，然后结束了这一卷，即宣布已经完成他父亲调和各个学派的计划。

司马迁在收集和整理零散史料的同时，也试图理解历史。考虑到他受到的教育和他的职业，这也是很自然的。鉴于太史公负责调整历法，仔细观察并解释天象，我们有理由期望司马迁会把对自然界规律和变化模式的探索应用到他的历史考察中。②

> 网罗天下放失旧闻，考之行事，稽其成败兴坏之理，凡百三十篇，亦欲以究天人之际，通古今之变，成一家之言。③

对司马迁而言，理解世界不仅仅是辨别因果或者重构编年史，他也对历史的道德意义，特别是不公正的问题感兴趣。他敏锐地意识到许多正直有才能的人遭到不公正对待，到《史记》完成后，他自己也成为其中的一员。但司马迁也知道，这些人通过留下作品成功度过了磨难。在《太史公自序》中，司马迁简要提及他的

---

① 众所周知，司马谈对道家没有任何负面评价。
② 在英语世界，关于司马迁的占星术和天文学最好的解释是克里斯多福·库伦（Christopher Cullen）的《中国古代科学变革的动机：武帝和公元前104年开始的天文学改革》，《天文学史杂志》24（1993），第185—203页。关于汉代天文学，见克里斯多福·库伦《中国古代的天文学和数学》（剑桥：剑桥大学出版社，1996），第1—66页。关于如何将宇宙论推测应用于文学的启发性评论，见浦安迪（Andrew H. Plaks）《走向中国叙事的批判理论》，载浦安迪编《中国叙事：批评与理论》（普林斯顿，新泽西州：普林斯顿大学出版社，1977），第335—339页。浦安迪确认了两种基本模式，一种是消长变化，另一个是基于季节周期序列。
③ 《汉书》卷62·2735。

个人悲剧后,试图通过引用另外十部作品(五分之四为现存的儒家经典),将他个人的悲剧置于其中。这十部作品,都是其作者曾遭遇不公正待遇之后完成的,这些作者都试图找到一种方式去和那些能认识到他们价值的人交流沟通。和这些作品一样,《史记》"故述往事,思来者"①。或者,正如司马迁写给任安的信中所说:"所以隐忍苟活,函粪土之中而不辞者,恨私心有所不尽,鄙没世而文采不表于后也。"②在司马谈言传身教的影响下,孔子在这个进程中再次成为典范,他凭一己之力,汇集和巩固了被忽视的周朝的传统,也发现了历史的道德意义,然后将他的评论以隐晦的形式表达,这保证了评论能被保存下来并被后世阅读。司马迁在评价《春秋》时,对此有清晰的叙述。

通过《太史公自序》,我们就能知道司马迁的写作行为(为了能完成写作,不得不忍受腐刑)是几种矛盾叙述的主要部分。通过写史,他可以对父亲尽孝道,他因为父亲的缘故而牺牲自己。他能赢得声名让司马家族千古留名。他能重建文化传统和家族日渐衰落的名声。他能整理散乱的残存史料并赋予它们意义。通过将他对古代和当代的人物评论流传后世,司马迁努力接续孔子的工作,从而超越了他所遭受的不公正迫害。最后,他可以把他的

---

① 《史记》卷130·3300。为了清楚地阐述司马迁认为文学主要是通过吸引后代的判断来克服个人痛苦的观点,见华兹生《大史家》,第154—158页。
② 《汉书》卷62·2733;海陶玮译,载白芝编《中国文学选集:从早期到十四世纪》,第100—101页。

苦难化作一部永久流传的作品。

本章，我们主要依据《太史公自序》，对司马迁创作《史记》动机进行阐释。尽管这些动机隐晦、自相矛盾，提供了丰富的解释的可能性，但这种解读的方式令人充满疑虑。《史记》是一部大书（是《伯罗奔尼撒战争史》的四倍），读者很容易在翻阅的过程中随手拈出司马迁对于经济、政府、道家思想的观点，甚至他的内心看法，他总是留下个人评论，并在其中说出自己的看法。事实上，在中国，许多《史记》研究者都是这样做的。但是这种方法最终受到几方面因素的限制。

第一，《史记》的形式呈碎片化和开放性，不容易进行简单的概括。正如华兹生所说：

> 对于那些试图从司马迁所有零散的叙述中推断出一个统一思想系统的人来说，这是……不可能的。他似乎更愿意让自己跟着自己的叙述走，同情的悲鸣、道德评判、情绪冲动时的斥责，在另一种情绪来袭时又表现出与之前的对立。[①]

第二，《史记》的文学性，加上它的回避、讽刺和否认，让它难以解释。《太史公自序》（字数相当少）与整个文本深深融为一体，使用了相同的文学手法。他关于自己在旅行中遇到麻烦的

---

① 华兹生，《记录》，第144页。

含糊不清的记述没有深意吗？或者，如爱德华·沙畹（Édouard Chavannes）所指出的，他这样做的目的是为了突出他的遭遇与孔子相似吗？① 司马谈的临终遗言，是否如杜润德所说的，至少部分就是司马迁自己的想法呢？② 为什么司马迁在《太史公自序》中和他的朋友壶遂以对谈的形式讨论《春秋》？《太史公自序》作为作者传记，但由于《史记》可能是司马迁与父亲合著的，其解释性也大打折扣。

第三，《史记》是一个复杂的文本，和其他伟大著作类似，它兼具很多功能。事实上，你可以把它作为对中国历史的描述，甚至是司马迁精神生活的展示，但它远远不止这些。多米尼克·拉·卡普拉（Dominick LaCapra）已经警告历史学家不要太狭隘，不要像"纪录片"一样解读文本，指出创作中比喻、反讽、戏仿和其他修辞手段的多重作用，指出就"代表性"或狭义的文献功能而言，文本结构会产生对文本理解的阻力，它们还揭示了文本如何与"表现"的现象有着重要的甚至潜在的转化关系。③《史记》不能被简单概括为一系列声明性的陈述或意见的集合。

以下三部研究司马迁的著作，已经大致研究了司马迁的生活

---

① 见沙畹，《司马迁纪传》全6册（巴黎：勒鲁出版社，1895—1905和1969［卷6］），1:xxxi。
② 杜润德，《朦胧的镜子：司马迁笔下的矛盾与冲突》，第10页。
③ 多米尼克·拉·卡普拉，《历史与批评》（伊萨卡，纽约州：康奈尔大学出版社，1985），第38页。也见多米尼克·拉·卡普拉《思想史与阅读文本的反思》，载多米尼克·拉·卡普拉和史蒂文·卡普兰（Steven L. Kaplan）编《现代欧洲思想史》（伊萨卡，纽约州：康奈尔大学出版社，1982），第47—85页。

与创作之间的关系，令人敬佩的是，它们都避免了过于简单的解读。李惠仪力图使我们相信，司马迁的苦难是真实可靠的，表达了个人的道德视野。[1] 杜润德认为，《史记》是司马迁的创造力、感性与历史碰撞的结果，也是司马迁为了完成从父亲和孔子那里继承的整理和归纳历史使命的结果。[2] 同时，南薇莉（Vivian-Lee Nyitray）提醒我们注意作者、编辑者、讲述者和司马迁之间复杂的关系，提醒我们什么是"作者"。[3] 这些研究没有解读《史记》，而是为读者提供了可以更深入、细致地阅读各种关于《史记》叙述的视角。

我在此提出另一个观点，这个观点或许比我的前辈们的观点更具有写实主义、缺少文学性。我还感兴趣的是司马迁的经历如何塑造了他对历史的看法，以及他的文本如何体现了这一愿景。是否有可能，在某种程度上，《史记》中有一种很强的在西方历史中并不常见的表现因素？或许，《史记》不仅是司马迁历史观的表达，而且也以特别的文字方式表达了世界本身，它通过自身的存在，来寻求改变那个世界。

---

[1] 李惠仪，《〈史记〉中的权威观念》，《哈佛亚洲研究杂志》4，第2期（1994年12月），尤其是第363—369页。

[2] 杜润德，《朦胧的镜子：司马迁笔下的矛盾与冲突》，第1—27页。

[3] 南薇莉（Vivian-Lee Nyitray），《美德的镜子：司马迁〈史记〉中四大公子的生活》（斯坦福，加利福尼亚州：斯坦福大学出版社）。

第二章　表现世界

　　西方的历史写作是从希罗多德的叩问开始的，他确立了历史研究的基本模式，并一直沿用至今（事实上，你需要借助这种模式了解你正在读的这本书）。正如希罗多德为这个角色下的定义，历史学家是一个集好奇、智慧和质疑于一身的人，其成功发现了过去的一些事情，然后用自己的声音将这些研究成果公之于众。我们读希罗多德的《历史》时，经常会感到他就像在我们身边，给我们讲故事，说东道西，进行点评；希罗多德身上表现出的睿智、感性和健谈，使他成为一位让人难忘的通向历史的向导。历史不是过去本身的表象，它是作者关于历史观念的体现。没有历史学家，便没有历史；正如没有有记忆的人就没有记忆。以英语为母语的人经常被提醒注意这种密切联系："历史"这个双重功能的单词，容易导致混乱，它既代表关于历史的著作，也代表历史本身。

　　历史学家的角色从希罗多德时代开始就已经被提炼了——现在更多地强调对史料批评性阅读、公共研究报告的文献整理、查找原因以及对历史学家自身偏见的识别——但是核心的概念还是来自希罗多德。历史学家现在仍宣称，"你可以相信我，我了解我所说的一切，我对我使用的史料负责"。在西方，历史修辞是一种说服的方式，它的目的就是让读者相信历史学家的叙述反映了真理，他对历史的重建精确再现了历史上真正发生过的事情。

将司马迁的历史放在这个一般框架下未尝不可，早期的西方汉学家热衷于此。他们试图让读者相信不仅他们自己是可靠的，他们叙述的对象也是值得信赖的，他们也自然强调《史记》具备这些元素，司马迁也就是值得信赖的历史学家。果不其然，在他们眼里，司马迁是一位不知疲倦的研究者和旅行家、一个档案管理员、一个对待史料态度审慎的人，也是一个"客观"的记录者。他也被称为伟大的历史学家：一个讲故事的高手，一个有创新精神的人，一个对人类行为富有同情心的观察者。这些特质都能在《史记》中找到痕迹，但综合起来，这些并不能充分概括《史记》的特点，《史记》是一种完全不同的历史文本。

《史记》为读者提供了多种多样的声音和视角，这让读者在阅读文本时进入了一个叙述自相矛盾的混乱世界，它充斥着不同的说明和考证，文学风格和历史研究方法丰富多样。它既没有关于历史的统一的认识，也没有关于历史究竟意味着什么的连贯解释。这如果是一部没有明确编辑理念、仅仅是材料汇编的作品，那就毫不意外了。事实上，许多学者认为《史记》就是这样的作品——一个野心勃勃的编者，面对浩如烟海的材料，在有限的时间内完成的作品。司马迁在《史记》最后一卷中努力为自己创造了一个身份，给予了我们一个了解他的契机。通过披露他的生平和创作动机，他提醒读者关注他的生平和他的作品之间的联系。通过一卷接一卷的全面概述，并说明他为什么选择这些内容——尽管只是表面上的，他想表明在编写方法上他有一个总体的计划。最后，他对《史记》的组织结构作了一些简短但具有启发性的评论，暗示他的历史安排自有其意义。

这是我们将在本章讨论的最后一个议题：因为想要准确了解《史记》是如何处理历史叙事的，最有效的办法就是从了解它最独特的特质——它的结构开始。这里，我们将要"读"《史记》的结构，并点评以前的研究，暂时搁置对具体内容的讨论。《史记》的结构是复杂的，早期西方历史学家喜欢直截了当的叙述方式，司马迁故意规避这种方式，以期引起人们的注意。正如我们将在后面的章节中看到的，《史记》中的创作张力很大程度上是由于其内容和形式的冲突所致。

《史记》的结构

当司马迁着手开始写作一部史书时，他发现传统的历史著作形式都不能满足要求。记言的《尚书》、编年记事的《春秋》和它的传，以及按照国家记载逸事的《战国策》，这些历史著作形式都不足以表达他关于历史应该是什么的认识。因此，他自己创造了一种组织史料的体系，将他关于历史的记载分成五个主要部分：

本纪、表、书、世家和列传。

本纪（卷 1 到卷 12）

司马迁以传说时代的《五帝本纪》开篇，接下来的卷目是《夏本纪》《商本纪》和《周本纪》。他使神话材料合理化，到周代，他能提供一个清晰的大事记，在《周本纪》之后的其余本纪中，他坚持按照帝王在位年代逐年记载事件。《周本纪》之后是《秦本纪》，《秦本纪》之后的篇章就留给了一位帝王，他就是秦始皇，秦始皇通过战争打败了战国诸雄（他们都是周王室衰弱之后逐渐获得自治权的国家），统一了中国。此后，所有的本纪都只描述单个统治者，包括在秦帝国灭亡后掌握了政权（虽然他未正式成为皇帝）的项羽和汉朝的建立者汉高祖。司马迁在本纪中给汉高祖的妻子吕后安排了一个位置，吕后在她丈夫驾崩后掌握了政权（虽然她是通过掌握三个小皇帝发号施令），在吕后之后又记述了几位帝王，直到汉武帝——司马迁生活时代的皇帝（不幸的是，这一卷已经佚失）。[①] 当他的叙述接近他自己生活的时代，他有更充分的史料可以利用，从秦始皇开始，我们就可以看到真正的按年记载的主要事件，部分事件有了非常详细的描述。

---

① 司马迁有可能从未真正完成过汉武帝的本纪，但我们知道他对《史记》的计划中包含了这样一卷，在《史记》卷 130 中的各卷摘要中有叙述。

表（卷 13 到卷 22）

在这部分，司马迁再次涵盖了当时中国历史的整个时期，从很早的传说时代开始，一直到汉武帝时期，但在这里，他在一个全面的时间框架内提供了非常有限的描述。每个表在一个轴上包含一个具有时间的网格，根据具体情况适当进行变化。网格中的格子里通常有用数来表示时间的年份或月份，读者可以通过这些数字计算出诸侯、王子或政府官员在位的时间长短。此外，在许多栏中还包括事件的简略说明。

第一个表是追踪五帝和夏、商、周三朝建立者家族谱系的谱系图。相应的，这个表有八行被划分出来代表"时代"（司马迁解释说，他掌握的材料不足以在这个表中准确标出时间）。① 因为每个皇帝或家族都有天命，当他们被提升到最上面的一行时，他们的原始行就变为空白。因此当周朝开始时，8 行突然变成 12 行，周被提升到最上面一行，其他 11 行被 11 个诸侯占据。②

这种模式一直持续到接下来的两个表，按年记载了从公元前 841 年到公元前 207 年这段中国历史。周王室再次占据最上面一行，但是现在有 14 行（两行开始时空白，然后郑国和吴国受封，这两行被填上）。年代时间沿水平轴标明，网格中的内容是每个国家的大事记，记述的重点是各国君主的登基和驾崩。不是每格都有大事记载，但是每格中都有当时君主的年号。实际上，各个

---

① 《史记》卷 13·487—488。华兹生，《大史家》，第 184 页。
② 见张大可《史记全本新注》（西安：三秦出版社，1990）。

诸侯国的日历都是以各自统治者为基础联系在一起。当一个国家在战国时期的持续战争中被摧毁，它对应的行就变成空白。① 最后，公元前 221 年后，当秦国战胜最后的对手，表中每年仅有一栏（参见表 1，虽然轴被颠倒以适应从左到右的书写）。

在第四个表中，多"行"再次出现（代表 9 个旧贵族），在公元前 210 年秦始皇驾崩到公元前 202 年汉朝建立这个时期一片混乱，众多事件被安排到按月划分的栏中。这种缓慢的速度让人可以对这些关键的年份进行微观的分析。当项羽控制天下时，他分封了他的追随者，行数增加到了 20，包括 19 个封国和最顶端假定存在的皇帝。第五个表重新开始按年记载从公元前 206 年高祖登基到公元前 101 年期间，汉朝分封的 26 个诸侯国。当诸侯国被分封、被分割、被取消，相应的行中或被填上内容，或空白。每个诸侯王的在位时间被统计，一些事件偶尔被记载在栏中，最经常

---

① 主要变化发生在公元前 477 年到公元前 476 年间，即《史记》卷 14 的 14 行被卷 15 的 7 行替代。为了保持连续性，来自已停止那一行的事件，被包含在最终征服它的国家的那一行中。见泷川资言《史记会注考证》（东京：东方文化学院，1934），15·2。在中华书局的版本中，这些额外的记号是由小的空格开始的。这些条目的统计数字如下：
晋在魏的行：7［魏和其他国家在公元前 376 年摧毁了晋］
卫在魏的行：12［魏在公元前 252 年灭卫］
郑在韩的行：13［韩在公元前 375 年灭郑］
中山在赵的行：2［赵国和其他国家在公元前 295 年灭中山］
越在楚的行：2［楚在公元前 333 年灭越］
蔡在楚的行：5［楚在公元前 447 年灭蔡］
鲁在楚的行：11［楚在公元前 249 年灭鲁］
宋在齐的行：8［齐在公元前 295 年灭宋］
这样使用，我参考的是华兹生。见华兹生翻译的《记录》，汉 1：11，n. 11。

被提及的是简单的"来朝"。

第六个表突然改变了模式,在垂直的栏中列了143位诸侯。七条水平的行标记时间:最上面一行列着首位受封者和受封的原因,剩下的六行是汉朝六位君主的年号。栏中记载的内容主要是受封者后人在这几个时期的命运。① 表格底部第八栏记载着吕后在公元前187年分封的顺序,整个表格是按照受封者被分封的时间顺序排列的。这意味着时间实际上是沿着两个轴来描绘的:从左到右的阅读给出了最初分封领土的顺序,而从上到下的一栏内的阅读显示了随着时间的推移在每一片领地中发生了什么。②

下面两个表的结构基本相同,关注的是后面两位皇帝分封的诸侯。随着时间靠近司马迁生活的时代,表中的栏目列的是汉武帝的几个主要的年号。第九个表保留了最后的时间框架,但上边列出的所有诸侯国都授予了王子,仅仅是因为他们出生在诸侯之家。

---

① 请注意,此表的基本编年结构与本纪中呈现的不同。虽然汉惠帝的统治被归入了吕后本纪,但汉惠帝在表中有自己的一栏。当班固重新改写《史记》时,他遵循了这个表的模式,给汉惠帝设了本纪。

② 有关此表的部分翻译,以及对其各种功能的解释,见何四维《开国者和被遗忘的人:关于〈史记〉和〈汉书〉中功臣年表的深入研究》,《通报》75(1989),第43—126页。分封的顺序和等级顺序提供了将这些人分类的两种竞争模式,颜师古在《汉书》的注释中注意到另一种情况——领土的大小与两种系统都没有关系。《汉书》卷16·540。

表1 六国年表第三

	秦	魏	韩	赵	楚	燕	齐
226	二十一 王贲击楚。	二		二	二 秦大破我，取十城。	二十九 秦拔我蓟，得太子丹。王徙辽东。	三十九
225	二十二 王贲击魏，得其王假，尽取其地。	三 秦虏王假。		三	三	三十	四十
224	二十三 王翦、蒙武击破楚军，杀其将项燕。			四	四 秦破我将项燕。	三十一	四十一
223	二十四 王翦、蒙武破楚，虏其王负刍。			五	五 秦虏王负刍。秦灭楚。	三十二	四十二
222	二十五 王贲击燕，虏王喜。又击得代王嘉。五月，天下大酺。			六 秦将王贲虏王嘉，秦灭赵。		三十三 秦虏王喜，拔辽东，秦灭燕。	四十三
221	二十六 王贲击齐，虏王建。初并天下，立为皇帝。						四十四 秦虏王建。秦灭齐。
220	二十七 更名河为"德水"。为金人十二。命民曰"黔首"。同天下书。分为三十六郡。							
219	二十八 为阿房宫。之衡山。治驰道。帝之琅邪，道南郡入。为太极庙。赐户三十，爵一级。							
218	二十九 郡县大索十日。帝之琅邪，道上党入。							
217	三十							
216	三十一 更命腊曰"嘉平"。赐黔首里六石米二羊，以嘉平。大索二十日。							
215	三十二 帝之碣石，道上郡入。							
214	三十三 遣诸逋亡及贾人赘婿略取陆梁，为桂林、南海、象郡，以适戍。西北取戎为［三］十四县。筑长城河上，蒙恬将三十万。							

最后一个表又恢复到了按年记载的模式（水平栏目中标记年号），表中包括4行内容（从上到下）：大事记、相位、将位和御史大夫位。下面3行的表中列的是担任过这些职位的人名。这个表的时间跨度是从公元前206年到公元前20年，这其中有一个非常明显的问题，司马迁死于约公元前86年，但这个表的相当一部分通常被合理地认为是司马迁完成的。① 这个表的另一个奇特之处是我在其他历史著作中从未见过的，那就是一些条目是倒着写的（主要是被处死和免职的记录）。②

书（卷23到卷30）

书是八个综合的主题，包括：《礼书》《乐书》《律书》《历书》《天官书》《封禅书》《河渠书》《平准书》。③ 在前五部书中，司马迁简要叙述了从古代到他生活时代的这些主题的历史，在此之前或之后，有一个更专业的评论，有时这些评论就是从更早的资料中引用过来的。例如，《礼书》和《乐书》大部分篇章中关于哲学的讨论，就来自于哲学家荀子和儒家经典《礼记》；《天官书》中

---

① 见沙畹《司马迁纪传》，1:ccvii。
② 陈直将颠倒的条目分为六类：官职之置废，官职之初置或复置，大臣之死，大臣之抵罪，大臣自杀，大臣之免相。陈直，《汉晋人对〈史记〉的传播及其评价》，载《历史研究》编辑部编《司马迁与〈史记〉论集》（西安：陕西人民出版社，1982），第236页。也见张大可《史记研究》，第329—337页；周一平《司马迁史学批评及其理论》（上海：华东师范大学出版社，1989），第243—262页。在翻译中，沙畹用斜体标记原来颠倒的内容。见沙畹《司马迁纪传》，3:320, n.1。
③ 我借用了B. J. 曼斯韦尔特·贝克（B. J. Mansvelt Beck）关于标题的翻译，《后汉书的"志"》（莱顿：博睿出版社，1990），其中提供了关于司马迁的"八书"有价值的描述。

一份很长的星辰目录和关于行星运动的描述，包括占卜的信息，也有包括日食等天象的解释。① 一些评论者认为，这些篇章中的部分内容都已经佚失，后面的窜补者从别处找来这些材料加入其中，但情况不一定如此，司马迁就经常大段引用其他材料。② 而且，书的前五篇是《史记》中最富争议的章节，涉及它们的专题和有争议的文本历史。

《律书》是一个恰当的例子。律在音乐、占卜、历法制定和军事策略中被广泛使用，但在《史记》中关于"律"的章节是令人迷惑的，《律书》的真实性一直受到怀疑。《律书》开篇探讨的是军事问题，最后对八风十二律进行了技术描述。③ 这表明，司马迁最初是想写《兵书》，后来佚失了，介绍性的评论可能出自司马迁之手，其余的部分可能原来是《历书》中的部分内容。④

书的后三篇包含了关于秦汉统治者在国家祭祀、河渠和国家财政等方面的举措的大量细节描述。在这三个部分提供更广阔的

---

① 《天官书》以公元前104年到公元前29年的日历结尾。尽管司马迁当然具备构建未来几年日历的专业知识（他在公元前104年历法改革中的地位证明了他的专业水平），这个特殊的日历的错误表明，《史记》卷26的这一部分是由一个后来的新手添加的。见梁玉绳（1745—1819），《史记志疑》全3册（北京：中华书局，1981），2：766；张大可，《史记全本新注》，2：753—754。而且，沙畹相信司马迁最初包括日历，出现问题是窜补者所为。见沙畹《司马迁纪传》，3：332, n. 4 和 616—666。关于司马迁历法方面的研究，见杜胜云《司马迁的天文学成就及思想》，载刘乃和编《司马迁和〈史记〉》（北京：北京出版社，1987），第242—244页。

② 沙畹在《司马迁纪传》中持这种观点，1：cciv—ccv。

③ 关于"管"的使用的信息，见李约瑟（Joseph Needham）《中国的科学与文明》卷4，第一部分（剑桥：剑桥大学出版社，1962），第135—141、199—202页。

④ 张大可，《史记全本新注》，2：737—738；沙畹，《司马迁纪传》，1：ccv—ccvii。

叙述，并非巧合，它们对汉武帝时期的政策给予相当大的关注。事实上，《孝武本纪》佚失后，司马迁从《封禅书》中摘录了大量内容对之进行替代，因此，在现在版本的《史记》中，这卷中的内容大部分出现了两次。

世家（卷31到卷60）

在这部分，我们再次从中国古代历史开始，一卷接一卷地朝着司马迁自己生活的时代努力，这次，关注的重点是封建贵族家庭。每一卷都涉及几代人，前十五个世家都是周朝主要分封国君主的历史，其中对主要的事件的叙述和确定年代的材料都来自各国的大事记。不同于表，大事记并不全面。在世家中，不是每一年都有相应的记载，在这里，事件是主要的，年代是次要的。最前面两个世家从商代祖先开始，之后，前十五个世家其余部分几乎都是周代的人物，在周王朝末期发挥主要作用的诸侯国在世家中出现得靠后一些。① 因此，尽管也存在一定交叉，但是卷中的内容是按照时间顺序安排的，卷本身也是按照一定的时间顺序排列。

《管蔡世家》（卷35）与这些原则有些出入，因为它包括两个贵族世家的历史，一个是蔡，一个是曹，但有趣的是，整个叙述是连续的，只是被司马迁的一条评论隔开而没有混在一起。同样的，《陈杞世家》（卷36）包括两个被分别安排的家族，但是关于

---

① 当然，所有的概括都有例外，战国时代（前403—前221）两个主要的国家，齐国和燕国，分别在世家第二篇和第四篇，而宋世家和楚世家都包含有商代前人的信息。

杞的叙述只有统治者的名字和在位的时间，没有事件的描述，看起来更像是一个附录。

不同事件的细节差别很大。前面一半世家中的大部分内容极其简单，比如那一年发生了什么事，但有时候一些事件会叙述得特别详细，当一个事件的牵涉面超过一个国家时，它有可能会在几个不同的卷中被提到。而且，一些事件似乎算是国际事件，会在其他国家的世家中被提及。例如，公元前712年，鲁隐公被刺，有七篇世家中提到这件事。这种叙事方法有助于协调每卷中所特有的各国的编年记事，也能揭示一些特殊事件的国际影响。

到韩、赵、魏世家（卷43到卷45）的时候，世家的这种叙事模式有些变化，这三个国家都不是周天子分封的诸侯国。他们都是晋国的贵族，在公元前403年成功地瓦解了晋国的政权。同样地，下一个世家——《田敬仲完世家》，讲述了一个夺取国家政权的家族的命运（他最初来自陈国，在公元前481年篡夺了齐国政权）。再下面两个世家讲述了两个人的生活，这两个人并不拥有国家——孔子，一个漫游各国的哲学家；陈涉，他领导了第一次反秦起义。其余的世家，都是在汉朝最初恢复旧的分封时获得了声望（一般都有封地）的。每个世家都叙述了他们如何取得这些荣誉，以及最终失去封地的后代。有九个汉高祖分封的世家，分成两组，一是汉高祖的亲戚（卷49到卷52），二是通过军功获得封地的人（卷53到卷57）。最后三个世家是关于那些汉高祖之后的皇帝分封的人。①

两个世家有些异乎寻常。《陈丞相世家》（卷 56）包含了两个与陈平无关的、他在政府的亲密同事的简短传记。其他世家倾向于关注一个连续的家族谱系，尽管四个汉室世家中的男性以不同方式有相继的传记，《外戚世家》（卷 49）一个接一个地提供了五位女性的传记。另一个不同寻常的世家是《史记》中最后一个世家，是关于汉武帝三个儿子的，但它的内容几乎完全是大臣上给皇帝的奏章和皇帝所颁下的诏书。②

列传（卷 61 到卷 130）

《史记》最后也是最大的部分（占全书三分之一），同样是从遥远过去时代的人物开始，一直到司马迁自己生活的时代，最后以史家的自传结尾。我们可以将列传分为如下几类：

  卷 61 商代

  卷 62 到卷 66 周代：春秋时期

  卷 67 到卷 84 周代：战国时期

  卷 85 到卷 88 秦代

  卷 89 到卷 91 楚汉相争

---

① 刘伟民在《司马迁研究》中指出这点（台北：文景书局，1975），第 278—279 页。

② 由于这个原因，并且因为本卷以褚少孙增补的长篇文章结尾，许多学者认为这篇世家已经丢失，后被伪造。然而，张大可否认这点，并认为所安排的文献对汉武帝的政策提出了批评。见张大可《史记全本新注》，2：1295。

卷 92 到卷 109，卷 111 到卷 112，卷 117 到卷 118，卷 120　汉代（按粗略的时间顺序）

　　卷 110，卷 113 到卷 116，卷 123　关于周边民族的叙述（经常聚焦于他们的领袖）

　　卷 86，卷 119，卷 121 到卷 122，卷 124 到卷 129　《刺客列传》《循吏列传》《儒林列传》《游侠列传》《日者列传》《滑稽列传》《龟策列传》和《货殖列传》

　　卷 130　司马迁自传

　　绝大多数传记都以明确点明传主出生地和姓名开篇，以司马迁的评论结束。另外，它们的内容各种各样，一些提供传主的详细介绍，另一些只有传主几则逸闻趣事；一些会完整收录主要材料，如信件和诗歌；一些会从如《战国策》中大段引用；另外一些似乎只有司马迁自己写的原始叙述。

　　此外，每个人被纳入列传中的方式也是各有不同。列传可以只写一个人，也可以包括两个或更多的人——有时按顺序分别叙述，有时交叉叙述。而且有几卷的传主是根据地域、气质或职业组合在一起的一群人。这些区别并不总是从各卷的标题就能判别出来的。例如《孟子荀卿列传》（卷 74）事实上就是一群哲学家的传记。司马迁的评论出现在卷首，四位哲学家的思想被详细描述，此外又提供了其他八位哲学家的简短介绍。《卫将军骠骑列传》（卷 111）包括了十八位汉朝将军简要的事业总结。

不同的人被分组到合传的原因并不总是十分清晰,在一些卷中,我们发现了令人惊讶的时间间隔。《屈原贾生列传》(卷84)的两位传主,一个是战国时代的人,另一个是汉朝的学者。《鲁仲连邹阳列传》(卷83)同样是把战国人物和汉代人物放在一起。按年代划分的多人合传会更自然一些,尽管有的合传会更有趣——《酷吏列传》(卷122)中描述的十个人都生活在汉代,《循吏列传》(卷119)中描述的五个人都来自春秋时期。因此,尽管《史记》中列传部分主要是按照时间顺序排列的,但也有其他分类原则在发挥作用,所以关于列传的任何分类方案,都必然有不足。事实上,刘伟民总结了《史记》列传的几种分组方式——根据历史时期,根据传主人数(个人、双人或多个人),根据广泛的主题(关于周边民族、社会问题、政府、科学和经济),根据地理区域,根据卷名是否是个人名字、绰号、官名、尊称、谥号等。①

我把列传这个词翻译为"归类的传记",就是因为"列"这个字有分类或排列的意思。事实上,列传中使用了几种不同的分类方案,尽管司马迁似乎是有意组织这些列传,他选择和分类的标准却不是显而易见的。有时,杰出的人没有被记载,偶尔,失败的人(如不成功的刺客和不同政见者)却享受了杰出人士的待遇。甚至在一些卷中,因为要说明某种类型的性格或品德,记载了一些逸闻趣事,而并不是因为这些事在传主生活中有重要地位。②

---

① 刘伟民,《司马迁研究》,第273—326页。
② 见李克曼(Pierre Ryckmans),《关于〈史记〉中使用的术语列传的新解释》,《远东历史论文集》5(1972年3月),第135—147页。

列传中的第一个和最后一个有特殊的意义。《伯夷叔齐列传》（卷61）与其说是一个独立的传记，不如说是他对历史传记问题的深入思考。我们将在第五章详述这个列传。不幸的是，最后一个列传《太史公自序》并没有包含司马迁个人生活的太多信息。正如我们在前面章节中所看到的，《太史公自序》中主要包括了他父亲司马谈的一篇关于各个学派优劣对比的论文、司马谈给儿子的遗嘱、一大段《春秋》意义的讨论，以及一篇介绍《史记》各卷简要内容的梗概。①

《史记》结构中还有另外两个特点值得特别关注——复制和个人评论。《史记》的读者从一开始就接受这样一个认识：在许多方面，《史记》是一部汇编作品。司马迁从早期史料中引用了大量材料，有时疏通一下文字，增加解释性说明，但是经常是逐字复制。这不应定性为欺诈或应受到谴责，因为在古代中国能读书的人都是受过教育的，他们能辨识这些材料，无论如何，我们现代人对独创性和个人主义的强调，在汉代中国并不占主导地位。爱德华·沙畹在描述希腊和罗马史学传统之后，解释说：

> 中国人没有同样的史学观念。对他们而言，历史是一种巧妙的镶嵌，过去的文字并排放在一起，作者只在他选择这些文本的过程中进行干预，他将这些文本合二为一的能力有弱有

---

① 华兹生在他的《大史家》第42—57页省略了表的内容，但这些简要说明附在华兹生的《记录》中。

强……作品是如此客观,以至于当叙述者涉及作者能够证实的事件时,读者怀疑作者在讲述这些事情时是以自己的名义说话,还是仅仅是在复制今天丢失的文件,而这种质疑是正确的。当一个人熟悉中国文学中使用的写作方法时,几乎在所有的情况下都采用了第二种假设,即作者没有正式宣布他在表达自己的思想。①

这是一种极端的观点。今天的学者更愿意相信司马迁表达的是自己的观点,特别是关于当代事件的叙述,但是,司马迁的叙述似乎并非完全是他自己的也是事实,他在《史记》中绵延的创造力主要是通过对以前就存在的材料的选择和重新编排来体现的。

当然,也有例外,《史记》绝大多数卷中都有个人评论部分。在这些段落中,司马迁直接向读者诉说,他的评论往往饱含热情和道德评价。不幸的是,这些评论也是非常简短和不连贯。有时,他确实会给出评价或记录道德教训,但是在其他时候,他评论他的史料来源和方法,补充一些逸闻趣事,或者哀叹一个特别悲惨的事件转折,引用一段个人经历,或间接批评当朝政治。这些评论通常是了解司马迁意图和喜好的主要材料,但是将这些高度多样化的内容编织成连贯的哲学,是非常困难的。② 而且,即使在这

---

① 沙畹,《司马迁纪传》,1: iii—iv,侯格睿译。
② 有关这些评论的分析,见周虎林《司马迁与其史学》(台北:文史哲出版社,1978),第239—277页;张大可《史记研究》,第272—289页;肖黎《司马迁评传》(长春:吉林文史出版社,1986),第70—86页。特别是周虎林,基于个人评论部分,并根据现代史学范畴,为司马迁的史学提供了一个很好的草图。

些个人化的评论中，司马迁也经常贬低他自己的贡献。在四十六条评论中，他通常以耳熟能详的格言引用别人的评价，最经常引用的（十六次）是孔子的话。①

　　从我简短的概括中能够推测，任何试图详细解释《史记》中特定段落的尝试都充满困难。理解文言文是一个显而易见的难题，而且读者必须警惕司马谈的笔墨和那些不被承认的引用，以及文本的损坏和后来的文字增补带来的麻烦，还必须容忍司马迁在各种角色上的灵活性。我们从《太史公自序》中了解到的"司马迁"是一种刻意的文学创作，他可能是，也可能不是《史记》最终的作者，或《史记》各卷的叙述者。②但是，《史记》的整体框架似乎足够清晰，让我们能合理地推测，今天看到的《史记》的形式大致就是司马迁的意图，因为它与司马迁在最后一卷中一卷接一卷的描述吻合。③将这些铭记于心，我们就能试着解释《史记》的整体结构了。

---

　　①　在另外十三条评论中，司马迁引用了孔子的例子。《史记》评论中另一个被引用最多的人是老子，有三条评论（卷99、卷105、卷122）。
　　②　有关所涉及问题的研究，见南薇莉《美德的镜子：司马迁〈史记〉中四大公子的生活》（斯坦福，加利福尼亚州：斯坦福大学出版社）。
　　③　《史记》130卷本身的概要不太可能是后来的伪造，它对各卷内容的描述并不总是与我们现在看到的《史记》各卷内容完全一致。关于《史记》注释主要问题的一般性总结，见张大可，《史记研究》；经典论文收录在于大成和陈新雄编《史记论文集》（台北：木铎出版社，1976）；黄沛荣编《史记论文选集》（西安：长安出版社，1982）。张大可在《史记全本新注》中关于每卷的介绍也很有帮助。

阅读结构

从以上的概览很容易发现,《史记》以多样的形式包含了海量的信息,但是就我看,《史记》最引人注目的特点是它的综合性。《史记》是一个巨大的文本,在这个文本中,司马迁呈现了一个他所知的从传说时代到他生活时代的整个世界的历史。在距他最近的750年间内所发生过的事件,司马迁都能细致地考证时间;同时,他还尽可能地提供关于此前两千年的可靠信息。从公元前841年开始,每一个年代至少在一个年表中被按顺序记载。这种时间顺序的全面性与地理覆盖面的广泛性相匹配。司马迁叙述的重点是中国,即位处中心的王国,但是中国文化圈周边民族以及中国的绝大部分地区——作为封地和诸侯国,均在年表和世家中得到记述。

就中国而言,《史记》的重点是那些政治和军事方面的精英,但是司马迁也将他的目光投射到不同类型的其他代表人物身上——医生,哲学家,拥有专门技艺的占卜者,掌握经济的商人,那些政府控制体系之外拥有政治影响力的地方豪绅,有着高超文采和洞察力的诗人,尽管失败却表现出非凡的忠诚和决心的刺客。《史记》展现了一幅丰富的中国社会群像,书中记载的有名有姓的人物超过了4000人,但这还不是《史记》的全部。

除了描绘人类世界,司马迁也在他的历史中给自然世界留了位置。司马迁用百科全书般的细节描述"天",列举灵性的存在,考虑《律书》和《河渠书》自然力的运行。当然,这些书中涉及的主题都与人类世界相关——"天"用征兆回应人类的善与恶；神明要享用适宜的祭祀；洪水必须由政府治理；《律书》有军事上的用途。即使如音乐和礼仪这样的人类习俗，也被描绘成从宇宙的变化和人性的深处获得力量。司马迁的观点以人性为基础，但自然世界在他看来也并不是一个完全无关紧要的存在。

最后，《史记》内容的全面性，离不开司马迁所掌握的详尽的材料。司马迁在宫廷的职位，让他能看到皇家档案，在编纂《史记》时他翻阅过超过八十种文本，以及数量巨大的契约文书、法令和石刻。① 正如他在《太史公自序》中所说："天下遗文古事靡不毕集太史公。"② 在编纂《史记》过程中，司马迁吸收各种能用到的材料，创造了一部无所不包、无所不及的历史。

《史记》的另一个显著特征是，海量的信息被系统处理、组织编排和相互关联的程度很高。年表最能体现司马迁在组织材料方面的热情。司马迁在表中花费了大量精力更正各国的时间纪年，将档案中的数据重塑成统一和可用的形式。正如宋代史学家郑樵（1108—1166）在他所著《通志》的年谱部分的序中所说："修史之家莫易于纪传，莫难于表志。"③ 而且，司马迁对精确性和缜密性的热情，淋漓尽致地展现在《史记》全书中，特别是在他的"太

---

① 关于司马迁史料来源最完整的回顾是金德建的《司马迁所见书考》（上海：上海人民出版社，1963）。也见泷川资言《史记会注考证》，附录，第50—69页；阮芝生《太史公怎样收集和处理史料》，《书目季刊》7，第4期（1974年3月），第17—35页；张大可《史记研究》，第230—271页。

② 《史记》卷130·3319。华兹生，《大史家》，第56页。

③ 郑樵，《通志》卷3（北京：中华书局，1987），1：405a。

史公曰"中。

在这些篇章中，我们发现了司马迁对于史料中存在的各种问题的纠结，他试图发展出一种批判的方法学。他仔细辨别文字的和口传的史料，通过与已知真实材料对比的方法去评估材料。此外，他四处旅行，实地检查重要地点和文物，并在可能的情况下，采访目击者和当地知名专家，以核实有关情况。司马迁制定了一条规矩，就是不去猜测那些他没有充分证据的事情（尤其是处理古代历史的时候），并且他故意忽略了那些真实性可疑的细节。他认为事实只有在上下文背景中才能被恰当地理解，并坚持认为分析必须考虑到历史进程的起点和终点。当他发现被普遍认可的事实是错误的，他就试图以直接的评论指出并更正这些错误。最终，他培养了批判的态度，承认儒家经典中的不足，甚至对自己的观点都持怀疑态度。①

总之，就一位开创性的古代史家而言，《史记》是一部让人

---

① 本概要中的内容可以在以下评论部分中追溯（根据《史记》各卷编号列出）：
文本批评：1，13，15，61，123
口头来源：1，75，77，86，92，95，97
游历和观察：1，23，28，32，44，47，61，75，77，78，84，88，92，95
拒绝推测：13，17，18，26，27，30，67，80，127，128，129
开始和结束的重要性：14，15，18，19，30
流行叙述的更正：1，4，15，39，44，69，70，86，87，95，97，103
经典的不足：1，27，61
对自己观点的批评：55，109，124
值得注意的是，孔子为这些问题提供了一个模型。华兹生指出，孔子因不记载真实性可疑的细节而闻名，而《史记》则记载了孔子承认他最初印象是错误的时期。见华兹生《大史家》，第70—81、85—86页；《史记》卷67·2206；倪豪士编译《史记》（布卢明顿：印第安纳大学出版社，1994），7：76。

印象深刻的作品，但不幸的是，它不是一部统一的、值得信赖的作品。或许，司马迁所构想的广阔范围让他的目标变得遥不可及，为了让他的历史真正涵盖全面，他不得不放弃一个连续的焦点。《史记》没有像希罗多德的《历史》一样，全程跟随一个人，或是制度，或是想法，用题外话补充一个清晰的故事。事实上，《史记》在同一时间点上关注所有的事。① 《史记》的作者甚至没有固定的焦点，司马迁自身就似乎常常迷失在细节之中。

　　对许多西方的读者来说，《史记》最让人惊诧的特点是它的讲述者令人惊讶的谦卑。与希罗多德或修昔底德相比，司马迁在他自己写作的历史中充其量是一个模糊的存在。《史记》支离破碎、杂乱无章，外国读者会欢迎爱德华·沙畹或威廉·倪豪士（William Nienhauser）那样强有力的明确指导，他们用说明、对照和解释，对他们的《史记》译文进行了大量注释；与他们相反的是华兹生，他除了在《史记》各卷顺序上进行了微小的修订和三处非常简短的介绍之外，只是简单地翻译。事实上，阅读《史记》是一件让人受挫的经历，特别是假如你已被告知它是中国最伟大的历史著作之一后，因为《史记》至少打破了西方传统历史表达

---

①　在雅罗斯拉夫·普实克（Jaroslav Průšek）的开篇论文《中国和西方的历史与史诗》中，他将西方历史中的连续的、聚焦狭隘的、按时间顺序的叙述，与《史记》碎片化的、重叠的卷进行了比较。他认为司马迁首先是一个整理者和分类者，这种分析模式使他倾向于寻找广义模式。我对《史记》的解释与之相似，但我会比普实克的还原主张更进一步，即"这'历史'材料主要用于一般的政治和道德讨论，而且它是某些评价的主题"。《史记》确实具有这个功能，但我相信，司马迁设计它是为了改变世界。见雅罗斯拉夫·普实克《中国历史和文学》（多德雷赫特：赖德尔出版社，1970），第25页。

的四个关键要求。①

第一,《史记》叙事的声音不统一。个人评论部分的作者毫无疑问是司马迁,但是其他地方,因为司马迁习惯直接复制更早的资料,所以作者是谁就有疑问了。因此,我们在《史记》中会发现几乎是逐字重现的《战国策》的故事、被司马迁用汉代读者更熟悉的语言改写的《左传》中的叙述,以及主要由诗歌和书信的长篇摘录组成的章节。把司马迁的写作和他引用的史料区分开是一件相当困难的事。每卷末的评论提醒读者,一位史学家在选择和组织这些史料,但是司马迁并没有完全将他的史料改造成一个新的、个人重构的历史。《史记》中各卷的构成经常在变化,叙述似乎在某种程度上独立于撰写结论性评论的历史学家。

司马迁往往无法充分说明或解释他叙述的内容,这强化了对《史记》叙述独立性的认识。例如,在《史记》全书中,有13个人(包括司马迁自己)发表了关于项羽为什么败在高祖手下的看法,这是公元前202年汉王朝建立的关键性事件。司马迁几乎从来没有通过比较论点或质疑讨论者的可靠性来调和这些意见;他只是简单地陈述了这些人所说的内容,并不进行评论。② 即使他在这个问题上用自己的声音发表了一些个人意见,但

---

① 我们这里可以对比19世纪伟大的翻译家理雅各在最终阅读了被大肆吹嘘的《春秋》后的失望。见理雅各译《春秋左传》,《中国经典》卷5,第2版(牛津:牛津大学出版社,1871;台湾重印),前言,第1—6页。

② 和其他许多方面一样,在这方面,《史记》和《左传》非常类似。王靖宇(John C. Y. Wang)曾指出:"《左传》最常见的人物描写方法是通过对话和行动,偶尔也会有其他人物

这些解释并不总是一致的，它们也不一定比其他人早先提出的意见更有说服力。① 如果我们想确定司马迁对于他所叙述的事件的看法，这将会非常困难。例如，太史公在《项羽本纪》中批评项羽将失败归于天意的错误，但在另一卷中，却又认为天意是高祖取得胜利的一个因素，读者应该怎么想？② 最后，司马迁的评论只是许多人中的一个声音，他的个人评论往往以蜻蜓点水的形式展现于叙述之中。

阅读《史记》的方式与阅读西方古典历史的方式不同。西方古典历史往往就像演讲词（事实上，我们知道希罗多德在公众面前朗读过他的历史）。司马迁最接近个人语气的部分，是表、书和一些合传的序言。在这些卷中，"太史公曰"这个短语出现得很早，与其通常出现的位置不同，它的作用是把司马迁打造为持续的研究者和讲述者。但是在最主要的部分，司马迁热衷于让读者自己比较和评价事实，让他们成为自己的历史学家。

（接上页）评论，这也被大多数后期作品采用。作者很少直接告诉我们一个角色是什么类型的人。"见王靖宇《早期中国叙事：以〈左传〉为例》，载浦安迪编《中国叙事：批评与理论》（普林斯顿，新泽西州：普林斯顿大学出版社，1977），第9页。

① 个人评论中叙事声音的可信度因偶尔重复政治上正确的评估而受到削弱，这些评估在前面的叙述中是有问题的。对高祖来说尤其如此，高祖作为汉朝的创始人和当朝皇帝的曾祖父，批评他不可能不被惩罚。然而，这里的问题实际上可能是具有讽刺意味而不是可信度，司马迁个人评论中的讽刺性使得研究《史记》的学者们开心地争论了几个世纪。毕竟，有可能找出一些司马迁对高祖的批评，虽然它们可能是间接的和微妙的。见聂石樵《司马迁论稿》（北京：北京师范大学出版社，1987），第93—94页；本书第四章。关于司马迁不一致评论的功能的另一种观点，见李惠仪《〈史记〉中的权威观念》，载《哈佛亚洲研究杂志》4，第2期（1994年12月），第388—391页。李惠仪相信，《史记》中有一种一致的叙事声音，尽管其特点是具有讽刺意味、折中主义及灵活的态度。

② 《史记》卷7·339，卷16·760；华兹生，《记录》，汉1：48、88。

第二,《史记》的叙述没有呈现出一贯的一致性和可追踪性。[①]许多列传和世家都是由可辨别的叙述构成的(故事有开头、中间和结尾,在这些故事中,细节以解释说明的方式相互关联),《史记》的其他部分则缺乏一个清晰的叙述结构。在本纪和最早的世家(当然也包括表)中,叙述的重点是年代而不是故事发展线索,而连续的细节彼此之间没有明显的关联。换句话说,这些卷的功能更像编年史,尽管在中文的语境中使用"编年史"这个词更容易误导读者。[②]叙述的事件,经常没有任何原因,也没有结果,奇怪的、莫名其妙的事件比比皆是。事实上,在《史记》十表中简单描述的一些事件,在其他部分从未再被提到过。[③]叙述一致性的缺失,部分是因为司马迁规划宏大,他不可能为所有提到的人和事件提供详细的背景信息。这也可以归结为他顽固地坚持以孔子

[①] 关于叙事可追踪性的概念,见W. B. 高利(W. B. Gallie)《哲学与历史认识》(纽约:肖肯出版社,1964),第22—50页。

[②] 在西方历史中,编年史和年鉴通常被认为是前所未有的完整历史,但在汉代,由于孔子和《春秋》之间的流行联系,最有声望的历史写作风格是编年史。《春秋》被认为是历史研究和圣人智慧的升华,因此可以被认为是"后叙事"。当然,司马迁结合了编年记载和叙事,并创造了一种新的历史写作模式,它的活力来自在同一文本中将两种相互竞争的形式并列在一起所产生的紧张关系。见侯格睿《〈史记〉卷14〈十二诸侯年表〉的解释功能》,载《美国东方学会杂志》113,第1期(1993年1月/3月),第14—24页。

[③] 在《史记》卷14,从公元前722年到公元前481年(《春秋》所涵盖的时期),在表中有840个条目。据我初步统计,176条描述了《史记》其他地方没有提到的事件。这些事件中的大多数是战役或战争(128条),其中许多似乎足够重要,值得进一步处理。例如,公元前588年的冲突(涉及六个国家),公元前564年的冲突(涉及九个国家,其中两个在世家中各自有一个单独的部分),公元前555年的冲突(涉及六个国家),公元前549年的冲突(涉及五个国家)。

为榜样，不虚构没有材料支持的信息。① 结果是，在涉及古代历史的卷中很少出现延伸的叙述。

第三，《史记》没有在一个统一的叙述框架中叙述事件。从我关于《史记》结构的描述中可以看出，《史记》各部分内容有重叠。《史记》五部分中有四个部分（书除外）都从传说时代开始，追溯到五帝统治时期。即使在表这一部分，每卷的开始和结尾都有重叠，后面的表三次涵盖了前表的大致同一时期，一次是从诸侯王的角度，一次是从贵族的角度，还有一次是从政府官员的角度。再者，《史记》卷5《秦本纪》中叙述的事件，几乎全部发生在卷4《周本纪》所记述的时间段内。

司马迁在讲述故事的时候，情况就变得更加复杂了。不同的列传可能包括对同一事件的不同描述，同一个人可能出现在几个列传中，或出现在几个世家中，或出现在一个表、一个本纪中。读者通常必须阅读几卷才能获得与单个历史事件相关的所有细节，事件牵涉越广泛，可能涉及的卷就越多。例如，汉高祖与项羽之争，分散于超过25个不连续的卷中。在一些卷中仅仅提到的事件，在另一些卷中就被详细地展开叙述，尽管司马迁偶尔会推荐读者去阅读较长的叙述，但大多数读者必须查阅现代索引或多次阅读全部相关文本才能全面了解事件。

---

① 司马迁在第一个年表的序言中指出："孔子因史文次《春秋》，纪元年，正时日月，盖其详哉。至于序《尚书》则略，无年月；或颇有，然多阙，不可录。故疑则传疑，盖其慎也。"《史记》卷13·487；华兹生，《大史家》，第184页。

第四,《史记》的叙述有时缺乏一致性。司马迁碎片化的结构容许它不止一次讲述同一件事,但多重叙述并不总是一致的。因为事件在列传的各个传主的生活中可能有着不同的意义,故事从不同角度被重新讲述。这是可以理解的,读者甚至能够原谅叙述中年代的轻微差异(相当常见的情况),但是司马迁偶尔会对同一事件给出不同版本的叙述,这些不同版本的叙述并不严格兼容。我们在《史记》前面部分就遇到这种情况,《殷本纪》和《周本纪》谈到他们各自祖先不可思议的诞生神话时,一个说商王的母亲吃了一个蛋就怀孕了,另一个说周王的母亲踏上了一个神秘的脚印就怀孕了;然而,在《三代世表》中,商王和周王的神奇的祖先都有父亲,他们父亲的家族谱系都能追溯到黄帝。① 同样地,《殷本纪》中说,西伯(周朝建立者之父)在听闻鄂侯的悲惨遭遇时"窃叹"而被告发入狱,《周本纪》则说西伯因广受爱戴而遭诽谤入狱。②

那么,我们该如何看待《史记》呢?在某些段落中,《史记》似乎是被非常精心地组织、验证、关联过的,而其他地方则似乎缺乏历史学科所要求的连贯性和控制力。假如司马迁关注精确性,为什么《史记》是一部充斥着不同叙述、观点和评判的大杂

---

① 《史记》卷3·91,卷4·111,卷13·488—499。这一矛盾显然困扰着《史记》的第一位评论者褚少孙,他在《史记》卷13的卷末加了一个很长的注释,试图以寓言的方式解读神话故事。关于褚少孙,见鲍格洛(Timoteus Pokora)《褚少孙——〈史记〉中故事的阐释者》,《那不勒斯东方学院年鉴40》(1981),第1—28页。

② 《史记》卷3·106,卷4·116;见沙畹《司马迁纪传》,1:201—202、217—218。

烩呢？有几种可能。或许，与其说司马迁是一个历史学家，不如说他是一个编辑。这是被早期西方汉学家接受的解释，他们把司马迁大量复制视为一个优点——司马迁"客观地"呈现了早期叙述（在确定了材料的可靠性之后），把他自己的评论与这些史料分开。① 或许，司马迁尊重过去的史料，使他无法对这些史料进行彻底改造。

或许，正如杜润德在《朦胧的镜子：司马迁笔下的矛盾与冲突》中强调的，《史记》中不一致的一面反映了司马迁自己的矛盾倾向。或者，考虑到他面对历史资料的经历，我们所期待的历史著作中的统一性的概念，对司马迁来说是不可想象的。要不然，或许司马迁正在发明一种批判的方法，并致力于发展一种和我们类似的历史观，但仅仅是没时间完成。或者，他或许被繁重的任务压垮了。

所有这些解释在某种程度上都讲得通，但请允许我提出另一种解释方案，虽然这会使已经很复杂的问题进一步复杂化。首先，我假定，司马迁关于精确性、连贯性、证据和合理性的认

---

① 见沙畹《司马迁纪传》，1：lxi；查尔斯·加德纳（Charles S. Gardner）《中国传统史学》（剑桥，马萨诸塞州：哈佛大学出版社，1938），第17页；艾伯华（Wolfram Eberhard）《一部中国史》（伯克利和洛杉矶：加利福尼亚大学出版社，1950），第106页；华兹生《大史家》，第85—86、95、98页；华兹生《早期中国文学》（纽约：哥伦比亚大学出版社，1962），第94—98页；蒲立本（E. G. Pulleyblank）《史学传统》，载雷蒙德·道森（Raymond Dawson）编《中国遗产》（牛津：牛津大学出版社，1964），第149页；鲁惟一《中华帝国》（伦敦：艾伦·昂温出版社，1965），第281页。一些中国学者如周虎林采纳了西方对司马迁客观性的赞美，但显然，周并没有把此看作是与司马迁道德解释的冲突。见周虎林《司马迁与其史学》，第199—202、213—221页。

识，与我们是类似的。我也相信，正如我们今天看到的《史记》，反映了一个连贯的历史观，司马迁成功地完成了自己的计划。换句话说，我认为我们在《史记》中看到的碎片化和重叠的叙述，是故意的安排，服务于深思熟虑的史学目的。最后，我相信司马迁是一个非常积极的编辑者。《史记》中所有的细节并非都是精心选择的结果（毕竟，《史记》是一部大书，不能奢求司马迁对每一个词进行加工），但是我猜测，在很大程度上，《史记》就是司马迁想要的样子。我们可以从他对材料的安排和具体陈述中看出他的观点和判断。①

我的观点是，《史记》在"重建历史"，就是字面意义，比通常用这个短语表达的意思要简单得多。事实上，《史记》就是一个由文本构成的微观世界。当我们把《史记》捧在手里时，我们捧着的是一个历史的模型，这个模型是被刻意复制的，虽然它存在些许混乱的前后矛盾、缺乏解释性的结尾，而且原始资料中有令人困惑的细节。

---

① 这些假设不是凭空产生的。我对司马迁个人评论的阅读，加上把他的编辑叙述与原始史料的对比，使我确信他对准确性、合理性和证据的高标准要求（我承认他在表上的努力给我极深的印象）。司马迁在《史记》卷 130 中一些详细的章节概要告诉我，这是一本书，其各部分作为一个整体协同工作，其现在的形式主要归功于一位才华横溢、富有创新精神的设计师。此外，在《史记》卷 130，司马迁表示对他历史的不完整状态并不感到担忧。他认为他的目标已经实现（事实上，选择腐刑以完成一本书然后未能完成它，需要一些正当理由）。最后，我可以提出一个历史概念，它既能适应文本的精确性和不一致性，也符合汉代中国的世界观，这一事实表明，解决方案是可能的。我确实意识到最后一点并不能证明什么。"如果有可能，它必须是实际的"的争论毫无说服力，但我满足于将我对微观《史记》的概念视为一种工作假设。让我们看看它是否会产生一些有价值的见解。

竹简的世界

公元前221年，秦王嬴政击败齐国，完成了过去五百年来在中国出现的残酷的统一进程。他采用了新的头衔"始皇帝"，统治他新吞并的领地。他一定早就预感到自己的非凡地位值得拥有一个同样非凡的陵墓，因为此时，他的陵墓已经修建25年了。一则古老的材料这样描述了陵墓：

> 及并天下，天下徒送诣七十余万人，穿三泉，下铜而致椁。宫观百官、奇器珍怪，徙臧满之。令匠作机弩矢，有所穿近者，辄射之。以水银为百川江河大海，机相灌输，上具天文，下具地理。以人鱼膏为烛，度不灭者久之。①

这个独特的宇宙模型的特点似乎是控制。② 秦始皇试图以具体的形式展现他的权力和权威。他创造和修建这个"微缩中国"的能力，反映了他对现实中国的统治，他的权威更直接地体现在他能够调动大量人力物力建造陵墓。此外，这个模型也有宗教仪式的功能。秦始皇相信，在他驾崩后，他的灵魂（作为神化的祖先）

---

① 《史记》卷6·265。见杨宪益（Yang Hsien-yi）与戴乃迭（Gladys Yang）译《史记》（香港：商务印书馆，1974），第186页；华兹生《记录》，秦：63；倪豪士编《史记》，1：155。

② 在这里可以比较一下汉武帝的建筑项目。在他重要的宗教建筑中，有一个人工湖，中间有神奇的不朽之岛的模型，经过许多年的努力和花费，他的统治范围几乎涵盖了那些神秘莫测的岛屿。见《史记》卷28·1402；华兹生《记录》，汉2：49。

将通过这种复杂的模型继续统治人间的中国。把象征物当作被象征物本身，秦始皇陵就像一个精心建造的地下高尔夫球场，只有疯子才会愿意统治那样的地方。但作为全中国的一种仪式象征，模型中的每个组成部分都按宇宙天体的运行规律和江河大海的对应关系连接起来，陵墓作为一种精神装置运作起来。控制了模型就控制了全部。

秦始皇陵是帝国雄心和权力的惊人展示，随着1974年的考古发掘，它的规模被世人见识，超过7000名真人大小的兵马俑全副武装排列成战斗队形，埋在位于始皇帝安息地的夯土山以东一英里处的地下墓室里。尽管如此，还是让人们觉得有些可悲。① 秦朝，被认为可以延续一万代，但建立仅仅十四年就崩溃了，还没有它的创立者寿命长，在秦帝国崩溃中，始皇帝陵曾被闯入并被洗劫。② 始皇帝精心设计的防御设施和挥霍的人力物力都化为乌有。司马迁对秦始皇陵的历史描述突出了它的徒劳无益（人鱼膏能燃烧多久呢？），并对秦二世在秦始皇葬礼上杀害妃子、活埋工匠和劳工以防止他们泄露坟墓中秘密，表达了道德上的谴责。

当然，关于秦始皇陵的这些叙述，都来自《秦始皇本纪》，司

---

① 见何慕文（Maxwell Hearn）《秦始皇兵马俑（前221—前206）》，载方闻（Wen Fong）编《中国青铜时代》（纽约：克诺夫出版社，1980），第334—373页；李学勤《东周与秦代文明》，张光直译（纽黑文，康涅狄格州：耶鲁大学出版社，1985），第251—260页；陕西省秦始皇陵考古工作队《秦始皇兵马俑》（北京：中国旅游出版社，1988）。秦始皇陵主墓尚未发掘。

② 《史记》卷8·376，华兹生，《记录》，汉1：72；李学勤，《东周与秦代文明》，第254页。

马迁有理由鄙夷秦始皇建立的模型,因为这与他的工作形成了竞争。《史记》本身就是一个宇宙模型,它包括对天、对中国水系和地理区域的全面描述,以及关于帝国官员的描述。秦始皇陵内有无尽的宝藏,《史记》也保存了中国的珍宝,只不过它保存的珍宝是文学和哲学,而且它同样是一座永远屹立的丰碑。司马迁在《史记》中说,他将《史记》"藏之名山,俟后世圣人君子"①。和秦始皇陵不同,《史记》提供了一个基于道德秩序的世界版本,在这个世界,推动事件发展的是历史因素而不是帝国法令。

秦始皇陵是一个由青铜创造并维持的世界的形象,它象征着武器的力量。然而,司马迁的《史记》提供了另外一种对世界的描绘,写在竹简上并受学术和道德约束(它们通常就是写在竹简上的书籍)。②虽然司马迁创造的世界在政治强制力方面不能和秦始皇的世界相提并论,但在影响力方面,司马迁的世界远远超过了秦始皇的世界。最终,秦始皇陵广为人知,就是因为它在司马迁无所不包的竹简世界中占有一席之地。

有三个方面的因素让我将《史记》视为一个微观世界模型。第一个是它的综合性,我已经论述过。《史记》里提到的每件事和

---

① 《史记》卷130·3320;华兹生,《大史家》,第57页。
② 虽然在战国末年仍然使用青铜武器,但当时冶铁技术在中国也相当普遍,令人惊讶的是,秦始皇墓中的所有武器都是青铜制成的(除少数铁制箭头)。李学勤认为,在墓中使用青铜可能是习俗或仪式的结果:"在墓坑中发现的武器都是埋葬时从未使用过的新武器,他们有光泽、有价值、漂亮,可能适合在仪式中使用。"我们考虑到的一种可能是,因为青铜器传统上属于葬礼物品,或青铜器永远不会生锈。见李学勤《东周和秦代文明》,第277、328—329页。

每个人都在《史记》有一个位置。但它绝不仅仅是一个手册或目录，因为它的各部分被按一定意义排列和组合。并列与对应交织在它的结构中，反过来，这种结构又反映了更广阔的世界。尽管绝大多数宇宙模型都代表着空间关系，《史记》努力传达时空连接和社会等级，它也设法将人类经验的基本要素以类似于其他模型的方式融入其中。例如，我们可以想象一个公司总部的模型。除了常见的建筑模型之外，反映企业层次结构的组织结构图也是一种有用的归纳方式。《史记》像公司的组织结构图一样，只是多了些特点，这些特点描述了图表如何随时间变化和个体如何塑造它们的位置。假如我们认定我们的世界体系不仅仅是指地球上的物质，也包括人类关系和历史，那么《史记》就是这个世界体系的一个最佳代表。同时，在几个点上，司马迁的等级图与更传统的宇宙模型相互关联。例如，在《太史公自序》的结论部分，司马迁写道：

> 二十八宿环北辰，三十辐共一毂，运行无穷，辅拂股肱之臣配焉，忠信行道，以奉主上，作三十世家。①

在这种情况下，天（和天体）的运动被映射到特定阶层的人的行动上，这些依次又映射在《史记》结构中。类似的，一些

---

① 《史记》卷130·3319；华兹生，《大史家》，第56页。

早期的《史记》评论者声称发现了《史记》五体与宇宙学的对应关系：十二本纪对应一年十二个月，十表对应一旬，即十天，八书对应八节（立春、立夏、立秋、立冬，加上春分、秋分、夏至和冬至），三十世家对应一个月三十天，七十列传对应人类寿命（七十退休）或七十二天为一行的周期。① 而且，数字"五"的优越地位有力地回应了汉代的宇宙观。这些特殊的对应是有争议的，但原则上，司马迁作为一个占星家，他可能会有兴趣将自然周期复制到他的著作的结构中。这当然也是他那个时代的其他作者正在做的事，我们在稍后会看到这一点。

标志着《史记》似乎是一个微观世界模型的第二个特点是，《史记》的解释缺乏闭环性。《史记》的开放性可能是令人沮丧的：叙述或许是不完整的；时断时续的东西再也没有被接续；事件之间的联系可能也没有交代清楚；意义和意图经常是模糊的。部分原因是司马迁大胆创新，试图将记录包括所有的人、所有的事——但同样重要的是，《史记》所表现出来的不确定性也是历史自身的特征，那是众所周知的混乱和复杂。尽管有的西方学者会把《史记》看成是一部未完成的史书——下一步，司马迁将会

---

① 最早明确这些相关性的评论家是唐代的司马贞和张守节。关于他们的注释和后来的评论，见赖长扬、陈可青和杨燕起编《历代名家评史记》（台北：博源出版社，1990），第119—120、122、136页。泷川资言把这些相关性视为勉强的、没说服力的，但我是赞同的。12本纪和30世家的天文学辨认看起来很自然，而且整个框架似乎有可疑的秩序。请注意，12（本纪）的2.5倍是30（世家）；28（司马迁描述中世家的粗略数量）的2.5倍是70（列传）；12（本纪）加10（表）再加30（世家）等于52，52乘以2.5等于130（《史记》的总卷数）。见泷川资言《史记会注考证》，附录，第75页。

把所有经过仔细研究的事实整理成统一的、连贯的叙述——我不相信司马迁有这样的目标。相反，我认为他想准确地表达世界及其历史的全部辉煌和混乱。

然而，这种表述并不准确。假如过去已经一团混乱，为什么有人想读一本同样混乱的书呢？答案是，即使《史记》已经表现了历史的最重要的特征，它也只是在一个比较低的程度上呈现。《史记》是一个世界模型，和其他模型类似，它将简化和选择作为理解的辅助手段。模型复制一些功能或关系，也舍弃一些功能或关系。很明显，人体模型、飞机模型或地球模型，在一些方面是非常精确的，但我们很容易区分模型与原型；简单即深刻。司马迁关于世界及其历史的模型也是如此。人类经验的总和太复杂、太厚重，以致难以把握，但是简化和精简的概要自有它的作用。[1]

例如，司马迁关于春秋时期的叙述是复杂的、支离破碎的，而且不易理解，但与这个时代本身相比，它的程度要轻得多（比《左传》的程度要轻，《史记》关于春秋时代主要材料来源于它）。司马迁的版本在很多方面要优于历史的原始材料——他对引用的材料进行考证；使用标准化的年表；选择最重要的史料。司马迁

---

[1] 比较普实克的评论："中国历史学家很自然地面对与欧洲历史学家相同的历史现象。只是他从未想过将他的历史事实融入一个与现实相符的统一结构中，试图'唤起''复活''召唤'过去的事件到我们眼前……中国历史学家知道在他面前有与实际事件有着复杂关系的资源和遗物，这些来源及其中包含的事实属于它们自己的一类，其相互联系没有定义——或者至少不是完全地——由这些来源反映的现象。首先，无论如何，历史资料只反映了实际过程中非常微不足道的一部分，而且它们似乎经常在特定的合成复合体或结构中进行阐述。"见普实克《中国历史与文学》，第 24 页。

描述的事件的意义或许仍然不清楚，但他对事件的排列和选择非常具有启发性。从《史记》中获取意义比从历史本身获取意义要容易得多。这并不是说司马迁选择了用事实来说明先入为主的观点，而是他的观点有太多的不确定性，他的个人评论太具有试探性、太含蓄。司马迁经常选择那些他认为重要的材料，但又不知道这些材料到底是什么意思，或者如何将它们编排在一起，不过他并不期望《史记》为历史事件下定论。在他的四条个人评论中，他表达了期望他的工作能帮助后来的学者依靠自己的努力了解世界和世界的历史。①

这就引出了我们把《史记》作为宇宙中微观世界的第三个理由：微观世界的典范，无论是以文本形式来呈现还是以其他形式——是秦和西汉时期主要学术兴趣之一。② 世界可以在政治上实现统一，这一事实表明，世界也可以通过其他方式得到统一，那个时代的学者们在各个领域努力探索，以期产生全面而袖珍的世界呈现形式。在各种情况下，这些不仅仅是关于宇宙的语言描述，而且还包括那些反映了宇宙的结构的具体物体。这些微观世界不仅包含马王堆1号汉墓出土的相对简单的、描绘了死者在天堂和地狱之间的铭旌，还包含更抽象地刻着"TLV"的、经常见

---

① 《史记》卷15·687，卷28·1404，卷17·803，卷18·878；华兹生，《记录》，汉1：426，429，2：52。

② 就汉代关于微观世界、共振和秩序的概念的一般性研究，见席文（Nathan Sivin）《公元前最后三个世纪的国家、宇宙和身体》，《哈佛亚洲研究杂志》55，第1期（1995年7月），第5—37页。

于汉墓中的铜镜。① 鲁惟一曾经这样描述后者：

> 这里有一些镜子，这些镜子都有一组特殊的线形标记，连同将宇宙分成十二份的标志，被称作TLV。这十二个标志和四个动物符号相配，这四个动物符号对应五行中的四个。它们被放在镜子中心周围的一个正方形里，它本身以一个代表地球的土堆的形象象征着五行中的土。这一方案将宇宙的两种解释方案巧妙地结合在一起，一种是将宇宙分为十二个部分，另一个是将世界看作五行观中五个发挥作用的因素。这个装置象征着两种方案的完美结合，它的目的是让死者能处于宇宙环境中最完美或最适宜的组合中。②

这些铜镜与占卜者的板（筮）有关，它们代表着天地的分界，由拥有专门技能的从业者，用来指导活着的人根据宇宙运行的节奏来调整他们的行动。③

秦汉具有宗教功能的建筑中也有这种微观宇宙的设计。除了我们已经提到过的秦始皇陵，秦始皇还修建了巨大的阿房宫，它通过跨越渭河的一条步道与始皇帝在首都的宫殿相连接，"自阿房渡渭，属之咸阳，以象天极阁道，绝汉抵营室也"④。不久，有

---

① 见鲁惟一《天堂之路：中国人对永生的探索》（伦敦：艾伦·昂温出版社，1979），第17—59页（铭旌）和第60—85页（TLV铜镜）。
② 杜希德与鲁惟一编，《剑桥中国秦汉史》（剑桥：剑桥大学出版社，1986），第724页。
③ 鲁惟一，《天堂之路：中国人对永生的探索》，第75—80页；库伦，《中国古代的天文学和数学》（剑桥：剑桥大学出版社，1996），第43—49页。
④ 《史记》卷6·256；华兹生，《记录》，秦：56。

了关于古代明堂的大讨论,尽管有学者同意明堂是某种形式的微观世界的说法,但是他们无法确切地断定它所依据的几何学或数值原理。① 司马迁曾提到,在公元前 106 年,汉武帝在泰山脚下修建明堂,并在那里举行祭祀。不幸的是,司马迁只提供了极少的材料,这些材料表明,这个特殊的明堂可能是按照一定的宇宙学准则修建的。这个明堂有两层,上面一层是祭祀上天、五帝和历代祖先,下面一层是祭祀地上的神。由西北进入明堂的坡道被以"昆仑"命名,因为昆仑山由西北方向延伸入中国。② 无论这座特殊的明堂有怎样的宇宙学意义,后来,汉代的宗教建筑变成复杂的微观世界,在武梁祠上达到顶峰(公元 151 年),这是一个历史和部分基于《史记》结构的宇宙学的大综合。③

　　文本,也可以像建筑一样,通过复杂的设计来代表宇宙的形态。这类书中最著名的就是《易》,这是一部由六条断开的线和连续的线(卦象)组合而产生的六十四种卦象的集合。最终,这些卦象被认为代表了自然发展的各个阶段。因此,握着一部《易》,就像是以一种更抽象的形式握着宇宙。手握《易》,就如同握着一部字典,这部字典里包含了使用该语言写就的所有伟大作品的种子,那些伟大著作只是将这些种子进行了排列组合而已。但是《易》更

---

　　① 见韩德森(John B. Henderson)《中国宇宙学的发展与衰落》(纽约:哥伦比亚大学出版社,1984),第 75—82 页。
　　② 《史记》卷 28·1401;华兹生,《记录》,汉 2:47—48。
　　③ 见巫鸿(Wu Hung)《武梁祠》(斯坦福,加利福尼亚州:斯坦福大学出版社,1989),第 148—156、218—220 页。关于王莽(9—25)的礼仪建筑,见王仲殊《汉代考古学概说》,张光直与合作者译(纽黑文,康涅狄格州:耶鲁大学出版社,1982),第 9—10 页。

有用，因为它的结构暗示着可能的组合。正如裴德生（Willard J. Peterson）指出的："《易》中的卦象复制了天地的变化。"① 或者正如《系辞》（汉代学者认为是孔子所作）所宣称的：

> 易与天地准，故能弥纶天地之道。仰以观于天文，俯以察于地理，是故知幽明之故。原始反终，故知死生之说。……范围天地之化而不过，曲成万物而不遗。②

文本的微观世界的另一个代表是《吕氏春秋》。这部书主要分三个部分——"纪""览"和"论"——第一部分包含十二章，每章又分五节；第二部分包含八章，每章又分八节；第三部分包含六章，每章又分六节。这些数字的准确意义是有争议的，但是一些宇宙学的意义无疑是存在的。这一点很明显，在第一部分的十二个章节中，每个章节都是从讨论相应月份对应的适宜活动开始的。③

司马迁无疑是把这个文本当作一个微观世界，他描述这本书

---

① 裴德生（Willard J. Peterson），《建立联系：〈易〉传》，《哈佛亚洲研究杂志》42（1982）：第88页。裴德生继续称，"复制"这个词实际上并不能充分表达《易》与宇宙的相互关联性，两者相互包含："变化充斥宇宙，万变不离其宗，以两极为特征，包含在《易》中。"（第91页）见韩德森《中国宇宙学的发展与衰落》，第13—19页。

② 《周易系辞》A·3—4，贝恩斯译，第293—296页。卫礼贤（Richard Wilhelm）译，《易经》，贝恩斯（Cary F. Baynes）翻译自德文的"波林根丛书"19，第三版（普林斯顿，新泽西州：普林斯顿大学出版社，1967）。

③ 见鲁惟一编《中国早期文献：目录学导读》（伯克利和洛杉矶：早期中国研究学会，1993），第324—325页。一些西方文本的结构反映了宇宙的组织，但丁的《神曲》是最著名的。

的形成如下:

> 吕不韦乃使其客人人著所闻,集论以为八览、六论、十二纪,二十余万言。以为备天地万物古今之事,号曰《吕氏春秋》。①

这部书的部分章节包含了大量历史记录,它们是按主题而不是按时间来排列的。一般认为《吕氏春秋》是一部哲学著作,而不是历史著作。华兹生发现,尽管《吕氏春秋》的结构从数字角度反映了宇宙秩序,但是它的绝大部分独立章节的内容似乎与它们在宇宙中的位置无关。②

相比之下,《春秋》是一个主要以历史文本形式呈现的微观世界。《春秋》是一部鲁国从公元前722年到前481年的编年史。遗憾的是,它记载的事件非常简略,它的文本干巴巴的,如同一个列表,只记载了鲁国国君死亡、正式出访、战争和祭祀。而且,汉代学者相信,孔子亲自编辑了《春秋》,他们花费了大量的精力去发掘包含于其中的选择、顺序和术语中隐藏的微言大义。③他们也提出了这样的观点:《春秋》是一个微观世界,将这个世界运转所需要的基本道德法则和历史原则融为一体。

---

① 《史记》卷85·2510;华兹生,《记录》,秦:163。
② 华兹生,《早期中国文学》,第186—187页。
③ 乔治·肯尼迪(George Kennedy)已经证明这种类型的分析是假的,现代学者不再相信孔子修《春秋》。见乔治·肯尼迪《〈春秋〉的解释》,《美国东方学会杂志》62(1942),第40—48页。

这样解读《春秋》的杰出代表,是司马迁的老师董仲舒(约前179—前104),他总结《春秋》的作用如下:

> 《春秋》之道举往以明来,是故天下有物,视《春秋》所举与同比者,精微眇以存其意,通伦类以贯其理,天地之变,国家之事,粲然皆见,亡所遗矣。①

事实上,董仲舒发现,《春秋》中的微观世界是如此完整和令人满意,在他看来,《春秋》几乎取代了真实的世界。董仲舒被汉景帝任命为《春秋》博士之后,他垂帘给层次较高的学生讲授,这些学生再去教授其他学生,而这些学生中有一些人从来没看清过老师的脸。司马迁记载道:"盖三年董仲舒不观于舍园,其精如此。"② 很明显,《春秋》提供了一个很好的模型,在这个模型中,一个人无论是通过儒家的文本,还是通过自己的感官所接触到的世界,都是一样的。人们甚至可以更进一步指出,董仲舒垂帘的意义在于,经验的表面形式可能会分散人们对更深层的真实的注意力,这种真实在《春秋》中比在世界本身中更容易显现。

鉴于《春秋》的地位,如果司马迁再次尽力描述一下圣人最后生活的那段时期,会是一件非常有意义的事,但是司马迁仅仅

---

① 《汉书》卷27A:1331—1332;译文来自鲁惟一《中国人的生死观》,第86页,或杜希德与鲁惟一,《剑桥中国秦汉史》,卷1,第712页。

② 《史记》卷121·3127;华兹生,《记录》,汉2:368。

在《十二诸侯年表》中，以编年记的形式非常简单地记载了这一时期。在这个年表的序中，司马迁直接把他的努力放在了《春秋》的传统上。在叙述了春秋时代的政治混乱之后，司马迁继续说：

> 是以孔子明王道，干七十余君，莫能用，故西观周室，论史记旧闻，兴于鲁而次《春秋》，上记隐，下至哀之获麟，约其辞文，去其烦重，以制义法，王道备，人事浃。七十子之徒口受其传指，为有所刺讥褒讳挹损之文辞不可以书见也。鲁君子左丘明惧弟子人人异端，各安其意，失其真，故因孔子史记具论其语，成《左氏春秋》。铎椒为楚威王傅，为王不能尽观《春秋》，采取成败，卒四十章，为《铎氏微》。赵孝成王时，其相虞卿上采《春秋》，下观近势，亦著八篇，为《虞氏春秋》。吕不韦者，秦庄襄王相，亦上观尚古，删拾《春秋》，集六国时事，以为八览、六论、十二纪，为《吕氏春秋》。及如荀卿、孟子、公孙固、韩非之徒，各往往捃摭《春秋》之文以著书，不可胜纪。汉相张仓历谱五德，上大夫董仲舒推《春秋》义，颇著文焉。①

在这段文字中，司马迁找出了围绕着《春秋》出现的所有类型的著作。这些书，与《公羊传》《穀梁传》不同，不是严格意义上的关于《春秋》的评论。更确切地说，它们就是一些和《春秋》有

---

① 《史记》卷14·509—510；沙畹，《司马迁纪传》，3：18—20。

关的哲学著作，因为这些著作所涉及的是汉代理论家在儒家经典中寻找答案的相同类型的道德和社会问题，它们通过历史例证来论证观点。特别令人感兴趣的是，《春秋》大义变成了越来越小、越来越紧凑的概念。司马迁通过把《春秋》要点压缩到一个年表，胜过了其他各种版本，他在《十二诸侯年表》序中接着说：

> 太史公曰：儒者断其义，驰说者骋其辞，不务综其终始；历人取其年月，数家隆于神运，谱牒独记世谥，其辞略，欲一观诸要难。于是谱十二诸侯，自共和讫孔子，表见《春秋》《国语》学者所讥盛衰大指著于篇，为成学治古文者要删焉。①

尽管《十二诸侯年表》是司马迁模仿和改良《春秋》的大胆尝试，《史记》整体上基于《春秋》的结构，叙述的部分围绕年表的框架展开。早在唐代，刘知幾（661—721）就认为，《史记》列传解释的功能和本纪扩充的功能，就类似阐释儒家认同的《春秋》的传，但是表与本纪相比，更类似包含微言大义的《春秋》。②司马迁通过在《太史公自序》宣称《史记》的内容结束于公元前104年的获麟，就是故意将他的《史记》与孔子的《春秋》相提并论，他的《史记》将会"俟后世圣人君子"，他自己是历史的"转述者"，不是历史的"撰写者"。他宣称的第一点和最后一点是有问题的，

---

① 《史记》卷14·511；沙畹，《司马迁纪传》，3：20—21。
② 刘知幾著，浦起龙（1679—1762）通释，《史通通释》（上海：世界书局，1935），第10页。

我们将在第五章中叙述，它们有影射《春秋》的意思。然而，《史记》与《春秋》之间最重要的关联是，《史记》和《春秋》一样，是一个世界模型，这个模型代表了宇宙的结构，也是微观形式的人类历史总和。我认为，最初被称作"太史公书"的《史记》，更合适的名字可能是"司马春秋"。

在西方历史著作中，历史被历史学家的观念代替了，因为历史记述是如此的个性化和具体化，它们往往难以共存。例如，很难把所有关于哥伦布发现美洲的书拼凑成一部伟大的历史，因为这些书在阐释、选择和方法上存在很大的差异。或者就如路易斯·明克（Louis Mink）所说的，历史叙述通常不能很好地聚合在一起。[①] 司马迁编纂了一部更少确定性、较少个人色彩的史书，读者可以从中演绎出多种解读、建构多重因果关系。从西方人的视角看，《史记》叙述的历史是不确定的，但这种结构让它有特殊的功用。

第一，它在一定程度上保证了作者的安全。司马迁曾经谨慎地劝谏汉武帝，由此遭受了宫刑。通过写作一部几乎没有明显解释的历史，司马迁一定程度上可以推卸责任。在一些段落，司马迁暗示这是他关心的问题之一，通常情况下，他声称孔子和他之前的其他作者也曾采用对作者有利的隐讳的文风。例如，在《匈奴列传》末尾的"太史公曰"中，司马迁写道：

[①] 路易斯·明克（Louis Mink），《历史理解》（伊萨卡，纽约州：康奈尔大学出版社，1987），第196页。

> 太史公曰：孔氏著《春秋》，隐桓之间则章，至定哀之际则微，为其切当世之文而罔褒，忌讳之辞也。①

很明显，司马迁指的是他在《匈奴列传》结论中的历史写作方法，关于匈奴的话题，在汉武帝时代是一个敏感的政治话题。

我也相信，司马迁一定认为他的历史形式更符合历史，就像它真实发生的那样。历史本身是令人困惑和复杂的，所以，关于过去的叙述如果不是这样的话，就有理由相信它是不真实的。从司马迁个人评论中可以清楚地知道，他关心真实性，但是他对真实性的理解不是基于西方概念中的客观性。司马迁相信，宇宙运行过程中包含着道德模式，真实精准的历史就是要揭示出它们。而且，一个典型的历史学家不是一个中立的观察者，而是一个靠一己之力协调道德标准的人，是一个圣人。我稍后再讨论这个问题，但我们现在可以看到，司马迁并不想创作一部完整有序、统一的历史。对世界的叙述显示了它对世界控制的程度，秦始皇陵反映了极其有序、极其全面的微观世界。而且，就像这个陵墓，它也是令人难以忍受的傲慢自大的反映。

司马迁意识到了自己作为一个探索久远时代的历史学家的局限性。他并不确信他已经发现了所有的事实真相，或者说，他并不确信已经发现了所有有用的道德模式。《史记》是一个他的研究成果的汇集（即使它不是以这种方式呈现的），并以一种隐讳的方式排

---

① 《史记》卷110·2919；华兹生，《记录》，汉2：162。

列，但他从未打算把它作为对历史的明确的描述。他希望后世的史家能继续他的工作，进一步解开历史的疑团，确定因果关系、道德判断和其他方面的问题（尽管，对司马迁来说，这一切毫无意义）。在揭示宇宙模型方面，微观模型比理性分析更有效，因为有些东西是不能用语言表达的。一些联系是如此微小，以至于能逃脱历史学家的关注，而具备判断力的读者能在文本细微之处能发现它们。

问题是，《史记》不单是司马迁自己观点的汇集，即使司马迁在充分表达自己观点方面有所拘束，《史记》也不仅仅是一部等待被破译的代码。通过模仿宇宙，《史记》所包含的内容也远远超过司马迁想放在里面的。司马迁想发现历史规律，而不是创造它们，因为《史记》的内容有点儿独立于它们的作者，读者可以确信，他们感知到的就是历史自身所固有的，而不是历史学家思想的产物。

最后，司马迁《史记》的形式，强迫他的读者变成他们自己的历史学家。《史记》的读者，并不处于一个只能接受或拒绝作者的位置。他或她不得不前后联系和解释，与文本进行对话并形成一个试探性判断，在其他处遇到类似的材料时，这个判断可能需要修订；对于可能出现的差异和类似情况总是要保持警惕。事实上，最后一点或许是司马迁最大的贡献，因为他是一个读者—汇编者，和他所汇编的事实同样重要的是他所倡导的阅读方式。一本书的结构带给读者更多的是某种阅读类型，《史记》的结构不但要求而且描述了一种特殊的阅读模式，这种阅读模式构成了后世中国人试图理解世界的基础。

第三章　历史之网

《史记》整体来说是世界的微观模型这个观念，可能是有吸引力的，并且也有证据支持，但只有在这种解释形式最终能改变我们阅读《史记》的方式时，它才会产生重要作用。因为司马迁去世已经两千多年，任何关于他的意图的重建必须从有用的角度来评估，绝对的确定性是我们永远无法企及的。把《史记》作为一种世界模型迎合了这种需要，因为它纠正了一些西方读者在读《史记》时产生的不适和不平衡感。事实上，我们被迫重新定义读者和作者之间的关系。

西方读者对《史记》感到沮丧或困惑，部分是由于他们错位的预期。《史记》与西方绝大多数历史著作不同，它不是一个史学家关于他或她发现的内容的演讲稿，也不代表个人对历史的重建，而是历史自身的一个简要总结，它只在较小的程度上与真实的历史一样，它包含了不一致性和不确定性。在读《史记》的任何部分时，读者都必须做好去推断的准备，并在一定程度上坚持怀疑精神。对西方读者来说，这些技巧并不陌生，但它们在不同程度上适用于不同的对象。在接下来的部分,我们将分别论述这些问题。

历史之网

在《史记》中,司马迁并不会经常清晰地揭示历史事件之间的联系,他以富于启发性的方式将史料排列在一起,如下面这段《鲁周公世家》:

> 惠公三十年(前739年),晋人弑其君昭侯。四十五年,晋人又杀其君孝侯。
>
> 四十六年,惠公卒,长庶子息摄当国,行君事,是为隐公。初,惠公嫡夫人无子,公贱妾声子生子息。息长,为娶于宋。宋女至而好,惠公夺而自妻之。生子允。登宋女为夫人,以允为太子。及惠公卒,为允少故,鲁人共令息摄政,不言即位。
>
> 隐公五年,观渔于棠。八年,与郑易天子之太山之邑祊及许田,君子讥之。
>
> 十一年冬,公子挥谄谓隐公曰:"百姓便君,君其遂立。吾请为君杀子允,君以我为相。"隐公曰:"有先君命。吾为允少,故摄代。今允长矣,吾方营菟裘之地而老焉,以授子允政。"挥惧子允闻而反诛之,乃反谮隐公于子允曰:"隐公欲遂立,去子,子其图之。请为子杀隐公。"公子允许诺。十一月,隐公祭钟巫,斋于社圃,馆于蒍氏。挥使人弑隐公于蒍氏,而立子

允为君，是为桓公。①

读到这里，读者一定要停下来问自己，隐公为什么会被刺杀？很显然，一个摄政国君、一个即将成年的不择手段的王储和怀有邪恶野心的公子挥，三者的结合直接导致了谋杀，但是，这段叙述还包含了其他一些引人注意的细节。在第一段中引用了两个晋国国君被谋杀的例子，仅仅是为了协调不同国家的编年记事吗？或者这些事件是解释的一部分吗？司马迁是想暗示中国进入了一个弑君变得普通得不能再普通的时代了吗？他是在暗示晋国案例或多或少地激发了鲁国出现的弑君事件吗？

同样，我们必须思考隐公五年观渔于棠和隐公八年交换领土的叙述。虽然这篇叙述中所引用的材料类似西方中世纪时代的简单的编年记载，但实际上它们是截然不同的史学传统的产物，这是一种基于《春秋》和它的评论的传统。贯穿整部《史记》，都有一种道德分析的冲动。以我们的正义感为标准，人们要么得到应得的好运或恶果，要么所做与所得并不匹配。可能看似奇怪，但第二种情况会引起另一种类型的阅读的享受——与同样有不公平遭遇的人感同身受。司马迁在叙述中选择的细节并不是随意的，它们通常与传统的行为和判断准则相联系。《史记》提供了一种世界模型，但是这个世界是按照《春秋》的"礼"来塑造的，因此，

---

① 《史记》卷33·1528—1529；沙畹，《司马迁纪传》，4：106—108。

《史记》并不是一个完全独立的叙述体系。

当司马迁提到观鱼于棠和交换领土时，他正是在借鉴《春秋》和它的评论，因此，为了弄清他引用这些材料想表达什么样的意思，我们必须从材料来源处着手。这显然是司马迁的意图，尽管我们的历史学家指出"君子讥之"，《史记》中却没有一处提到指责的细节。在这个场合下，"君子"似乎就是《春秋》的众多评论员中的一个，这些评论员的评论被记录在标准的评论中——《穀梁传》《公羊传》和《左传》（《左传》中经常用"君子曰"引入具体的道德解释[1]）。这些评论都一致谴责这次行动。他们宣称，诸侯没有权力交易天子分封给他们的土地，郑国这么做的目的就是不想履行在原来封地上承担的祭祀义务。[2] 当《左传》记载隐公观鱼时，引用了臧僖伯一段冗长的批评，臧僖伯指责隐公忽略了他在所有与自然界互动中证明礼的正确性的职责。[3] 司马迁没有提到这次批评。他简单地认为他的读者（或者至少是他的有才能的读者）会知道这个故事，会承认隐公的行为违反礼制。

接下来，我们如何理解隐公遇刺？他周围那些本应忠诚于他的人经常背叛他（这里我不得不提到周公，他也出现在这篇世家

---

[1] 《左传》中的这种设置可能激发了司马迁在《史记》卷末自己的"太史公曰"，但司马迁无疑是第一个以自己的声音持续提供简短评论的人。

[2] 《左传》《穀梁传》《公羊传》，隐公，8·2, 3；桓公，1·4。对这些评论，我引用了《春秋经传引得》中的文字。洪业（William Hung）编，《哈佛燕京学社汉学引得丛刊》第11号（北京：哈佛—燕京，1937；上海：上海古籍出版社1983，重印）。见理雅各译《春秋左传》，《中国经典》卷5（牛津：牛津大学出版社，1872；台湾重印），第25—26页。

[3] 《左传》，隐公，5·1；理雅各译，《春秋左传》，第18—19页。

中，他是摄政者中的一个典范，忠诚于他年轻的君主），他是一个长期遭受不幸的人？或者，他伪装有这样的美德，他真实的本性在他不断违反礼制的过程中已经被揭示出来了？最后，还是因为他掌权太久，而摄政者不应该这样？司马迁让我们自己从中得出结论，我们的意见将建立在我们选择强调的特定的对应和相似的集合之上。

我们可以用两种不同的方式来描述《史记》所要求的互动式阅读，每一种在儒家经典的主要文本中都有先例。首先，阅读《史记》，就像在读充满暗喻的诗歌。事件被并排罗列，要由读者去识别它们之间的联系、相似和差异之处，并从这些角度来构建作为整体的事件的道德意义。正如《诗经》中充斥的"性"的意向，它们也需要和与之为邻的人类情境相结合，读者必须把《史记》中各种行为和事件联系起来。① 司马迁故意让他的历史不是完全统一的，部分原因是出于自我保护（他有充分的证据证明在汉武帝宫廷中诚实和充分地披露一切会有怎样的后果），部分原因是司马迁想迫使他的读者自己成为历史学家，从而将那些能够欣赏他的努力的人与其他人区分开来。《论语》也需要类似的阅读模式，我们必须从简短的、断断续续的格言中提炼出连贯的哲学和

---

① 根据郝大维（David L. Hall）与安乐哲的观点，儒家阅读《诗经》，学习传统价值观，提高审美敏感度，并从中获取了解世界的工作词汇。他们认为，文本的含糊不清是因为他们创造性地试图将古代诗歌应用于他们自己的时代和情境，从而迫使读者进行更深入的反思。见郝大维与安乐哲《通过孔子思考》（奥尔巴尼：纽约州立大学出版社，1987），第63—65页。

生活方式。① 再一次，这种表述方式是有意为之的。正如孔子所说："不愤不启，不悱不发，举一隅不以三隅反，则不复也。"②

　　匹配分散的事件在道德和历史上的相关性，是我们需要的第二种阅读技能，即识别事件所属的更广泛、更抽象的类别。我们可以把这种心理训练看作是提喻法的一种形式，由部分联想到全部。在中国传统中，相较于《诗经》，这种阅读方式与《易》的关联更多一些。人类活动被认为是《易》六十四卦中的一种，六十四卦从"乾"（第一卦）到"未济"（第六十四卦）。与之类似，汉代学者设计了一系列模式，将人类社会和自然界现象与金木水火土阴阳五行转换联系在一起。③ 司马迁作为宫廷占星家的官方职责就包括天文观测、制定历法和占卜，他可以专业地识别模式和周期。在他那个时代，这类分析被董仲舒等著名学者应用于《春秋》，在《太史公自序》中，司马迁总结这些观点如下：

　　　　拨乱世反之正，莫近于《春秋》。《春秋》文成数万，其指数千。万物之散聚皆在《春秋》。《春秋》之中，弑君三十六，亡国五十二，诸侯奔走不得保其社稷者不可胜数。察

---

① 宇文所安呼吁关注有意碎片化的《论语》与中国古典诗学之间的联系。见宇文所安《追忆：中国古典文学中的往事再现》（剑桥，马萨诸塞州：哈佛大学出版社，1986），第68—69页。

② 《论语》7·8。译文来自狄培理、陈荣捷与华兹生编《中国传统资料选编》（纽约：哥伦比亚大学出版社，1960），第26页。

③ 见狄培理编《中国传统资料选编》，第207—220页；鲁惟一《中国人的生死观》，第38—47页；韩德森《中国宇宙学的发展与衰落》（纽约：哥伦比亚大学出版社，1960），第22—28页。

其所以，皆失其本已。故《易》曰"失之毫厘，差以千里"。故曰"臣弑君，子弑父，非一旦一夕之故也，其渐久矣"。故有国者不可以不知《春秋》。①

在这里，我们发现道德阐释、政治功用和我们称作"类别阅读"的重要性。

要求读者具备联系和分类能力的研读模式在《春秋》权威评论中得到了体现，这些评论试图从每一个措辞或选择的细微差别中获得意义（如《公羊传》和《穀梁传》），或者从冗长而又支离破碎的道德解释的因果链中获得意义（如《左传》）。这些评论模式是一种过度解读，一种被认为是在事件表面之下的道德意义的抓取。虽然它们对细节无休无止、前后矛盾的解释在今天看来是牵强的，但它们确实展示了司马迁熟悉的阅读方式，而他也知道那些能够阅读他史书的人很可能是这种互动艺术的忠实实践者。事实上，司马迁关于《春秋》评论的许多不经意的评价，都表明他希望他的读者能非常熟悉这些评论。

因此，《史记》中最具创新的一卷是《十二诸侯年表》，它以表格的形式列出了春秋时期的主要历史事件。在这里，司马迁使用了非常类似《春秋》的形式来叙述《春秋》中记载的事件。换句话说，司马迁的记载就是孔子记载的竞争者。展示这样的历史，司马迁所做的远远超过他父亲的期望，他父亲仅仅希望他能接续

---

① 《史记》卷130·3296；华兹生，《大史家》，第50页。

《春秋》，而且事实上，后世很少有史家能像司马迁这样大胆。即使是完成了一部1362年的中国古代编年史的宋朝史学家司马光（1019—1086），他的《资治通鉴》也只是从公元前403年开始，那正是《春秋》终止的时间。

在改写儒家经典的过程中，司马迁关注的焦点也转移了。早期的评论者首先在《春秋》使用的语言、特殊的标题或特定的术语中寻找意义。而《史记》的年表似乎有意避开了那些被认为是《春秋》所特有的语言代码和神秘意义。与《春秋》不同，《史记》年表使用普通的语言做简洁、直接的陈述，解释的重点已经转移到选择、并列及与其他卷次叙述的关联上。

幸运的是，司马迁不仅要求他的读者去关联，他还展示了如何做到这一点。这里，我们还要回到这一章开始时我们提到的隐公，详细分析一下司马迁是如何转换《春秋》和他最依赖的《左传》中的材料的。司马迁的叙述要求读者记住大量支离破碎的证据（对于那些已经熟悉《春秋》文学风格的人来说，这是一件容易完成的任务）并找出它们之间的关联，但是读者读到以下这些复杂的材料时应牢记，司马迁的叙述比他的材料来源更容易理解和评估。他只为我们做了一部分工作，不是全部。

我们从《春秋》所记载的三十六次"弑君"中的第一次开始。隐公四年（公元前719年），《春秋》七条记载中的六条与卫国的叛乱及结果有关：戊申，卫州吁弑其君完；夏，公及宋公遇于清；宋公、陈侯、蔡人、卫人伐郑；秋，翬帅师会宋公、陈侯、蔡人、卫人伐郑；九月，卫人杀州吁于濮；冬十有二月，卫人立晋。通常，《春秋》的条目简洁且隐晦，而《左传》通过提供延伸的材料来解释这些圣贤的记载，为这些事件提供背景叙述，并让读者将这些事件关联起来。①

通过《左传》中附加在这些人物上的各种注释，和前一年一条未关联的注释，我们知道州吁和完是同父异母的兄弟，虽然完很有可能成为继承人（尽管他不是正妻的孩子），而州吁从他父亲卫庄公那里得到了很多帮助。卫国大臣石碏曾告诫卫庄公，对州吁的帮助会带来灾难。但卫庄公拒绝了石碏的建议，而且石碏的儿子与州吁勾结在了一起。最后，卫庄公死去，完成为卫国的国君，这让州吁充满沮丧和怨恨。

当州吁最终刺杀了完，鲁隐公和宋国举行了一次紧急会议，然后，州吁劝说宋国、蔡国和陈国同他一起攻打郑国。州吁试图报之前郑国攻打卫国之仇，赢得国内人民的支持；而宋殇公是为了清除他的竞争对手公子冯，后者逃到了郑国。我们还了解到，鲁国的一个官员曾预言州吁的暴力倾向会招致失败命运。根据《左传》，这或许就是鲁隐公拒绝了翚将军参与攻打郑国的原因。然而，翚将军率军参加了州吁的行动（几年后，当他刺杀鲁隐公时，他的谋反被证实，而且他就是那个本章开头我们提到的公子挥）。

与郑国的战争，并未让州吁得到卫国人民的支持，当他的朋

---

① 译文见理雅各《春秋左传》，第 14—17 页。

友石厚向他父亲（就是石碏，曾告诫卫庄公的大臣）征询意见时，石碏建议他们逃亡陈国。州吁和石厚便出逃陈国。与此同时，石碏在陈国安排抓捕了州吁和石厚，并处死了他们。《左传》称赞石碏忠于国家而牺牲自己的儿子。这个评论是用常用的"君子曰"来介绍的。

至少在当前形式中，《左传》是关于《春秋》的注释。它为《春秋》中的记录提供关联和解释的信息。而且，偶尔地，它也会更正《春秋》中的记载。例如，《春秋》记载州吁是被卫国人杀死的，而《左传》记载更清楚——卫国的人到陈国对州吁和石厚执行了处罚。

在《史记·十二诸侯年表》中，事情的主线被描述如下：

> 公元前741年，卫："爱妾子州吁，州吁好兵"。
> 公元前735年，卫："夫人无子，桓公立"。
> 公元前734年，卫："桓公完元年"。
> 公元前733年，卫："弟州吁骄。桓公黜之，出奔"。
> 公元前719年，卫："州吁弑公，自立"。
> 公元前719年，陈："卫石碏来告，故执州吁"。
> 公元前718年，卫："卫宣公晋元年共立之。讨州吁"。

这个记载顺序基本概括了州吁的故事，与《左传》的记载大体上吻合。具体而言，《十二诸侯年表》反映了《左传》中的信息，甚至引用了《左传》的措辞，它告诉我们，州吁"好兵"、夫人"无子"和石碏"来告"导致州吁在陈国被抓。但是,司马迁的叙述忽略了《左传》中最突出的国家间的冲突和卫庄公拒绝石碏的告诫。

然而,就是在《十二诸侯年表》中,我们第一次知道卫桓公即位后不久,州吁被贬职了。①《史记·十二诸侯年表》既缩略也增加了《左传》的记载,又对《左传》进行了补正,司马迁将州吁被处死放在公元前718年,而不是如《左传》和《春秋》中的公元前719年,而且《史记》将《左传》中仅两年的内容扩展到23年的一个时段中。②这很重要,因为正如我们前面提到的:"臣弑君,子弑父,非一旦一夕之故也,其渐久矣。"

长期以来,中国评论者认为《史记》的形式和《春秋》及其传有关,因为"传"这个字和司马迁使用的"列传"的"传"是相同的。③如果《十二诸侯年表》为我们提供了一个类似《春秋》的叙事,那么到卷37《卫康叔世家》,我们就不得不依靠《史记》的解说了。在这里,我们发现州吁的故事叙述得更为详细。故事以对《左传》叙述的转述开始,但《史记》提到,当卫庄公任命州吁为将军时,石碏就曾劝诫,石碏劝诫的文本与《左传》有很大差异。《史记》中关于州吁被降职和出逃的叙述很简略,他和

---

① 梁玉绳对《春秋》及三传中未记录这条信息表示惊讶。梁玉绳,《史记志疑》,1:312。
② 这种现象不仅仅是因为这些事件发生在春秋时期之前。这个表不断分解和扩展《左传》中脱离时间顺序发生的故事。见鎌田正(Kamada Tadashi)的《左传的成立和其的展开》(东京:大修馆书店,1963),第248—251页。
③ 刘知幾、浦起龙,《史通通释》(上海:世界书局,1935),第10页。

公子段结盟，公子段是郑国的公子，他因为一次政变未遂而出逃（我们将在后面提到这个人）。州吁从卫国招募了一些心怀不满的人聚集在他身边，暗杀了卫国国君，并自立为卫国国君。他邀请宋国、陈国和蔡国一起攻打郑国，为他的同盟公子段报仇（这里提到的动机与《左传》中提到的动机完全不同）。

《卫康叔世家》接着写道，石碏假意与州吁交好，秘密谋求为卫桓公报仇。他到郑国郊外，与陈国国君密谋。他派遣右宰醜给州吁提供食物，在濮这个地方杀了州吁。然后，石碏将卫桓公的弟弟晋请回卫国，拥立晋为卫国国君，这就是卫宣公。《卫康叔世家》中的这些记载与《左传》和《十二诸侯年表》（例如，《十二诸侯年表》中并未提到州吁被捕，是石碏而不是卫国人民拥立晋为卫国国君）就有所不同[①]。

《左传》对《春秋》的补充、联系和解释，也体现在《史记》叙事对表中信息的解释上。这样，《史记》就采用了汉代学术界流行的经典/评论模式，以及它所提倡的注重细节、互动的阅读方式。此外，由于司马迁既重述又修正了他的史料，整部《史记》可以被看作经典的一个复杂的、扩展的注释。但这不是整个故事，因为州吁的篡权也出现在《史记》其他卷中。

在《宋微子世家》中，我们看到：

[①] 《史记》卷37·1592；沙畹，《司马迁纪传》，4：193—195。

殇公元年（前 719 年），卫公子州吁弑其君完自立，欲得诸侯，使告于宋曰："冯在郑，必为乱，可与我伐之。"宋许之，与伐郑，至东门而还。二年，郑伐宋，以报东门之役。①

在《郑世家》，我们看到同样的故事："二十五年，卫州吁弑其君桓公自立，与宋伐郑，以冯故也。"② 需要注意的是，这篇关于卫的动机和宋对郑的进攻的描述，与《卫康叔世家》中的说法不同，但与《左传》的说法是一致的。

我们如何看待这一切？各种《史记》版本是自相矛盾的？我不确定它们是否完全矛盾，但司马迁所掌握的——他的历史创新的结构表现得如此之好——同样的事件在不同的背景下可能有不同的含义，人们往往对单个的行为有着多重的意图。司马迁不断地将因果关系和历史事实结合起来，努力去发现事件背后的意义，假如历史的原始资料为此类解释工作提供了一个成熟的领域，《史记》本身也是如此，人们可以从一个精心设计的模型中得到预期的收获。《史记》的结构和它的信息被分割成不同但相互重叠的卷，这就要求读者能找出它们的关联，并理解其意义。关键的问题是，为什么不同的细节会出现在某些卷中，而不会出现在其他卷中。

在《卫康叔世家》中，州吁篡权被缩减为一个关于混淆继承人排序的危险的警示故事。卫庄公对州吁的偏爱超过了指定的继

---

① 《史记》卷 38 · 1623；沙畹，《司马迁纪传》，4：234。
② 《史记》卷 42 · 1760；沙畹，《司马迁纪传》，4：445。

承人,又拒绝好的建议,最后让国家遭受灾难。① 这个观点适用于这个特定历时时期,因为卫国的历史充斥着公室之间的篡权,这种篡权的局面在孔子时代达到高潮——父亲对自己的儿子发动政变(孔子的弟子子路在这次政变中被杀害)。在本卷的总结性评论中,司马迁引用了一个案例,在这个案例中,兄弟以恰当的尊重和忠诚行事,然后司马迁说:"或父子相杀,兄弟相灭,亦独何哉?"② 司马迁的提问表达了他的厌恶,因为这一卷中提供了好几个这样的案例。

同样地,在《宋微子世家》中,州吁的故事很符合郑国与公子冯之间一直存在的问题,在《郑世家》中,这个故事在郑国与周王室交恶这个更广阔的叙述中占据次要位置。周王朝有很多问题;州吁杀了国君;更多与周王之间的冲突随之而来(这次冲突导致了与鲁国的领土交换);宋国的官员华督谋杀了国君;与周王室的紧张关系加剧;然后,郑国的军队差点杀了周王,那可是天子。③

在每一卷中,司马迁都以略微不同的角度呈现事件,值得注

---

① 当我们将司马迁的叙述与《左传》原文进行对比时,这个教训尤为明显。司马迁不仅省略了大部分外部材料,而且在《左传》中,官方继承人也尚未正式任命。见梁玉绳《史记志疑》,2:933。

② 《史记》卷37·1605;沙畹,《司马迁纪传》,4:213。

③ 但是,这种分析存在限制。在《史记》的《陈杞世家》中再次提到州吁:"桓公二十三年,鲁隐公初立。二十六年,卫杀其君州吁。三十三年,鲁弑其君隐公。"《史记》卷36·1576。

不知道为什么司马迁将州吁合理地被处死与春秋时期最臭名昭著的暗杀之一联系在一起。正如梁玉绳指出的那样,"背于《春秋》书名之义矣"。梁玉绳,《史记志疑》,2:915。

意的是，这些编辑取舍都反映了他自己的目的。它们不是事件本身或史料来源所强加的。例如，他仍然能沿用《左传》的叙述，通过强调不同的事实，将州吁的故事转化为对石碏和春秋时期亟需的忠诚的赞美。

这一切都很混乱，让我们重新回到《十二诸侯年表》。如果我们看看州吁刺杀他的国君的前后那几年（除了元年的宣告），我们会看到：

公元前 722 年，郑："段作乱，奔"。
公元前 721 年，郑："公悔，思母，不见，穿地相见"（这是段的故事的延续）。
公元前 720 年，鲁："二月，日蚀"。
公元前 720 年，宋："公属孔父立殇公，冯奔郑"。
公元前 719 年，卫："州吁弑公自立"。
公元前 719 年，陈："卫石碏来告，故执州吁"。
公元前 718 年，宋："郑伐我。我伐郑"。
公元前 718 年，卫："卫宣公晋元年共立之。讨州吁"。

这些简短的叙述是对《春秋》和《左传》中信息的综合和提炼。经过大幅度的编辑，司马迁强调他所看到的是春秋时期的推动力——适当的家庭关系和对统治者的尊重，或缺乏这种关系。在《十二诸侯年表》中，司马迁无保留地评论什么是最重要的，他既减少也加强了《左传》中的叙述。《十二诸侯年表》本身有点儿隐晦，直到读者看到相关世家中的解释，才会发现这些事件虽然表面上无关联，但事实上紧密相关。公子段和公子冯、宋国和郑国的敌对势力、郑国和周王室紧张关系的加剧，《史记》多个卷中的这些内容都与州吁篡权有关（如果司马迁觉得日蚀也与此有关，那是他从汉代思想另一个源泉吸收的经验：日蚀通常被认为是即将到来的灾祸的预兆）。

但是，就像《春秋》高于它的传，《十二诸侯年表》也是高于相关世家。世家只是显示了直接的因果关系，而年表揭示了一系列的联系。通过形象的编年记载，年表以隐晦的方式提供了一个更广阔的历史背景——包括横向（国内）和纵向（国际）的因果关系。虽然一些暗含的联系可以从叙述中获取，但更多的联系仅仅从表自身的布局上就能被捕获。

这些年表提供了人类历史的"上帝视角"，并且还有一个额外的优势，读者可以进入一个时间片段，就像它在眼前一般。叙述也能将读者带回过去，但只有在叙述者的陪伴下才能实现；对于想要探险的人来说，叙述过于聚焦，而且因果线编织得太紧密了。相反地，表是鼓励读者绘制自己路径的地图，并且我们被邀请在建立联系和分类方面发挥积极作用。年表是司马迁宇宙观的缩影。

《史记》整体而言是一个世界的模型，或者是对经典呈现出来的世界的评论（这两个类比都具有解释的功能），因此，《史记》中的叙述也解释了更具普遍性、更具联想性、更具世界性的表。《史记》将世界（和经典）浓缩成了让世人更容易理解的形式，司马迁甚至展示了他希望与读者进行互动式阅读的要求，但是最后，他理解世界的工程却是故意没有闭合。读者被迫自己去进行历史判断，而不是仅仅对司马迁的叙述简单地表示同意或反对。

多重叙述

如果《史记》的读者需要对历史事件形成自己的解释，他们也会被《史记》的形式所告诫，对任何一次事件的重建都要持怀疑态度。在西方，历史学家会对真实发生的事件提供他或她最恰当的评价，与此不同，司马迁往往提供同一事件的几个版本。这些版本可能只是稍有不同；它们或许是由读者组装在一起的部分的叙述；或者它们实际上是不一致的故事，但读者经常被警告，关于历史没有任何一个版本是完整的或绝对可靠的。读者被要求比较和评估重叠的叙述，就像他们必须对个体的事实进行关联和分类。

这种历史模式与西方的史学传统形成鲜明对比。尽管多重叙述在西方学界并不陌生，但它们主要被如威廉·福克纳或米兰·昆德拉等小说家用于表达对同一事件的不同主观感受（这种模式在电影中被运用得最著名的是《罗生门》）。① 正如汉斯·凯尔纳（Hans Kellner）所说："历史散文的修辞力通常取决于单一的

---

① 吉奈特（Gérard Genette），《叙事话语》（伊萨卡，纽约州：康奈尔大学出版社，1980），第 115—116、190 页。

解决方案，真实地呈现过去，而不是在一个历史叙述中出现多种相互竞争的版本。"① 然而，司马迁有时就一丝不苟地这样做。

例如，在《陈丞相世家》中，我们得知汉文帝登基后，陈平（死于前 178 年）就将右丞相让于周勃（死于前 169 年）。不久之后，新的右丞相周勃因无法回答皇帝关于帝国管理的具体问题而非常羞愧。最后，陈平出面解释了丞相的基本职责。司马迁继续写道："于是绛侯自知其能不如平远矣。居顷之，绛侯谢病请免相，陈平专为一丞相。"② 通过将这两句话并列在一起，司马迁暗示了一种明确的因果关系。

在《绛侯周勃世家》中，我们看到汉文帝登基之后，任命周勃为右丞相（没有提到陈平的辞职），大约一个月之后，有人向周勃指出，他的意外好运可能会招致灾祸（因为在中国思想中，福兮祸之所倚）。司马迁接着写道："勃惧，亦自危，乃谢请归相印。上许之。岁余，丞相平卒，上复以勃为丞相。"③

这两条叙述完全不同。在第一条中，陈平是英雄，而第二条的焦点在周勃身上。最大的差异是周勃辞去丞相的确切原因。是周勃认识到对手能力比自己强，还是因为周勃害怕命运的钟摆摇摆不定？或者两者兼而有之？司马迁没有说明，而且，他似乎并

---

① 汉斯·凯尔纳（Hans Kellner），《语言和历史表征》（麦迪逊：威斯康星大学出版社，1989），第 45 页（他的重点）。
② 《史记》卷 56·2062。更多细节请参阅华兹生译《记录》，汉 1：126—127。
③ 《史记》卷 57·2072。华兹生，《记录》，汉 1：373。

没有因为提供了其他版本而尴尬，两种版本还是出现在连续的两卷中。司马迁或许熟悉这个故事的两个矛盾的版本，或许他在不同背景下强调了决定的不同方面，但有一点是显而易见的，那就是司马迁为同一个事件探寻了两条不同的因果线。同样重要的是，他没有试图将二者结合起来，也没有试图平衡二者之间的关系。显然，每一个版本都独立地构成一个充分的因果关系。这意味着司马迁认为历史是一个丰富的多方面的事实综合体，对于同样的事件可以找到不同但同样有效的含义，这取决于叙述的背景。换句话说，司马迁似乎意识到，同样的事件可以以不同的方式铺排。

关于多重叙述更突出的例子是魏豹在约公元前205年叛逃的五个版本。我将研究这些叙述，然后提出一些猜测，即为什么司马迁选择把他的历史构建在支离破碎的、重叠的卷中，致使这些卷出现了如此多不同版本的叙述。

魏豹是魏国贵族，项羽起兵反秦，魏豹加入了项羽的队伍，公元前206年被项羽分封为西魏王。然而，之后不久，魏豹与汉高祖结盟，汉高祖是项羽战场上的对手，而且在一个关键时刻，魏豹再次叛变——他要求汉高祖准许他回家探望生病的父母，但当他回到封国后，立即封锁黄河边上的关口，恢复了与项羽的关系。正是他的第二次叛变提供了多重叙述的鲜明例证。这件事在《史记》的九卷中被提到（卷8/16/18/22/49/54/55/90/92），并且在四卷中有详细叙述。魏豹叛乱的基本线索似乎足够清楚，但在每段叙述中，他叛乱的动机都不同，这在《史记》中是很典型的，动机通常是通过叙述而不是史家直接的评论来说明。

版本 1 来自《魏豹彭越列传》：

> 汉王还定三秦，渡临晋，魏王豹以国属焉，遂从击楚于彭城。汉败，还至荥阳，豹请归视亲病，至国，即绝河津畔汉。

在这段叙述中，一次重大的失败导致魏豹重新考虑他同汉高祖的同盟关系，尽管这种动机似乎是政治上的算计，但当汉高祖派遣使者试图劝阻魏豹重新归顺项羽时，另一个原因被揭示出来。魏豹拒绝了汉高祖，他说：

> 人生一世间，如白驹过隙耳。今汉王慢而侮人，骂詈诸侯群臣如骂奴耳，非有上下礼节也，吾不忍复见也。①

显然，我们早前的评论中必须加入个人的仇恨。

版本 2 来自《高祖本纪》："（二年）三月，汉王从临晋渡，魏王豹将兵从。"然后接着叙述汉高祖在河内和彭城的胜利，以及后来在彭城战役中的惨败。"当是时，诸侯见楚强汉败，还皆去汉复为楚。"汉高祖随后重组他的军队，赢得更多的盟友，击败章邯，命令祠官祭祀天地，招募更多的士兵，最后在荥阳附近击败楚军。刚好在这个节点，我们再次听到魏豹的消息："三年，魏王

---

① 《史记》卷 90·2590；华兹生，《记录》，汉 1：148。

豹谒归视亲疾，至即绝河津，反为楚。"①

扩展的背景改变了魏豹叛变的故事。我们了解到在彭城战败之前，魏豹的军队和汉高祖的军队共同经历了一连串的胜利，我们或许会质疑这些胜利是否值得魏豹更多的忠诚。更重要的是，版本 1 中，汉高祖势力衰弱时，魏豹反叛；版本 2 中，汉高祖势力大增时，魏豹抛弃了汉高祖。这个时机或许表明了魏豹的原则立场（背叛绝望的人从来都是不体面的），但我相信，在这一卷中，魏豹的叛变似乎没有太正当的理由，也更加危险，因为他背叛的这个人，奇迹般地恢复了实力，表明上天已经选定他为下一个皇帝。

对天地祭祀的引用支持了这种解释，司马迁认为这些祭祀是神恩惠的神奇迹象，事实上，这些祭祀活动在《史记》的《封禅书》中有详细的记载。②这一段记载中没有提到汉高祖的可憎——这不奇怪，因为司马迁经常在传主自己的传记中以最有利的视角去刻画他们③——但当将版本 1 和版本 2 结合起来读的时候，我猜司马迁是想让读者看到，魏豹被自己的小气误导，去反对上天所垂怜的人。当然，后面发生的事情证实了这一点（汉高祖建立了汉朝，而魏豹不光彩地死掉了）。

版本 3 来自《外戚世家》：

---

① 《史记》卷 8·370—372；华兹生，《记录》，汉 1：67—69。
② 《史记》卷 28·1378；华兹生，《记录》，汉 2：18—19。这些祭祀也出现在《史记》卷 26·1260。
③ 见华兹生《大史家》，第 96—98 页。他遵循苏洵对《史记》叙事的经典分析。

> 及诸侯畔秦，魏豹立为魏王，而魏媪（王室成员）内其女于魏宫。媪之许负所相（算命的一种），相薄姬，云当生天子（皇帝）。是时项羽方与汉王相距荥阳（高祖在彭城战败，在荥阳附近取得一次胜利，但是未能乘胜扩大优势），天下未有所定。豹初与汉击楚，及闻许负言，心独喜，因背汉而畔，中立，更与楚连和。①

仅是为了记录薄姬最后嫁给了汉高祖，生下了后来的汉文帝。

当版本2的叙述让魏豹的反叛显得毫无理由和反常时，这里提供了一个特殊的动机。魏豹保持中立，他希望汉高祖和项羽相互争斗，直到他的妻子生下一个未来的皇帝，这也暗示着魏豹自己想要成为中国的主宰。

版本4出自《淮阴侯列传》。汉高祖派韩信去攻打不与他合作的魏豹。这条记载描述了汉高祖在彭城的战败和后来在荥阳的胜利，然后按时间顺序回顾了一下，写道：

> 汉之败却彭城，塞王欣、翟王翳亡汉降楚，齐、赵亦反汉与楚和。（汉二年）六月，魏王豹谒归视亲疾，至国，即绝河关反汉，与楚约和。②

---

① 《史记》卷49·1970；华兹生，《记录》，汉1：325—326。"畔"这个字似乎与中立的立场相关，读者应该注意到《汉书》中相同文本中没有用"叛"。见《汉书》卷97A：3941。
② 《史记》卷92·2613；华兹生，《记录》，汉1：167—168。

这个说法使得魏豹叛变成为版本 2 中所提到的总的趋势的一部分，而年代上的差异（汉二年对汉三年）表明魏豹在汉高祖荥阳胜利之前已经叛逃了。

版本 5 出自《秦楚之际月表》。这个表中并未提供关于魏豹叛变的记载，但是它记载汉高祖彭城战败是在汉高祖二年四月，魏豹反叛是在五月，没有提到魏豹介入的胜利，也没有提到其他叛王。① 这条记载支持了版本 1 和版本 4 的时间点，这两个版本都假定魏豹是在彭城战败之后立刻叛变的（尽管确切的时间和版本 4 相差一个月），这条记载降低了版本 3 中魏豹是在汉高祖三年叛变的可信度（然而，《史记》中另外两条材料支持这个时间）。②

这个表记载魏豹在汉二年三月向汉高祖投降，加入汉高祖的队伍，由此提供了一个新的版本。之前所有的版本都暗示，魏豹同汉高祖结盟是自愿的，但这里，读者会被提醒，魏豹叛变有试图摆脱被胁迫的目的，这种胁迫关系最多也只维持了三个月。魏豹真的曾效忠汉高祖吗？还是因为失败被迫改变立场，然后在第一时间就恢复了对项羽的支持？

如果我们转向司马迁的个人评论，以试图获得确定信息、解释或信息来源，我们将会失望，因为司马迁关于魏豹唯一的评论

---

① 《史记》卷 16 · 786—787。

② 《史记》卷 22 · 1119 和卷 54 · 2026（虽然在中华书局的版本中年份被更正为"二"）。请注意，《史记》卷 18 · 946 也记录了魏豹在第二年的五月叛逃。

出现在《魏豹彭越列传》篇末的"太史公曰",司马迁提到魏豹、彭越两个人身陷险境时都未选择自杀。① 司马迁认为这是因为魏豹和彭越"智略绝人","怀叛逆之意"。因此,魏豹叛逆狡猾的性格或许是他背叛汉高祖的另一个因素。

通过对这五个版本和一条司马迁个人评论的分析,关于魏豹叛变的几种解释已经提出。那么,我们应该如何看待这些解释呢?魏豹叛变是因为(1)政治考量?(2)对汉高祖的个人憎恨?(3)拒绝承认一个未来皇帝表现出来的执迷不悟?(4)误解了预言?(5)反叛联盟的扩散?(6)逃脱武力胁迫结盟的欲望?(7)他的反叛和狡猾的性格?

一如既往,司马迁并未比较或批判性评价这些动机,他只是把这些不同的故事联系起来。请注意,司马迁并未提供他特有的对同一事件的不同主观印象的叙述,他也没有如希罗多德一样明确地记录不同的传统。相反地,司马迁以《史记》所特有的支离破碎、毫无人情味的客观的叙述,记载了单独的、完全不同的故事。②

但是,读者或许会质疑,魏豹叛变的真实原因究竟是什么?或者每一条叙述都提供了一部分真相?不幸的是,尽管这些动机中的一些可以被看成是部分原因,但它们都不能被很好地结合在

---

① 《史记》卷 90·2595;华兹生,《记录》,汉 1:152。
② 我们可能会认为这些矛盾中至少有一些是由于司马迁过于关注不同来源的史料。当历史学家简单地将早期叙述拼凑在一起时,就会出现这种差异。遗憾的是,我们对司马迁的汉代史料来源没有足够的了解以判断这一假设。我倾向于相信,随着司马迁的历史接近他的时代,他的创作越来越多。

一起，因为其中几个是互相矛盾的。动机 1 是对汉高祖势力衰弱的理性回应；动机 3 是对他不断增长的实力的不合理的反应；动机 4 假定汉高祖和项羽势均力敌。因为这三个条件互相排斥，动机也就不能被聚合在一起。而且，魏豹既逆势而动（动机 3），又顺应了潮流（动机 5）。不能继续忍受汉高祖的侮辱的弱点（动机 2）似乎不符合"智略绝人"的狡猾（动机 7），动机 6 减轻对叛变的指责，那是其他所有解释的基础。

除了实质性的时间上的差异外，所有的都是这样，魏豹叛变和被抓获（或者这些事件的某部分），或者发生在汉高祖三年，或者如《秦楚之际月表》记载，在汉高祖二年九月结束。前面列出的矛盾，可以通过确定魏豹叛变、汉高祖荥阳大捷和其他诸侯叛变的时间来解决，但《秦楚之际月表》不够全面，不足以提供这些信息。在这里，我们只能猜测司马迁发现了他自己的材料来源太模糊或不精确，无法给出清晰的判断，因为在其他篇章中，他满腔热情地纠正了一些早期历史记载的时间误差。①

尽管存在这些内部的不统一，《史记》并不只是一个由描述和引用组成的混乱的集合体。司马迁为理解提供了线索，但他是通过文学方式，而并非分析的方式。换句话说，读者必须依赖上一节中概述的联系和分类的技能。事件必须放在整卷的上下文中

---

① 例如，在《郦生陆贾列传》卷末的评论："太史公曰：世之传郦生书，多曰汉王已拔三秦，东击项籍而引军于巩洛之间，郦生披儒衣往说汉王。乃非也。自沛公未入关，与项羽别而至高阳，得郦生兄弟。"（《史记》卷 97 · 2705，华兹生，《记录》，汉 1：231）。

解读，各卷必须被集群式地阅读。有些事件之所以重要，主要是因为它们揭示了人物性格；传记则是展示成功者和失败者的模式；许多卷显然运用了一种平行写法；还有一些评论是非常具有讽刺意味的。这就很明显解释了为什么我选择在一个非常有限的背景下分析一个小事件。要想充分理解魏豹的叛变，需要问他的叛变是如何融入他的整体生活的，它又是如何影响那些被卷入其中的人，为什么他的传记与彭越的传记联系在一起，他的经历是如何反衬高祖的，它与同时代人（既忠诚又不忠于高祖的人）的生活相比又如何，以及它如何与司马迁感兴趣的更大主题如忠诚度、私德与公德、实践智慧等联系在一起。

例如，魏豹叛变在这四卷的叙述中扮演了非常重要的角色。当然，在魏豹自己传记中（版本1）的记载是最关键的，它直接导致魏豹的死亡，但是魏豹的传记是一个合传，他的生命故事被与彭越合在一起，彭越是魏豹的相国。不幸的是，这一卷从未描述魏豹和彭越一起共事，读者被指向将二人生活看作是平行的而不是直接的互动联系在一起的——可以肯定，正如司马迁所指出的，是因为他们两人都拒绝自杀，或者两人都曾被汉高祖羞辱并因涉嫌叛变而被杀。在《高祖本纪》（版本2）中，魏豹的叛变是高祖登基之路上的一个小障碍，但是在薄姬故事（版本3）中，它引发了一系列事件，最终使薄姬具有成为皇帝母亲的可能性（这一卷的主题是天意的不可预测性，"命"）。最后，在韩信传记中（版本4），焦点是韩信重新捕获魏豹，这一事件证实了萧何对韩信战略能力的判断,事实上,这是唯一能提供韩信有关战略和部队调动信息的叙述。

司马迁强调特定的事实,暗示某种因果关系,魏豹交替表现为叛变者和受害者,是野心勃勃的阴谋家和被动的时代追随者。这似乎是司马迁通过对史料的文学加工,在同一组事件上附加的不同意义。通过我自己对材料的选择性引用和概括,我也会赋予材料某种意义。如果我在不同的时候结束或开始魏豹的故事,我们可能会有更多的选择。重要的是,至少在一些生动的叙述中,魏豹在分封时被项羽欺骗(当然,一个人的欺诈可能是另一个人精心策划的预防措施),或者,魏豹得到了汉高祖的原谅,并被派遣负责守卫一处战略要地(虽然他后来被同僚们杀害,因为这些人认为他们不能信任一个曾经叛变的人)。

在下一章中,我将阐释司马迁如何指导我们理解他的叙述,但是在这里,也许更实用的是停下来探究他的意图。为什么司马迁以一种容易前后矛盾、多重叙述的方式组织他的历史?再一次,《史记》是一种世界模型这种观点是有用的,因为司马迁的形式容许一种特殊形式的准确性。即使叙述必须强调一些有限的相对明确的因果关系,重要的决定和重大的事件通常具有多重原因。如果材料来源容许对魏豹的行为进行多方面的解释,司马迁所设计的独立的、对比鲜明的叙述就能反映出材料的模糊性,而这是以一种简洁的、统一的叙述方式所不能实现的。司马迁不愿意选择最可能的事件版本,甚至去创建一个原始版本(其中一些动机被判断为不明确且被省略或降级为脚注），而是愿意讲述不同的故事，其中所有不同的动机都具有充分的说服力，即使这些故事不完全兼容。简短地说，《史记》复制了过去材料中所呈现的一些混乱的、不确定的因素，而不是创造了一个新的、合理化的历史版本。尽管如此，读者们可能会怀疑，多重的、矛盾的叙述会不会削弱司马迁作为历史学家的权威性？

答案是肯定的也是否定的。当同一事件的不同版本出现在《史记》中时，它们当然是相互竞争的，由此产生的不确定性也确实颠覆了读者对作为历史学家的司马迁的信任。他们根本无法确定该相信哪一种解释，因此，他们必须采取谨慎的态度。他们必须自己学会权衡变量，对人物和事件的解释要灵活，并且要明白，《史记》中的叙述或评论没有一个是完全代表作者的观点或历史记载的复杂性的。

然而，司马迁在他的读者中所引起的怀疑，被由他的文本所获得的更高的权威平衡掉了。因为他故意让自己与历史脱节，要求他的读者积极参与，以确保他们在字里行间发现的教训是由历史本身呈现的，而不是由公认的受限制的历史学家提出的。司马迁不宣称提供历史的最终真相——他能做的就是成为一个有用的向导——但读者必须同意保持阅读和分析。事实上，这种做法是由《史记》碎片化、开放性的形式所决定的，它不鼓励或奖励有序的、依次进行的阅读。那些试图从过去找出经验教训的人，必须不断地在本纪、表和列传中跳来跳去，那些读到最后一卷的人会发现一组对前面所有各卷的简短的评价性描述，这些描述将为他们提供另一种新的视角，并将他们送回前面的文本中。

中国的史学家早就认识到司马迁"互见法"（观点互补的技巧）的优势。① 朱自清曾说，《史记》碎片化的结构容许司马迁既尊重他的主人公，又能批评他们，又能在不违反文化传统的范围内提供新的解释。② 朱自清指出，例如，尽管在自己的本纪中，汉高祖被描述为"仁而爱人"，并提供了说明这类行为的实例，而在其他卷（包括魏豹的传记）中所提供的信息呈现了汉高祖与此完全不同的特征。司马迁尊重他所在的王朝的缔造者，但也保留了一些间接的批评意见。张大可补充道，通过在各卷中分配材料，司马迁可以自由地在传主的传记中塑造传主的形象，而在其他的卷中保留了一些相反的例子。③

尽管如此，我认为西方读者可能仍然对前后矛盾、多重叙述很敏感，因此在这里，我们可以关注那些也注意到历史学家有

---

① 最近西方关于"互见法"的讨论，见李惠仪《〈史记〉中的权威观念》，《哈佛亚洲研究杂志》4，第2期（1994年10月），第395—400页。

② 朱自清，《史记导读》，载黄沛荣编，《史记论文选集》（台北：长安出版社，1982），第238—240页。

③ 张大可，《史记研究》（兰州：甘肃人民出版社，1985），第290—307页。正如人们所预料的那样，互见法使解释变得异常困难。例如，《史记》一段话解释说，被憎恨的秦始皇实际上是大商人吕不韦的私生子。这种断言与秦始皇本纪中的信息相矛盾，卜德（我认为正确地）从文本角度否定了它是后人窜补的诽谤。张大可和周一平将始皇帝出生互相矛盾的材料，作为互见法如何让司马能够记录真相并给予他的主人公应有的尊重的技巧（尽管在不同的卷中）。见《史记》卷6·223、卷85·2508；卜德译《中国古代的政治家、爱国者和将军》（纽黑文，康涅狄格州：美国东方学会，1940），第15—18页；张大可《史记研究》，第296页；周一平《司马迁史学批评及其理论》（上海：华东师范大学出版社，1989），第222—223页。

时会对同一历史事件做出冲突描述的西方历史学家的态度。路易斯·明克认为，历史叙述不能聚合成一元化叙述，事件之间的关系是不明确的，并对各种解释开放，他对构成"事件"的概念提出了质疑。因此，在史实中没有一个等待历史学家发现并传播的普遍存在的故事。[①]

> 同一事件，在相同或不同的描述下，可能属于不同的故事，其特殊意义将因其在这些不同——经常完全不同——叙述中的位置而不同。但是，正如材料自身并不能决定它要构建哪个故事一样，一个故事也无法决定它对另一个故事的影响。当谈到对一系列相互关系的叙事处理时，我们信任历史学家个人的想象、情感或洞察力。[②]

看到一位历史学家在同一部历史书中阐释这些观点略显怪异，但司马迁似乎利用了一些稳定的材料来构建许多叙事，就像一个接一个地把珠子串成几串项链一样。事实上，人们很容易认为司马迁是在实践海登·怀特（Hayden White）视为理所当然的工作。[③] 魏豹叛变在众多大的事件中只是一个小插曲，但它或许正好可以解释《项羽本纪》为什么是悲剧，而《高祖本纪》为什么是

---

① 路易斯·明克，《作为认知工具的叙事形式》，见《历史理解》（伊萨卡，纽约州：康奈尔大学出版社，1987），第 182—203 页。

② 同上书，第 198—199 页。

③ 海登·怀特（Hayden White），《作为文学神器的历史文本》，《叙事的回归线》（巴尔的摩：约翰斯·霍普金斯大学出版社，1978），第 92—94 页。

传奇（怀特所用的四种模式中的两种），尽管这两卷的故事情节基本一样。人们甚至认为表提供了编年史记载，列传就是在此基础上完成叙事。①

由于《史记》从不同角度重述了故事，从不同角度选取史料，暗含不同的因果关系，明克和怀特的建构主义史学颇有吸引力，但是最后司马迁走得太远了。虽然《史记》中的多重叙述可以被认为是一个单一而稳定的历史事件的不同方面，但在某些情况下，这些叙述调合了一些相互矛盾的主张，正如我在讨论魏豹叛变时试图表明的那样。其他的例子还有：项羽在曹咎愚蠢地失守成皋之前还是之后打伤高祖；章邯是自杀还是高祖的部队杀了他；景驹是自己登基还是被秦嘉所拥立；等等。②

面对互相矛盾的材料，人们倾向于把年表作为更客观的证据，但正如我们前面所看到的，它们的证据并不总是完整的或有说服力的。由于它们的特质，它们对精确性有更高的要求，这让它们在某些方面更加可疑。在叙述者没有提供充分解释的的情况下，大事记和某些细节叙述会出现矛盾，有时候年表本身也有问题。

---

① 见海登·怀特《元史学》（巴尔的摩：约翰斯·霍普金斯大学出版社，1973），第1—42页，简要概述了怀特的概念框架。当然，项羽的故事是一个悲剧，因为他丢失了政权，而从高祖的角度看，同样的事件看起来确实很令人愉快。但我想到的是，在这两卷中解释这些事件的方式发生了深刻的转变。在高祖的本纪中，上天不断地拯救和支持他，但在《项羽本纪》卷末的"太史公曰"中，司马迁明确否认了上天在项羽失败中的影响。这种类型的分析具有启发性，但怀特的分类太不精确、过于依赖西方学派，无法真正用于评估中文叙述。

② （1）《史记》卷7·328—330，卷8·375—377；华兹生，《记录》，汉1：42—43、71—73。（2）《史记》卷8·372，卷16·787；华兹生，《记录》，汉1：68。（3）《史记》卷7·299，卷16·766，卷55·2036；华兹生，《记录》，汉1：20，100。

例如，就在同一个年表中，魏豹既死于汉三年八月，又死于汉四年四月（另一个明显不可调和的矛盾）。① 最后，正如我在别的地方提到的，这些表绝不是思想上完全中立的，因为它们的结构是以对政治权威和历史变化的特殊理解为前提的。②

人们可能将这些矛盾做普通的解释：或许司马迁在他的历史完成之前就死去了；或者他的父亲要为一些矛盾负责；或者在文本抄写过程中出现窜改或错误；等等。或许有人会质疑，《史记》中的许多矛盾是在意志和责任的边缘出现的：在巨大的军事灾难面前自杀真的是出于自愿吗？一个人能强迫另一个人献出王冠吗？一些人投降是战略性选择，而不是被迫的吗？所有这些考虑对理解《史记》都是很重要的，但是它们无法解释矛盾的普遍性和司马迁并不十分关注矛盾的奇怪事实。③

或许更具吸引力的解读是：司马迁是一位故事的收藏家，这些流传下来的故事在来到他面前时，已经围绕不同的核心人物展开叙述，并带有它们原作者态度的烙印。司马迁可能已经调整了一些语言，并解决了最严重的矛盾，但是他也有兴趣尽可能维护

---

① 《史记》卷 16·791、794。
② 见侯格睿《〈史记〉卷14〈十二诸侯年表〉的解释功能》，《美国东方学会杂志》113，第 1 期（1993 年 1 月/3 月），第 14—24 页。
③ 清代学者梁玉绳在《史记志疑》中编目整理了数百处不一致的地方。很难说，《史记》根本就不是为了读得那么仔细。司马迁知道和钦佩有关《春秋》的评论，这些评论基于措辞和选择的差异来解释孔子的深意，比我在魏豹的故事中所描述的更为微妙。此外，《史记》的结构迫使读者多次通过文本进行研究，比较各种说法，评价互补叙事解释的可靠性和完整性。

原始史料的完整性，即使这意味着要容忍一定数量的矛盾叙述。这个假设很适合《史记》，司马迁显然是把自己当成中国遗产的保管员，但这与文本的其他方面明显不合拍。那些可能引领人们将《史记》看作一部开拓性、批判性历史著作的段落又如何呢？

我们不能说司马迁对探寻历史真相漠不关心，因为在他个人的评论中常常显示出他对精确性的执着追求。正如我们在《史记》最后一卷中看到的，他纠正了一些他认为是错误的、广泛流行的传说和年份记载；当他的材料不充分时，他拒绝猜测；他仔细地辨别书面的、口头流传的史料；他试图通过广泛的旅行和与目击者面谈来核实有关情况；他可以批评儒家经典，甚至批评自己的主观印象；而且，他承担了将数十个国家的编年记载同步到一个表中的艰巨任务，虽然他并没有对这些事件之间的相关性给出确切结论。

在这里，我们对司马迁和《史记》的描述十分矛盾。司马迁是关心精确性，还是冷漠地忽视了一致性要求？这个问题太尖锐了。司马迁显然愿意接受他的历史著作存在一定程度的松散，尽管他在各卷中的编辑和写作可能出于某种特定的原因，或是为了塑造某种典型性格的人物，但我怀疑他故意创造了所记述的历史事实上的差异。相反，这些差异来自他的采用的史料。一个更好的问题是，他把细节和观点的多样性看作是一种必要的缺陷还是优点？这要求我们更仔细地审视司马迁如何在更大的层面上塑造他的历史。

第四章　事件的意义

在公元 1 世纪后半期,班固写了一部效仿和接续《史记》的史书《汉书》(它成为第二部正史)。班固的《汉书》用的同样是本纪、表、书和列传(世家被取消了,因为所有的分封诸侯都消失了)的结构,并且直接复制了《史记》的一些篇章。但是,班固聚焦于西汉,而不是写一部通史。然而,有一卷奇怪地背离了这个理念,即《古今人表》(《汉书》卷 20)。在该表中,班固(或者很可能是他妹妹班昭)汇集了从传说时代一直到公元前 206 年汉朝建立期间 1955 位杰出男女,并把他们精心归入九种道德范畴,从最顶端的"圣人",到最底端的"愚人"(这些术语反映了这些人的道德水准,而不是他们的心智,也就是说,不学无术的人常常十分聪明,但是他们在道德评价体系中愚昧无知)。[①]

《古今人表》是对作者的博学和历史评价能力的一个证明。通过这个表,班固对汉代以前历史上的主要人物进行道德评级,毫

---

① 见卜德《中国分类思维的类型》,《美国东方学会杂志》59(1939),第 207—209 页。

不奇怪，所涉及的人物就截至汉初。如果这个表真的做到文题相对应，包括"今人"（汉代人），那么在政治上是有危险的。在王朝的缔造者的后裔仍然手握大权的情况下，谁又敢批评他们呢？因此，在这个表中，《汉书》涵盖的范围更适合《史记》，但是班固的表在至少两个重要的方面与司马迁的作品不同。

第一，司马迁几乎不对他叙述的对象提供明确的、清晰的评判。正如我们已经看到的，司马迁喜欢以一种富有启发性而又不明确的方式呈现历史。第二，虽然《史记》在很多层面按具有等级意义的类别来安排世界，但它不仅仅只是一个目录。司马迁不仅创造了一个世界模型，而且创造了一个运转有效的模型，它识别了形形色色的个人与历史事件之间的联系。

《史记》中记载的事件，都有具体的原因。在这一章中，我们逐渐将注意力从小事件转移到大历史，最终将探寻的目光扩展到中国历史上最重要、最令人费解的事件——汉朝的建立上。为此，我们需要面对两个关键问题。第一，在一部像《史记》这样的杂乱无章的作品中，司马迁是如何表达他所描述的事件的意义的？在很大程度上，答案取决于如何将事件纳入更广阔的叙述中。第二，如何选择暗含在文本的不同段落中的不同的历史解释？在此要强调的是，叙事评价是理解司马迁历史观的关键。在解读《史记》作为世界模型的过程中，历史阐释与文学批评有着密切的关系。

事件的意义

公元前210年，年仅49岁的秦始皇暴崩。肆无忌惮的大臣们很快拥立他的一个更年轻、更容易被操纵的儿子登上帝位，秦帝国迅速崩塌。大兴土木、繁重的劳役和严苛的法律压垮了臣民，秦始皇去世不到一年，第一次叛乱就爆发了。按照司马迁的说法，这次起义的直接原因是下雨。一支被征调服役的劳役队伍因暴雨而无法行进，这支队伍的首领陈涉认识到延期抵达将被处死，便说服众人，反正怎么都是死罪，不如造反。由于劳役们自己也意识到劳役本身也意味着死亡，加上陈涉安排人预先捏造的征兆，陈涉造反便得到劳役们的响应。

在很短的几个月内，类似的起义在各地爆发。一些起义的领导人是农民，像汉高祖、黥布和彭越，他们每一个人都曾有一段不受帝国法律控制的土匪经历（事实上，汉高祖和黥布都曾被征发去修秦始皇陵，后来逃跑了）。另外一些起义领导者是旧贵族，如项羽、张良，他们的祖先世代在楚国和韩国做官。各路起义军逐渐聚集到两位领导人周围——项羽和汉高祖。《史记》用了超过二十卷的篇幅描述了这两个人之间争夺中国统治权的斗争，饶有兴致地讲述出身性格等方方面面迥异的两个人斗得棋逢对手（他们在本纪中享有同等待遇）。虽然《史记》的读者都知道，汉高祖是最后的胜利者，成功建立了汉朝，但在很多情况下，权力可以迅速地在双方之间转移。

那么，汉高祖为什么取得了胜利？项羽为什么会失败？从《史记》的结构不难看出，司马迁把个人的决定和行动看成历史的主要推动力。二十卷中的每一卷（除了《史记》卷16，这个表涵盖了这个时期）都聚焦在这个大故事中一两个扮演某种角色的人物身上，在某种程度上，只有通过这几个重要人物的有限的视角，大故事才能被识别出来。当然，最充分的叙述是由两位主人公的本纪提供的——《史记》卷7和卷8。这表明司马迁对王朝建立者的重视，我们在相邻的卷中得到了关于这几年叙述的两个对比版本。事实上，这种情况在本纪中是独一无二的，本纪通常只在开头和结尾会有重叠。

在司马迁看来，项羽和汉高祖都是精力充沛、才华横溢的人。在关键时刻，他们采取决绝的行动，改变了自己的命运，也改变了中国历史的进程。例如，项羽起义是从他杀死会稽太守开始的。正如在动乱时代经常发生的那样，这一行动并不是深思熟虑的结果。而且，会稽太守也知道秦帝国即将灭亡，召集了项羽和他的叔父项梁组织部下造反。会稽太守说："先即制人，后则为人所制。"① 项氏叔侄听他这样说，就杀了他，几分钟后，就佩戴他的官印并接管了他的部队。同样地，项羽决定刺杀将军宋义，原谅汉高祖封锁秦国的都城，在他的胜利完全改变了未来、为自己赢得各种可能且堵住了其他人一切发展可能之后，他回到东部。

---

① 《史记》卷7·297，见华兹生译《记录》，汉1：18。

汉高祖的一生同样充满了关键性的抉择，这些抉择都与项羽有关。当别人还在犹豫时，汉高祖突然采取行动成为领袖，突然成为土匪；和项羽军队开战，把他们阻挡在秦国都城之外；乞求项羽的原谅；当项羽回到东部时背叛项羽。这两个人刚开始的道路完全不一样，但渐渐地，他们的抉择越来越多地直接互相影响。当他们各自试图抢占先机，并对对方的行动做出回应时，他们的命运就交织在了一起。就像缠绕在主绳上的细小的纤维一样，比刘、项相对次要一些的人物——将军、政客和学者——在更大范围内影响和调节着这两级关系。但是，一条简单的活动记载（就像在表中）还不是历史。因此，我们必须明确事件的相对重要性、它们的意义和它们如何互相产生关联。

什么类型的事件"意义重大"？答案至少有五种。

第一种类型，意义重大可以用行为产生了多少直接后果来衡量。也就是说，如果能想象出因果线，一个重要的行动能导致很多事件发生（一个完整的结构看起来像一个网络，因为复杂的事情一般都有很多原因，也会有很多影响，事实上，《史记》就有一个相对完整的结构）。特别重要的是那些能决定生死的因素。例如，暴风通常是可怕的事件，但有时，就像在公元前205年四月，它彻底改变了历史进程。项羽率领三万军队打败了汉高祖56万大军，汉高祖被项羽大军围了三圈。突然，一阵狂风从西北方向大作，汉高祖在一片混乱中逃出重围，捡了一条性命，最终建立了汉朝。[1]

---

[1] 《史记》卷7·321—322；华兹生，《记录》，汉1：37—38。

注意，在这个定义里，意义不是事件本身所固有的。显然，某些事件可能有许多深远的结果——战争、移民、自然灾害、政权更迭等——但有时看似微不足道的事件也能改变历史。事实上，我们对"事件"的定义需要加以修正，因为未发生的事件也会引发严重的后果。如：项羽无视陈平的意见，致使他投奔汉高祖，成为其主要谋臣之一。或者，在张苍担任丞相之前，他白皙的皮肤使他免于死刑（一位参与判罚的官员，被张苍健康的外表所打动，终止了处决）；张耳误认为他最好的朋友陈馀背叛了他（在这种误解的复杂作用下，陈馀最终投奔了项羽，被汉高祖的队伍处决）。通常，人们不会对事件做出反应，而是就他们对事件或情况的看法做出反应。

此外，不同的事件对于不同的人有不同的意义。例如，韩信在他的上级汉高祖已经与齐国签定同盟协定的情况下，背信弃义地入侵了齐国，《秦楚之际月表》中根本没记载此事。《高祖本纪》中顺带提到了此事，但在韩信自己的传记中详细记述了此事。关于这一事件最集中的描述出现在郦食其的传记中，它聚焦在刚达成便立刻被废除的外交协议上，郦食其在韩信与齐国的联盟保证被证明是毫无作用时，被齐王杀害。对郦食其而言，韩信的决定非常重要，他的传记反映了这点。

《史记》复杂性的部分原因是司马迁从未树立过一个统辖一切的观点。意义最终取决于一个人试图回答的问题。比如，一个人可以选择一个特定的事件——汉高祖战胜了项羽——然后逆向追寻其原因，但是《史记》并没有具体回答问题。司马迁在《报任安书》中说，他通过写作历史"稽其成败兴坏"，这是一个模糊的描述。对个人命运有重要意义的因素对一个王朝的衰落或许有重要意义，也或许没有意义。在一个例子中，司马迁提到他忽略了一些细节，因为这些细节与帝国的存亡无关，但这不是司马迁一以贯之的观点。①如果说司马迁这样做背后隐含着深意，那就是体现了他对作为独立个体的人的关注。

第二种类型，它们可以揭示更大范围的、幕后的过程和模式。例如，《史记》许多卷都以逸闻开篇，这些逸闻的主要作用似乎是揭示人物性格或个性（这些逸闻的广义属性只是以一种简单的方法总结众多的行为、态度和偏好）。②我们把它称作象征意义，来区别刚刚提到的直接意义。例如，在《高祖本纪》和《项羽本纪》中开篇都有一些逸闻，它们几乎都没产生什么直接后果。项羽还是一个小孩的时候，他告诉叔父项梁他喜欢学习兵法而不喜欢学剑，因为有了兵法，他能打败成千上万的敌人。叔父就教他兵法（这可能是项羽后来许多军事成就的原因），但是司马迁提到，一旦项羽了解大意，他就不愿意再去学习细节。之后不久，项羽在秦始皇巡游时看到了秦始皇，说他"可取而代之"。项梁捂住项羽的嘴，警告他不要胡言乱语，但是，据司马迁说，此后项梁认为

---

① 《史记》卷 55 · 2047—2048，华兹生，《记录》，汉 1：112。
② 见李惠仪对这一文学手法的探讨，《〈史记〉中的权威观念》，《哈佛亚洲研究杂志》4，第 2 期（1994 年 12 月）：第 383—385 页。

他的侄子一定能成大事。在一段平行叙述中，汉高祖在年轻时也看到过秦始皇，并感慨："嗟乎，大丈夫当如此也！"我们还读到汉高祖追下一个曾经预言他们家会有极大好运的老人家，就为了听听老人家对他的评价（当然，评价对他很有利）。①

我们该如何看待这些逸闻？或者，在意义问题上一团乱麻时，司马迁为什么选择将它们写入《史记》？司马迁没有提供明确的解释，读者只能自己去建立联系（这也是进入司马迁的竹简世界的入场券），但是有些猜测或许只是猜测。我们似乎有理由相信，这些故事表明这两个人从一开始就有野心。尽管野心显然是接下来的叙述中的关键因素，但从这些故事中还能获得更具体、更具洞察力的意义吗？人们或许会比较这两个人，并且注意到项羽似乎更具攻击性、更野心勃勃，而汉高祖的愿望似乎更柔和、更浪漫、更有希望。这些迹象能解释后来的行为吗？汉高祖在之后的几年中有过改变吗？② 司马迁的历史阐释方法强迫读者与文本形成解释学的关系，反复阅读和比较，检验假设，改变解释。

最普遍的解释似乎是最安全的，对象征故事的具体解释很快就会进入到解释行为的特定文化模式中。无论某些逸闻是否揭示出鲁莽或勇气、自私或远见、忠诚或道德缺失，都取决于公认的社会规范。例如，余英时曾说过，在著名的鸿门宴中，汉高祖因

---

① 《史记》卷 7·295—296，卷 8·344—346；华兹生，《记录》，汉 1：17—18、52—53。
② 杜润德对这些段落的敏锐解读，见杜润德《朦胧的镜子：司马迁笔下的矛盾与冲突》(奥尔巴尼：纽约州立大学出版社，1995)，第 131—136 页。

为封锁了进入秦帝国都城的关口而差点被项羽杀死,座位安排的意义至少和宴会中实际描述的所有事一样重要。[①] 同样地,当汉高祖对待谋臣不够尊重时,它与前几代王朝的末代国君的邪恶行为之间的关联,影响着读者如何理解这些段落。汉高祖与谋臣之间的关系是否因此而受损,这些片段将他与更大的、超越因果的模式联系在一起(幸运的是,他通常在谈话结束前改变态度)。我们应该以类似的方法阅读预兆。尽管预兆并不直接影响历史原因,但却表明一个人是如何与宇宙的道德秩序保持一致的。当然,预兆本身——或者说,人们对它们的看法——可以作为以后行动的直接原因。

另一个象征意义的例子在《项羽本纪》的前面部分,是关于陈婴的介绍。这个前朝文吏有点儿不情愿地成为一支两万人起义队伍的首领。当众人想推陈婴为王时,他的母亲警告他,突然的好运也可能带来厄运,他便谢绝了众人的拥戴,投靠到项梁队伍中,毕竟项梁出身楚国的贵族。不久之后,陈婴成为楚国的上柱国。这是他在《史记》中所扮演角色的范围。我们从《史记》一个表中获知,他活了足够长的时间,继承了汉代的封地,但他的行为并未被记录在与汉朝建立有关的其他事件中。[②] 另外,尽管和《史记》核心事件并无直接联系,司马迁选择纪念他,因为他提供

[①] 余英时,《鸿门宴中的座次》,《旧事译本》,高友工(George Kao)编(香港:香港中文大学出版社,1982),第49—61页。

[②] 《史记》卷7·298—300,卷18·887;华兹生,《记录》,汉1:19—21。

了一个更大的道德模式的说明。他是两个文化价值观的典范：孝道和谦逊（按照中国古代的观念，物极必反）。或者是，他母亲的好建议值得传递给后代？这种类型的解释必须处处小心，像《史记》这样的著作经常创造并反映文化规范。司马迁的作品通过历史先例吸取了悠久的论述传统，同时《史记》本身也是一个更长久的传统的基础。

第三种类型的事件，其重要性兼跨直接意义和象征意义的范畴。这些是触发事件，即这些事件产生的后果比人们预期的要大得多，因为它们与更重要的长期条件结合到一起。陈涉起义就是这样一个事件。他的起义并不是引起全国爆发其他起义的直接原因，但当其他人看到他的行为时，他们会更加大胆地去解决生活在秦政权下的长期存在的问题。司马迁对这些类型的事件很感兴趣，在他关于更多当代事件的卷的结论性评论中，他提请读者注意这些事件。例如："武安负贵而好权，杯酒责望，陷彼两贤，呜呼哀哉！""然南夷之端，见枸酱番禺，大夏杖邛竹。"①

第四种类型，事件之所以重要，不是因为它们与正在进行的叙事有关，而仅仅因为它们是对人的性情的有趣反映。② 例如，当高祖的御史大夫周苛被捕时，项羽封他为将军，给他三万户封地。作为回应，周苛怒斥项羽："若不趣降汉，汉今虏若，若非汉敌

---

① 《史记》卷 107・2856，卷 116・2997—2998；华兹生，《记录》，汉 2：106、258。
② 杜润德在他的著作中关于司马迁之好奇有大量描述，可比较李惠仪《〈史记〉中的权威观念》，第 379—383 页。

也。"项羽被这个意想不到的回应激怒了,把周苛活生生地烹了。①因为周苛实际上是《史记》中的一个小人物,他的遗言对历史进程没有明显的影响,我们必须问为什么司马迁选择记载它们(两次)。它们可能会揭示项羽性格中一些特点,但就从叙述的这一点来看,我们已经看到了无数证明他易怒和野蛮的例证。我认为司马迁记录的逸事主要是因为周苛的回应是如此出乎意料和任性(司马迁对于那些勇敢地完成不可能的事情的人怀有敬意,正如在《刺客列传》中可以看到的那样)。这个故事也让读者想知道高祖如何能激发这种忠诚(或者我们应该想知道项羽是如何激发这种厌恶的),从这个角度来看,它也具有象征意义。

第四种类型的事件的重要性在于其终极意义。例如当司马迁记载一个事件时,是因为它带来了一个令人满意的结论的早期线索。例如,大多数世家都以有关主要人物后代的信息为结尾。这些评论完成了这个故事,也让《史记》履行了其囊括所有事物的微观记录的功能。然而,应该指出的是,在某些卷中,主角的死亡从未被提及(例如卷82《田单列传》)②,在某些情况下,特定人物的最终命运可以帮助我们解释他的生活。因此,魏豹被暗杀的说法列入《史记》可能是为了证明背叛如何得不偿失。③

---

① 《史记》卷7·326,华兹生,《记录》,汉,1:40。这个故事在《史记》中是第二次出现(引用略有不同),卷96·2677;华兹生《记录》,汉1:208—209。

② 见弗兰克·克尔曼(Frank Algerton Kierman Jr.),《司马迁在四个战国晚期传记中反映的史学态度》(威斯巴登:奥托·哈拉索维茨出版社,1962),第17—18页。

③ 《史记》卷7·326,卷8·373;华兹生,《记录》,汉1:40、70。

我们现在准备将这些类别应用于实际事件。因果关系演进必须始终在中途被打断①，在这里，我们将集中讨论从《淮阴侯列传》中摘录的故事：

> 汉四年，遂皆降平齐。使人言汉王曰："齐伪诈多变，反覆之国也，南边楚，不为假王以镇之，其势不定。愿为假王便。"当是时，楚方急围汉王于荥阳，韩信使者至，发书，汉王大怒，骂曰："吾困于此，旦暮望若来佐我，乃欲自立为王！"张良、陈平蹑汉王足，固附耳语曰："汉方不利，宁能禁信之王乎？不如因而立，善遇之，使自为守。不然，变生。"汉王亦悟，因复骂曰："大丈夫定诸侯，即为真王耳，何以假为！"乃遣张良往立信为齐王，征其兵击楚。②

这是一个相当简单的故事，但即使在这里，因果关系也很复杂。在这段叙述中，韩信被任命为齐王的直接原因是张良和陈平蹑汉王足，提出建议，汉王接受了。然而，这个重要事件发生在韩信取得军事上的成功和项羽的直接威胁的背景下（注意齐与项羽的大本营楚国相邻是韩信的要求的关键因素）。此外，这些行为中大多数符合个人行为的模式，被赋予了象征意义。《史记》中的人物性格通常是被刻画而不是被描述的，虽然决策在某种程度上

---

① 然而，我认为事件的过程可以从自然现象开始（除非它们是对过去灾难或未来可能性做出反应的预兆），因为它们不属于人类历史的范畴。

② 《史记》卷92·2621；华兹生，《记录》，汉1：174—175。

是依过去的发展趋向做出的,但每一个新事件也有助于加强读者对这些趋向的感知。在这个故事中发挥作用的性格特征,包括韩信的野心、张良和陈平的政治头脑和良好的忠告,以及高祖的粗鲁和狡猾、接受建议的能力、善于把握形势并相应地调整他的行为。每个人的传记中反复展示了这些主要性格特征。

韩信传记中的其他信息证实了其中一些原因,也暗示了其他一些原因。例如,韩信传记中记载,在此事件发生前不久,项羽非常关注韩信在齐国的成功,派遣名将龙且去进攻韩信,但龙且被韩信击败并杀死。项羽比以往任何时候都更加担心,派遣一名特使与韩信谈判。由于这个人在韩信刚刚被任命为齐王之后到来,韩信没有偏离他对汉王的忠诚,但正如张良所预见的那样,韩信有可能会叛变。或者至少这是司马迁叙述序列所暗示的解释。韩信实际上说的是,由于他从汉王那里得到许多恩惠(关怀、分享食物和衣物等),他不能背叛汉王。韩信传记的读者也认为他对王位的要求是合理的,因为仅仅两个月前,汉王就任命他的密友张耳为赵王,以"镇抚"那个地区。[①]

《史记》中讲述汉代建国的各卷从各种角度描述相同的事件。从张良的传记中我们了解到,在早些年张良曾建议汉王给韩信封地以确保他的忠诚。这个策略当时没有实施,但有可能构建另一条因果线,其中张良的早期建议是主要原因,韩信的无礼要求只

---

① 《史记》卷92·2619;华兹生,《记录》,汉1:172。

是张良再次推动自己提议的一个理由。①陈平的传记提供了一个略有不同的故事版本,其中韩信已经自封为齐王,派遣特使到汉王那里要求被确认。汉王被激怒了,但是当陈平"蹑其足"时,汉王显然重新评估了形势并缓和了自己的反应。②

如果后来的事件重建更准确,那么韩信对于王位的要求与张耳的要求全然不同,而与其他一些自封为王的情形更加类似。自从陈涉第一次起义以来,平息边境地区战争的将军们往往会宣称自己是这些地区的王。陈涉自立为王,然后派武臣去征服赵地,武臣很快自立为赵王,又将韩广派去征燕。当然,很快韩广便自封燕王。三次称王是在连续的三个月内发生的。③这些自立为王的先例可能构成一个直接原因(因为那些将要自封为王的人的灵感来自早期自封为王的将军)或间接原因(那个普遍混乱不忠的时代的暗示,或这些人的鲁莽野心的暗示)。无论如何,韩信可能已经看到这些先例,并且在每种情况下,被分封的诸侯王都发现愤怒的、陷入困境的汉王无法报复他们。

在项羽最后失败的前一年,蹑足的戏码又一次上演,重现了主要演员的基本特征。高祖对韩信的不合作(他没有派兵)倍感压力和愤怒。张良提议,官方宣布全国统一后韩信能得到的确切封地范围,可能会提升他的忠诚度,高祖因此向韩信承诺:"自陈

---

① 《史记》卷 55 · 2039、2042;华兹生,《记录》,汉 1:104、106。
② 《史记》卷 55 · 2056;华兹生,《记录》,汉 1:120—121。
③ 《史记》卷 16 · 763—764,卷 48 · 1955—1956,卷 89 · 2575—2576;华兹生,《记录》,汉 1:5—6、135—136。

以东傅海与齐王",其中包括他的出生地——楚(张良注意到韩信特别渴望获得他的故乡为封地)。① 最后,封地包括楚地可能具有象征意义,因为司马迁在卷 118 的总结性发言中指出:"夫荆楚僄勇轻悍,好作乱,乃自古记之矣。"② 这种倾向(甚至是它的流行观念)可能部分地解释了韩信自立为王的叛逆,以及高祖在处理韩信时的谨慎。

即便是一个相对小的插曲,例如蹑足,也会呈现给读者多种可能的原因和解释,高祖崛起和项羽衰落等更大的事件由数十个这样的小事件组成。读者要如何评估这些事件的意义或道德意义呢?像往常一样,司马迁的态度难以琢磨。对于像项羽失败这样的关键问题,他并不是没有提供答案;相反,他提供了太多,他顽固地拒绝给出一个最终的、全能的观点。然而,即使没有持续的叙事声音,司马迁也可以通过一些文学技巧来提出解释。

1. 直接评论。司马迁经常在卷的结尾发表个人评论,他在《史记》最后一卷简要介绍了 130 卷的内容,有时(虽然很少)他会在叙述中发表评论。

2. 间接评论。更常见的是,当《史记》中的人物对其他人物或事件发表评论时,司马迁引用他们的评论就高祖战胜项羽发表意见。

---

① 《史记》卷 7·331—332,卷 90·2593;华兹生,《记录》,汉 1:44、150—151。
② 《史记》卷 118·3098;华兹生,《记录》,汉 2:351。

3. 选择。选入《史记》中的人和事,对司马迁而言,似乎都具有一定的意义。

4. 重复。对许多人来说重要的事件通常在不止一卷中被提及,并且有时在不止一个地方详细地描述。观点有时也由不止一卷重复。

5. 叙事结构。更重要的事件往往更详细地讲述至少一次。司马迁偶尔会将他的读者引到更全面的故事版本中。

6. 类似。模式是通过重复相似或相反的情况建立的(或至少暗示)。例如,如果一个人尊重他的父母并因此而事业繁荣,另一个人不尊重父母并因此失败,就可以强化这种模式,几乎如同提供了其他孝顺子女成功的例子一样有效。

7. 背景。司马迁利用背景来削弱某些意见的可信度或突出某些因果关系。例如,一个刚被描绘为接受贿赂的人的言论就让读者不那么相信,而并列事件使它们看起来相互关联。这种方法特别适合司马迁碎片化的呈现,因为他可以将其间的细节移动到其他卷中,以便呈现非常接近的某些细节。

8. 揭示后果。我们熟悉如何在我们看到行动结果之后解释行动。因此,如果建议能够取得成功,那么建议就是明智之举,如果它们导致灾难,即使是勇敢的、自我牺牲的行为也会受到严厉的审判。在评估特定行动的全部后果之前,通常需要阅读几卷内容。①

---

① 关于《史记》文学技巧的另一个包含精心挑选的例子的概述,见约瑟夫·艾伦(Joseph Roe Allen Ⅲ)《〈史记〉叙事结构的入门研究》,《中国文学:散文、论文、评论》3(1981),第31—36页。艾伦聚焦于直接引用、评论和逸事。

不幸的是（或者幸运的是），司马迁支离破碎的陈述迫使每个读者成为自己的历史学家，因为司马迁没有提供专用的叙事声音。读者必须从头到尾读完有关汉朝建立的各卷，自己将所发生事件以及这些事件之间的关系的看法拼凑起来。然而，前面的文学技巧都没有提供最终的、结论性的解释，因为每个都有特殊的问题：

1. 直接评论。司马迁的个人观点有时相互矛盾，偶尔会与已经被明确表达的观点相矛盾，作为屈从于政治上自我审查的权宜之计。①

2. 间接评论。正如可以预料的那样，间接评论经常是矛盾的，而且几乎所有这些评论都以某种方式存在偏见。司马迁通过为每个意见提供背景来帮助我们用一些东西衡量它的可信度和动机，但这个游戏往往是不确定的。骗子有时不是也说实话吗？邪恶的人有时不是也非常精明吗？依靠性格特征来解释正在进行的故事通常就像在梦中解释梦一样。

3. 选择。《史记》中的一切都可能具有一定的意义，但司马迁

---

① 例如，王靖宇和李惠仪都注意到司马迁在《淮阴侯列传》卷末对主角的结论性评价比那篇叙述态度更为严厉。见李惠仪《〈史记〉中的权威观念》，第390—391页；王靖宇《中国叙事的本质：方法论的初步阐述》，《淡江评论》6，第2期/7，第1期（1975年10月/1976年4月）。浦安迪解释说："悖论仍然存在，你在中国传统中所拥有的并不完全是你所做的事情的同义词——因此，一个人生命中记录的行为不需要始终承受历史学家的最终评价。"但这样的矛盾可能不止于此。见浦安迪《走向中国叙事批判理论》，浦安迪编《中国叙事：批评与理论》（普林斯顿，新泽西州：普林斯顿大学出版社，1977），第343页。

似乎也在努力实现一定的全面性。这在表中尤为明显。有时人物或事件似乎只是因为司马迁不想让它们被忘记而包括在内,而不是因为它们在故事中发挥了重要作用。仅仅知道令人尊敬的祖先的名字或其他元素也可能是有一定魔力的。例如,当五个人在战斗中将项羽撕裂为五份以获得军功时,司马迁正式记录了这五个获得项羽肢体或头颅的人的名字。这些人再也没有出现在《史记》的叙事部分(尽管确实在第六个表中出现了他们的封地)。

4. 重复。重复可能表明一个普遍存在的误解,或者在几卷中可能会提到的事件只是为了提供一个共同的事件顺序参考点。

5. 叙事结构。当他的资料更加详细,或当他的审美意识被激发时,司马迁可能会有更广泛的关注。西汉末的扬雄指责司马迁"爱奇"。①

6. 类似。通常很难确定多少相似之处能构成类似,我们无法确定司马迁究竟把什么看作类似(尽管我怀疑他会认为作者的意图是寻找模式的必要条件,历史上的模式可能已经无意中存在于微观《史记》中)。

7. 背景。背景可能比类似更难判断。通常,变量太多,特定行为本身的含义可能难以解释。

8. 揭示后果。几乎任何先前的事件都可能导致后事的发生,并且《史记》中大多数的人物都有很多行为。因此,通常很难将

---

① 扬雄,《法言》(四部丛刊本),12/30。

特定后果（好的或坏的）归因于特定的先前动作。然而，这并不能阻止人物本身试图将因果联系起来，但是我们又回到了第2项中描述的困难。此外，将道德和权宜等同起来是危险的，有用的可能并不总是正确的，司马迁非常关注道德原则。

即使这些技巧可能提供线索，但它们的解释并不确定，这可能是《史记》对普通读者和评论家都有无限诱惑的一个原因。在这些经验的加持下，我们现在几乎已经准备好解决高祖崛起和项羽失败之谜了，但首先我们必须讨论一个特殊的案例，即涵盖这几年的表——《秦楚之际月表》（卷16）。本表从公元前209年陈涉起义开始，逐月记载了7个地区的重大事件。另外，司马迁在这个表中还为项羽和高祖设了"行"，这个做法混淆了人与地的区别。

公元前206年项羽统一帝国后，表分为20行，他建立的19个诸侯王（包括他自己）中的每一个都占一行，加上一个傀儡"义帝"，这次每个统治者与一个特定的诸侯国紧密相连。然后逐渐地，大多数行变成空白，因为各个诸侯王被暗杀或废弃，并且诸侯国彼此代替。表非常复杂，因为并非所有这些诸侯王都在同一时间开始掌权。项羽任命了一些已经掌权的人，有时还会任命新的诸侯王来代替那些已经死去的人。整个局势是如此不稳定，以至于在位时期是以月为单位，而不像《史记》中的其他表以年为单位。该表最终在项羽去世的那一年结束。

每个月每个地区都对应着一个格子。大多数格子是空白的，但许多都有关于统治者或其他重大事件变化的简要通告，通常用官方的、中性的语言写成（例外情况是"项梁有骄色""项羽坑杀秦降卒二十万于新安"①）。该表非常有用，可以确定究竟发生了什么，并且很有可能是客观版本。但即使这些明显的原始数据也存在问题，通常它不会解释各种事件之间的关系，所有事件似乎都同等重要。除了简单的事实陈述之外，历史还需要分析和评估。虽然我们可以假设表中的结论仅仅代表了司马迁对事件重要性的判断，但是当我们将表与相关卷进行比较时会出现困难。

表中包含的一些事件似乎并不重要。例如，一个条目记录了公孙卿的死亡，在整部《史记》中，公孙卿只在另一个段落中被提及。②该表还注意到公元前207年十月"使将臧荼救赵"，但这个事件从未在《史记》其他地方论及。③有人可能会争辩说，这个表记录了对整个帝国来说意义重大的事件，但这两个不符合之处使这一说法值得怀疑，事实上，根据叙述，一些非常重要的事件在表中被省略了。例如，项羽和高祖在广武的戏剧性对峙时，高祖被弩射中并差点死掉，在表中没有出现。正如表适合用来建立纪年和追踪军队行动一样，诸如士气和个性等间接原因并不适合表这种形式。

---

① 《史记》卷 16·768、774。
② 《史记》卷 16·766，卷 48·1959。
③ 《史记》卷 16·769—770。《史记》卷 7·316 提到了这一事件。

《秦楚之际月表》的形式也包含几个具有竞争性的重要意义体系。在《史记》的表中，最上面的一行通常被具有最大象征性权力的国家或人占据，因此在这个表的最开始，秦朝的统治者占据了这个位置，在项羽胜利之后，义帝占据榜首。二者其实没有什么区别：秦二世是一个愚蠢的人，让他的佞臣实际上处理政务；义帝从牧羊人升为君主（他是楚国末代君主的孙子），作为傀儡统治者，可以使项羽对权力的追求合法化。垂直秩序仍然意味着等级优势，就像春秋时代周王无权却仍然占据表中最高位置一样。在表中，项羽的行高于汉高祖的事实，这可能意味着某种优先级（注意：汉高祖被项羽任命为汉王）。

　　历法隐含了另一个层次结构。新年第一个月的常用表示法是"元月"，但此规则有两个例外。在秦一栏，在项羽统一之前；在高祖的那一栏，统一后，第一个月用特殊术语"正月"表示。[①]这个表述可以追溯到《春秋》"王正月"，"王正月"在《春秋》中使用了大约 96 次，代表周王的权力。这意味着秦和高祖享有与周王相同的合法性（当然，这与传统的朝代更替名单相符）。

　　再次，表中唯一出现的征兆，在公元前 208 年二月的项羽一栏，"天大雨，三月不见星"[②]。在春秋时代的年表中，上天的征兆主要出现在鲁国一栏，鲁国这个小国作为圣人的祖国享有相当的声

[①] 实际上，在秦的那一行中，使用的术语是"端月"，但注释者解释说在秦它和"正月"是一样的月份，但要避讳"政"，因为秦始皇的名字中有"政"。《史记》卷 16·766。注意，只有开始的秦的条目在每个月前有"秦"，汉朝条目每个月，就用一个"月"。

[②] 《史记》卷 16·768。

誉；在战国时代，这些征兆绝大多数出现在秦国一栏，它是下一个大一统王朝。① 既然大多数记录的天文现象都是日食和彗星，这在许多国家中都可以看见，那么为什么司马迁把它们放在他认为应该放的那一栏呢？他可能是遵循了他的依据——《春秋》中经常提到这些征兆，它毕竟是鲁国的历史——但考虑到他那个时代征兆的重要性（我们应该记住他作为一个皇家占星家的职责），似乎有理由认为它们对这两个国家特别重要。② 通过类比，也许司马迁是在暗示一个信息——项羽在灭秦的战争中秉承上天特别的安排。请注意，表格的标题是指"秦楚之际"，而不是"秦汉"（高祖的封国是汉）。③ 难道这唯一的征兆与过度自信的项梁突然死亡（同一栏，两个月后）相关？这很难说，因为老天那一次神奇的变黑在《史记》中的其他地方都没有提到。

这些类型的问题困扰着汉代研究《春秋》的学者，但是因为司马迁和孔子一样，没有留下明确的线索来破译表格的层次结构，我们只是在猜测。表的价值是按时间排序，它们不提供对历史因果关系或重要性的最终的结论性判断。正如我们将要看到的那样，叙述也没有，但现在是时候转向那里寻找线索了。最简单的，我们从司马迁的直接和间接评论开始。

---

① 在《史记》卷 14 中，26 个上天的预言中有 24 个被记录在鲁的行中。在《史记》卷 15 中，20 个预言中有 18 个在秦。

② 司马迁只是关注消息来源的观点是有问题的。例如《史记》卷 14 只列出了 23 次日食，尽管在司马迁的主要资料来源——《春秋》中清楚地记录下来 36 次。

③ 钱公湛认为，司马迁避免在头衔中用"汉"，以便将其与讨厌的秦政权分开，我对此难以置信。见梁玉绳《史记志疑》全 3 册（北京：中华书局，1981），1：455。

评估概括

项羽为什么失败？高祖为什么成功？司马迁在各种直接评论中提供了几个答案，我们可以通过将其与其他评论和陈述性叙述进行比较来评估和解释。大多数解释都是关于项羽与高祖的比较。①

A. 项羽是奸诈的，不值得信任。他违背了他的承诺，没有任命第一位入关的起义将军为关中王（应该是高祖的）；② 他在向章邯的降兵和秦最后的统治者子婴保证他们的安全后，杀死了他们；他还暗杀了傀儡义帝。项羽的背叛可能是他失败最常见的解释。例如，司马迁对《项羽本纪》简短描述："杀庆救赵，诸侯立之；诛婴背怀，天下非之。"③ 这一判断在本卷末尾的司马迁评论中重复了一次，并得到了随何（他试图说服黥布反叛项羽）、郦食其（他说服田广与高祖结盟）、陆贾（向赵佗发出警告）和韩信（说服高祖反抗项羽）的回应。④ 此外，这一指控还体现在高祖召唤其他诸侯王参加他于公元前 205 年对项羽的反叛，以及在广武的山沟中

---

① 对于项羽和高祖的比较，关注性格和命运的对比，而不是历史因素的扩展对比，见杜润德《朦胧的镜子：司马迁笔下的矛盾与冲突》，第 129—143 页。
② 这件事很难判断。高祖当然视之为不公正的破坏承诺，但应该指出的是，项羽怀疑高祖要造反，他仍然任命其为王（只是因为如果他不按约定协议执行，他害怕其他将军会造反）。为了保持诚信，他扭曲了协议的条款，给予高祖一个不那么有战略意义的封地。因此，它不是一种善意的行为，而是一种彻头彻尾的欺骗行为。《史记》卷 7·316；华兹生，《记录》，汉 1：33—34。
③ 《史记》卷 130·3302；华兹生，《记录》，汉 1：17。
④ 《史记》卷 7·339，卷 91·2600，卷 92·2612，卷 97·2695、2697；华兹生，《记录》，汉 1：48、156、166、222—223、225。

大声指控项羽十宗罪的第七宗。①

这种解释有多可靠？项羽当然是犯了他被指控的罪行，因为它们在各卷中有详细描述，但这些事件的重要性是有争议的。其中四项评估不是作为历史评价，而是作为说服别人反抗项羽的论据。也就是说，观点本身在它们打算解释的事件过程中起着历史原因的作用。项羽是因为自己的背叛而成为输家，还是因为高祖和他的盟友制造了项羽背叛的印象使他成为输家？② 宣传往往对战争至关重要，但需要谨慎处理。有几个因素使《史记》的读者不敢过分相信项羽背叛的重要性。

第一，那些使用所谓的项羽背叛倾向作为他们背叛项羽的借口的将军们，其行为本质上就值得怀疑。在一些情况下，叙述暗示这些观点是后来的理由。当高祖为义帝哀号并宣布反叛时，他已经接管了几个诸侯国。第二，在刚才引用的两篇演讲中，高祖的军队被称为"正义之师"（义兵），这一说法缺少可信度，它之前曾被用于描述秦始皇的军队。③ 已经在《史记》中花了很多时间的读者会看到许多事例，在这些例子中，义愤填膺的正义主张被用来掩盖个人的野心。

---

① 《史记》卷8·370、376。华兹生，《记录》，汉1: 67、72—73。

② 即使像德效骞这样资深的读者也会被司马迁的史料安排所左右。在他注解《汉书·高祖本纪》（绝大部分内容改编自《史记》）的翻译中，他一边断言项羽"并不是特别危险"，另一边，他认为高祖违背与项羽的条约是有道理的，因为项羽"表现得相当肆无忌惮，所以他没有真正要求高祖遵守他们的协议。高祖只是用他所遭受的待遇来报复项羽"。德效骞译，《汉书》全3册（巴尔的摩：卫弗利出版社，1938—1955），1: 48、94。

③ 《史记》卷6·236，卷8·376，卷92·2612；华兹生，《记录》，秦: 42，汉1: 73、166。

第三，为了让项羽的背叛成为他失败的令人信服的原因，必须与高祖形成鲜明对比。也就是说，项羽失败是因为他奸诈，而高祖并不如此，尽管《史记》提供了许多高祖自己不忠和欺诈的例子。例如，高祖残酷地攻击了一支已经同意投降的秦军；项羽要求知道为什么自己的军队被阻止进入秦的首都时，高祖完全隐藏了他的意图并伪装忠诚；他的将军张良向项羽保证，高祖不会在巩固秦首都后向西进军，其实控制整个中国的计划他们早已制定完毕。几天之后，他就撕毁了与项羽友好分割全国的协议。① 高祖也在战争中使用了欺骗性的策略，包括诱捕、虚报军队人数、谎报消息以及挑拨离间的巧妙伎俩。孙子宣称"兵不厌诈"，也许他是正确的，也许这种策略在军事中被认为是可以接受的，甚至是令人钦佩的，但反叛本身必须根据传统的天命观来定义。② 秦朝的严刑峻法使基于更高原则的反叛成为必然，这是人们非常容易接受的。高祖也努力将项羽政权描绘成另一个无情的、腐败的政权，值得任何人不择手段去推翻它。

B. "子羽暴虐，汉行功德"出自《高祖本纪》，而义帝的高级臣僚、韩信、高祖和司马迁在这个时期的表中③ 也对此进行了回

---

① 《史记》卷 55·2037，卷 7·311—315、321、331，卷 8·377；华兹生，《记录》，汉 1：101—102、28—33、36—37、43—44、74。

② 《孙子》，1/1；苏炀悟（Ralph D. Sawyer）译，《武经七书》（博尔德，科罗拉多：西部视点出版社，1993），第 158 页。事实上，司马迁明确指出，陈馀将军被击败，是因为作为一个正直的儒家，他拒绝采用欺骗性的策略。《史记》卷 92·2615、2618；华兹生，《记录》，汉 1：168、171。

③ 《史记》卷 130·3302，卷 8·356—357、362，卷 92·2612，卷 16·759。华兹生，《记录》，汉 1：51、58、62、166—167、87。

应。毫无疑问，项羽在某种程度上符合这种特征，因为他经常是残暴的，但他的行为有时可以辩证地来看待。有时，项羽的暴力被他的善意所抵消。例如，尽管他的谋臣反对，他还是慷慨地原谅了高祖阻止他进入秦首都的过错；他被一名十三岁的男孩感动，放弃了对外黄居民的屠杀；并且他放过了高祖的父亲，他原来是要被烹死的。① 在后两个案例中，项羽被务实的理由所劝阻，但高祖很多著名的善行却是被精心设计的。他给秦都城的宽容待遇似乎更多的是为了获得居民的支持，而不是对他们长期遭受的困难的同情。②

事实上，高祖本人很有暴力倾向。比如他和项羽一起屠杀了城阳的捍卫者；为了避免项羽把自己比下去，高祖还屠杀了颍阳的居民。③ 此外，高祖对自己的家人也是出了名的冷酷无情。当他逃跑时，他将孩子从马车上推下去；当项羽威胁要烹他的父亲时，高祖让他请便并希望被分一些汤。④ 项羽和高祖之间关键性的区别似乎是机遇而不是气质。这两个人都是既残酷又善良的，而为了长远利益，高祖想方设法表现出仁慈，而项羽则恰恰相反。有人甚至可能会争辩，像项羽的谋士范增和武涉都认为项羽不够绝情而失败，但这只是意味着他恰好在错误的时刻是仁慈的。⑤ 无论如

---

① 《史记》卷 7·312、328、329；华兹生，《记录》，汉 1：42、30、41。
② 《史记》卷 55·2037—2038（要特别注意注释 1 裴骃引用的不同版本）；华兹生，《记录》，汉 1：137—138。
③ 《史记》卷 7·302，卷 8·354、358。华兹生，《记录》，汉 1：21、57、60。
④ 《史记》卷 7·322、328，华兹生，《记录》，汉 1：38、41。
⑤ 《史记》卷 7·312，卷 92·2622；华兹生《记录》，汉 1：30、175。

何，项羽的一些暴行立即产生了不幸的后果。

C. 项羽被击败是因为他失去了百姓的支持。这个解释与前一个解释一样，带有强烈的天命论色彩，但在非常具体的方面确实如此。高祖的权力基础是占据交通便利、资源丰富的土地——秦的都城——项羽因他的残暴而失去，而高祖以他的仁慈而得到。① 此外，司马迁明确指出，公元前205年，项羽残暴地征服了不断给他制造麻烦的齐国，以至于当他想去其他地方与高祖作战时，齐地的叛乱让他无法脱身。②

项羽缺乏远见的残暴是不幸的，但《史记》暗示事情可能不是这样的。在黥布的传记中，随何从一个略微不同的角度讲述了项羽对齐国的征伐，指出"项王伐齐，身负板筑，以为士卒先"③。显然，项羽有很强的领导力（特别是考虑到他几乎从未在军事上失败过），但世界背叛了他。几年前，韩信观察到项羽"失天下心"，不仅因为他的严厉，还因为"项王见人恭敬慈爱，言语呕呕，人有疾病，涕泣分食饮"（韩信嘲笑这种同情为"妇人之仁"）。④

我们可以在《史记》中找到一些关于大众心理重要性的其他暗示。司马迁指出，黥布令人惊讶的军事成就有助于说服其他领

---

① 《史记》卷8·362、365，卷92·2612；华兹生，《记录》，汉1：62、63—64、166—167。
② 《史记》卷7·321，卷94·2645—2646；华兹生《记录》，汉1：37、199。同《史记》（和生活中）的大多数事件一样，项羽在齐的大屠杀有多种原因。项羽似乎把他叔父项梁的死归咎于齐的叛将田荣。见《史记》卷94·2644；华兹生，《记录》，汉1：198。
③ 《史记》卷91·2600；华兹生，《记录》，汉1：156。
④ 《史记》卷92·2612；华兹生，《记录》，汉1：166。

导人加入项羽的队伍；高祖在项羽统一后很快就能发动对项羽的攻击，是因为他的士兵都思乡，希望打回到东方。① 权力的钟摆也可能在两个方向上快速转变。例如，公元前 205 年，项羽在彭城打败高祖的胜利令人印象深刻（项羽 3 万名士兵击溃高祖超过 56 万人的军队），导致许多诸侯投奔项羽。②

D. 项羽不知道如何奖励部下和分配领土。或许与处理他和百姓之间的关系相比，项羽处理与下属的关系更重要。高祖和他的使节一次次地劝说首鼠两端的诸侯王和将军，为项羽这样的人卖命不值得（实际上，这是通常解释 A 中不言而喻的含义）。精确的论证采取两种相互排斥的形式，取决于受众（逻辑一致性，不论当时和现在，并不总是外交美德）：

1. 项羽不注重安抚以往的贵族势力。当项羽在公元前 206 年终于控制了整个中国时，他把它划分为 19 个诸侯国，其中 13 个诸侯国的诸侯王是平民。6 个出身贵族的君主中，在和项羽结盟前已是诸侯王的 3 个被分封到较小的诸侯国，而项羽本人拥有的领土比他应得的要多。③ 田荣完全被剥夺了领地，在项羽分封后立即起义。很快，陈馀加入了起义队伍。陈馀认为项羽不公平地"尽

---

① 《史记》卷 91·2598，卷 8·367；华兹生，《记录》，汉 1：154、65。
② 《史记》卷 7·321、325，卷 8·371；华兹生，《记录》，汉 1：37、39、68。古代历史记载中的军队规模总是令人怀疑，司马迁当然知道这个问题。在其他地方，他写道："是时项羽兵四十万，号百万。沛公兵十万，号二十万。"《史记》卷 8·364；华兹生，《记录》，汉 1：63。
③ 德效骞，《汉书》，1：14。

王诸将善地，徙故王王恶地"①。韩信也指出，项羽"而以亲爱王，诸侯不平"②。

剥夺贵族封地是一个事实——正如第一次分封诸侯时项羽承认的——农民出身的高祖在上层阶级中扮演了一个不太可能的英雄。③尽管如此，这并没有阻止他的支持者提出这个论点。郦食其试图使齐王田广相信，高祖在反抗项羽时系统地恢复了旧诸侯国的继承人。但这种说法既反映了郦食其的口是心非，也反映了他的一厢情愿。事实上，当几个月前郦食其提出这个方案时，根据张良的建议，高祖曾愤怒地拒绝了他。④

项羽虽然是一个贵族，但并无王室血统，而且他自封为王，在《史记》读者看来这是在重演一个危险的先例，即陈涉的先例。陈涉是一介平民，在反秦初期就热衷于称王，他的谋臣对此强烈反对，他们争辩说只有通过重新扶立旧诸侯的继承人才能获得贵族和人民的支持。陈涉以"王侯将相宁有种乎"召集大家起义，忽视了谋臣的建议，自称楚王，六个月后被杀。⑤同样，当项羽的叔叔项梁造反时，范增敦促他们寻找并拥立楚王的后裔，他特别引用了陈涉愚蠢的例子。他们听取了范增的建议。但项羽征服全

---

① 《史记》卷7·321；华兹生，《记录》，汉1：36。
② 《史记》卷92·2612，卷8·376；华兹生，《记录》，汉1：166、73。
③ 《史记》卷7·316；华兹生，《记录》，汉1：33。
④ 《史记》卷97·2695，卷55·2040—2041；华兹生，《记录》，汉1：222、104—106。
⑤ 《史记》卷48·1952，卷89·2573；华兹生，《记录》，汉1：3、132—133。

国之后,便把这个义帝踢到了一边,自己统治中国。① 一个反例就是陈婴,前面已提到,陈婴是秦朝的前官员,参加了起义,他根据母亲的意见拒绝了王位。与陈涉和项羽不同,陈婴最终幸存下来,还被汉朝授予封地。实际上,他被列入《史记》,可能主要是因为这个反例。他的故事出现在《项羽本纪》中,除此之外,关于他的记载只有简短的三条,其中两条出现在表中。② 但是,如果失败的篡权并自封为王的模式有助于解释项羽的失败,它肯定无法解释高祖的惊人成功。

2. 项羽没有恰当地奖励他的追随者。注意这和第一个解释是矛盾的。项羽只能通过剥夺贵族的封地给予他的属下,反之亦然。如果有什么不同的话,那就是项羽在给属下分配封地时没有做到公平。尽管如此,这一论点是高祖支持者和代言人最常使用的论点之一。陈平和郦食其抱怨说,项羽除了他的近亲,不相信任何人,并且两次被(高祖的亲信)描述为非常谨慎地分享权力,"至使人有功当封爵者,印刓敝,忍不能予"③。《史记》的叙事直接证明了项羽嫉妒和多疑的性格,例如他仅仅因为高祖的一点小伎俩

---

① 《史记》卷7·300;华兹生,《记录》,汉1:20—21。
② 《史记》卷7·298、300,卷16·768,卷18·887,卷91·2598;华兹生,《记录》,汉1:19。另一个反例或许是陈涉的一个将领周市,他拒绝了王位(这个事件在表中被直接引用)。然而,周市的结局可能与陈婴不同,司马迁没有再提到他。我们听说的周市的最后一件事是,他的军队在公元前208年六月被击败。见《史记》卷48·1956,卷90·2589,卷16·765、767;华兹生,《记录》,汉1:6、147。
③ 《史记》卷56·2054,卷97·2695,卷92·2612;华兹生,《记录》,汉1:119、223、166。

就解雇了他最精明的谋士范增,并且不愿意通过授予头衔和领土来分享权力,这似乎是他失败的一个主要因素。①

虽然这种指责使项羽与他所仇恨的秦朝统治者处于同一类别:他们有一种令人不安的习惯,即因为最轻微的事故便处决特别有能力的将领,但项羽性格多疑的道德含义是复杂的。② 高祖的几个支持者分析了刘邦与项羽在私德和管理品德方面的差异。例如,在项羽失败后不久,高祖召集他的谋臣,并要求他们坦率地解释为什么他赢了、项羽输了。高起和王陵回答:

> 陛下慢而侮人,项羽仁而爱人。然陛下使人攻城略地,所降下者因以予之,与天下同利也。项羽嫉贤妒能,有功者害之,贤者疑之,战胜而不予人功,得地而不予人利,此所以失天下也。③

毫无疑问,高祖是粗鲁和没有文化的。他并没有特别为这些特征感到羞耻,而且,当他拿下一位儒者的帽子并在其中小便,以此表达他对儒家的蔑视时,这些特征成为传奇。他侮辱了魏豹、黥布、随何、郦食其等人,但他的盟友和属下基本上都和他站在一起,因为他一贯的慷慨超过了他个人的不礼貌(只有魏豹因为

---

① 《史记》卷7·325,卷8·373,卷56·2055—2056;华兹生,《记录》,汉1:39、69、120。

② 见《史记》卷7·308;华兹生,《记录》,汉1:26。

③ 《史记》卷8·381;华兹生,《记录》,汉1:76。

高祖无礼而转向项羽）①。高祖也善于知错就改。因此，当他以不恰当的随意态度对来访的郦食其进行羞辱后，郦食其谴责了他，他便立刻端出一副正式的举止。②

高祖对属下很有诚意，愿意信任他们。他对高起和王陵的回答是，他们只知其一不知其二。但他没有反驳他们对自己粗鲁无礼的描述，而是反对他们忽略了他在秦朝故地的相国萧何、他的首席谋臣张良以及他的指挥官韩信的贡献，他们的才能都优于高祖（就像韩信曾经指出的那样，高祖知道如何指挥将军，而不知如何指挥军队）。③事实上，当高祖奖励部下时，他确信萧何得到的是他应得的，尽管有军功的人抱怨一个文臣的地位竟然比他们高。④

然而，高祖在分发物质奖励方面的才能具有潜在的道德风险，正如陈平所指出的那样：

> 项王为人，恭敬爱人，士之廉节好礼者多归之。至于行功爵邑，重之，士亦以此不附。今大王慢而少礼，士廉节者不来；然大王能饶人以爵邑，士之顽钝、嗜利无耻者亦多归汉。诚各去其两短，袭其两长，天下指麾则定矣。然大王恣侮人，不能得廉节之士。⑤

---

① 《史记》卷90·2590，卷91·2602、2603，卷97·2692；华兹生，《记录》，汉1：148、157—158、220。
② 《史记》卷8·358；华兹生，《记录》，汉1：59。
③ 《史记》卷8·381，卷92·2628；华兹生，《记录》，汉1：76、181。
④ 《史记》卷53·2015—2017；华兹生，《记录》，汉1：92—94。
⑤ 《史记》卷56·2055；华兹生（略微改动），《记录》，汉1：119。

陈平后来制订了一个计划，以争取项羽最容易被诱惑的几个部下，事实上他同时也利用了项羽的多疑。陈平的分析是成功的，但仍然有点令人不安的是，高祖能够取得成功，是因为他吸引了贪婪的和声名狼藉的家伙为他卖命。

项羽仁慈但吝啬，而高祖虽令人讨厌但知道如何回馈他的追随者。我将此描述为私德和管理品德之间的区别。中国传统道德，特别是孔子所支持的道德，是个人修养和风度的问题。孔子所说的是一种贵族美德，适用于所有人。高祖精于算计，是典型的马基雅维利主义者，但司马迁的读者很清楚，从长远来看，哪种人更容易成功。

E. 项羽不善于接受建议。根据记叙，这似乎也是一个关键因素。我们一次又一次地看到项羽因为没有接受建议[1]或接受错误建议[2]而损失惨重。项羽经常过于顽固和盲目自信。一个很好的例子就是他对一位没有名字的谋臣的回应，这个谋臣建议项羽留在具有战略优势的西部地区：

109　　　　项王见秦宫室皆以烧残破，又心怀思欲东归，曰："富贵不归故乡，如衣绣夜行，谁知之者。"[3]

---

[1] 见《史记》卷7·311、312；华兹生，《记录》，汉1：28、30。
[2] 见《史记》卷7·312、334；华兹生，《记录》，汉1：29—30、45。
[3] 《史记》卷7·315；华兹生，《记录》，汉1：33。

当谋臣批评他固执时,他将那人活烹了。最终,他甚至赶走了他最精明的谋臣范增。

另一方面,高祖在没有咨询他的谋臣的情况下几乎从不采取行动,他大部分成功的行动都是由其他人提出的。他能够接受批评,改变他的行动方式,认可并奖励那些可以给予他好建议的人。因此,他在韩信和陈平默默无闻时选择了他们,给予他们显赫地位,并从他们的忠告中获益(这些人之前都曾为项羽效力,可项羽没有发现他们的价值)。高祖对项羽和他自己的评价是这样的:

此三者,皆人杰也,吾能用之,此吾所以取天下也。项羽有一范增而不能用,此其所以为我擒也。①

当然,为了确定是否应该接受或拒绝某一点建议,我们必须区分有用的和危险的建议,虽然这有时可能很困难。大多数情况下,我们可以通过注意其效果的好坏来评估建议的质量,但是当建议未被采纳或效果含糊不清时,可能难以判断。显而易见,如果当项羽有机会听从范增的建议并在高祖身上实施时,在解释 B 中提到的怜悯行为又如何呢?项羽宽恕了高祖的父亲和外黄的居民,在这两件事上都听从了别人的建议,但这些高尚行为对他并未产生好处。如果项羽渡过乌江并继续他的战斗(如该地区的长

---

① 《史记》卷 8·381;华兹生,《记录》,汉 1:76。

老所敦促的那样），而不是让自己屈服于他的命运，这个故事会不会有所不同？①

F. 高祖享有天命。在不同的时间，高祖的朋友和他的敌人都以这个作为解释。范增指出，悬在高祖营地的彩云标志着高祖是真命天子，并敦促项羽立刻进攻高祖（当时，这是尊天命，但项羽那种不合时宜的美德典范却克制了自己，没有进攻高祖）②。甘公提供了一个占星术的依据来说服张耳投靠高祖，与项羽为敌。③ 张良认为高祖即将得到上天的帮助，所以站在高祖这边。④ 当郦食其试图说服齐王加入高祖时，他将高祖的成功归功于上天。⑤ 高祖登上帝位后，陆贾告诉反叛的赵佗，这是上天对高祖的青睐。⑥ 韩信告诉高祖，"陛下所谓天授，非人力也"。高祖在自己临终时，将他的胜利归功于天。⑦ 这些解释出自不同人之口，其中的意味可能也各不相同。⑧ 但司马迁也引用上天的恩惠作为解释，他的定义更重要，也更有问题。

---

① 《史记》卷 7·336；华兹生，《记录》，汉 1：46。一个明确的因未采纳建议而承担后果的例子，出现在韩信的传记中，在这个例子中，陈馀未接受广武君的建议，被打败了。后来韩信告诉广武君，如果陈馀接受了他的建议，陈馀将占上风。

② 《史记》卷 7·311；华兹生，《记录》，汉 1：28。

③ 《史记》卷 89·2581；华兹生，《记录》，汉 1：141。

④ 《史记》卷 55·2036；华兹生，《记录》，汉 1：101。

⑤ 《史记》卷 97·2695；华兹生，《记录》，汉 1：223。

⑥ 《史记》卷 97·2697；华兹生，《记录》，汉 1：225。

⑦ 《史记》卷 92·2628，卷 8·391；华兹生，《记录》，汉 1：181、83。

⑧ 郦食其一度引用《管子》，将"天"定义为"人"。见《史记》卷 97·2694；华兹生《记录》，汉 1：221。

在司马迁的引文中，上天的垂怜与古典儒家的天命并不完全相同。对于儒家来说，天命是上天对真正人类美德的回应，但高祖似乎从一开始就受到了上天的青睐。在他有机会表现出真正美德之前（再说，或许他从未真正展现儒家思想所要求的美德），司马迁讲述了伴随高祖出生和刚刚成年时的奇迹（梦、异象、天象、身体痕迹和遭遇超自然生物）。① 他也没有可以让他继承天命的家庭背景。司马迁明确指出，高祖并没有以古代圣贤的方式获得帝国，他获得政权更快，道德上更具模糊性。②

天命的预言在《史记》中有许多难以解释的地方。作为一个宫廷占星家，司马迁使用并相信天命（如，他经常在本纪和表中提到天命）③，但同时他可能对征兆持怀疑态度（或许适合作为一个专家）。因此，在《陈涉世家》中，他随意地讲述了雄心勃勃、诡计多端的人所制造的假征兆的故事。④ 同样，他描述了在高祖掌控叛乱之后，人们突然想起了各种奇怪的征兆和蒯通如何用虚假的征兆让韩信听取理性的建议。⑤ 此外，当项羽将自己的失败归于天命时，司马迁认为这是无稽之谈，并认为世俗的因素，如背叛、

---

① 后来为高祖编制了一个合适的家谱，这是班固引用作为自己评价高祖能够成功的关键。《汉书》卷 1B·81—82，德效骞，《汉书》，1：146—150。司马迁确实曾推测项羽的贵族出身与其惊人的成功有关，虽然它是暂时的。《史记》卷 7·338—339；华兹生，《记录》，汉 1：47—48。

② 《史记》卷 16·759—760；华兹生，《记录》，汉 1：87—88。

③ 有关预言和其他上天眷顾的例子，见周虎林《司马迁与其史学》（台北：文史哲出版社，1978），第 229—232 页。

④ 《史记》卷 48·1950；华兹生，《记录》，汉 1：2—3。

⑤ 《史记》卷 8·350，卷 92·2623；华兹生，《记录》，汉 1：55，176。

固执和自以为是才是他失败的真正原因。①

这使解释陷入两难困境。如果项羽不能将失败归于上天，司马迁怎么能将高祖的成功归于上天呢？但这正是他在几个篇章中所叙述的。例如，在《秦楚之际月表》的序中，司马迁写道：

> 故愤发其所为天下雄，安在无土不王。此乃传之所谓大圣乎？岂非天哉，岂非天哉！非大圣孰能当此受命而帝者乎？②

司马迁也认为张良让高祖摆脱危险境地的近乎神奇的能力来自于上天。③

这一切是否只是司马迁无法解释像高祖这样的人怎么会成为皇帝的一种谨慎的叙述方式？这个关于天命的谈论只是运气的表现还是命运（就像突然出现并在关键时刻拯救高祖的神奇的狂风一样）？我认为更可能是后者。回顾一下，项羽和高祖似乎势均力敌——每个人都有才华和缺点。将他们的斗争视为传统道德和实用道德之间的冲突是引人关注的，但理性分析不足以解释为什么发生的事情确实发生了。从长远来看，高祖在正确的时间、以正确的方式采取果断行动的能力似乎是不可思议的。他认可人才、

---

① 《史记》卷 7·339；华兹生，《记录》，汉 1：48。见司马迁对蒙恬将他的失败归之于上天的批评。《史记》卷 88·2570；华兹生，《记录》，秦：213。
② 《史记》卷 16·760；华兹生，《记录》，汉 1：88；原文重复。
③ 《史记》卷 55·2049；华兹生，《记录》，汉 1：113。

接受建议、展示怜悯、广泛宣传，他衡量他人的优点和缺点，奖励追随者，所有这一切都以一种恰当方式展开，这是一种超越人性、理性的方式，通过这样做，他获得了有才华的人和普通人的忠诚，并赢得了帝国。也许对这种超人判断的唯一解释是，上天选择他的理由与加尔文主义无条件选择一样莫名其妙。

G. 五花八门的解释。在这些卷的各种描述中，司马迁本人偶尔也会提出高祖成功或项羽失败的原因，这些原因没有被详细解释或在其他卷中加以展开。尽管如此，其中一些是有意义的。

1. 项羽和高祖轮流利用时代的机遇。当反秦起义的条件完全成熟时，项羽出现在正确的地方[1]，秦王朝的压迫和暴政正好为项羽和高祖的起兵提供了助力。当机会出现时，高祖愿意果断行动。[2] 还有一种观点认为，在特殊条件下，其他人也可能会取得类似成就。[3]

2. 高祖拥有优越的资源。项羽军事实力较强[4]，但高祖享有秦都的资源。当高祖被击败时，萧何设法补充兵源，保证粮草正常供应，他的领地没有遭受攻击。萧何夺取秦王朝宫廷档案对高祖有巨大的帮助。[5] 项羽的最大错误之一就是没有听那个劝他留在秦地并在那里建都的谋臣的建议。

---

[1]《史记》卷7·338；华兹生，《记录》，汉1：48。我在这里要感谢休·史汀生（Hugh Stimson）指出司马迁夸大了一点——项羽并不是一个普通人，相反，他的家族几代人一直是楚国的将军。

[2]《史记》卷7·331；华兹生，《记录》，汉1：43—44。

[3]《史记》卷97·2698；华兹生《记录》，汉1：226。

[4]《史记》卷7·307；华兹生《记录》，汉1：25。

[5]《史记》卷53·2014；华兹生《记录》，汉1：91—92。

3. 高祖适应历史的循环。司马迁在《高祖本纪》篇末的评论中指出，王朝周期的特点是夏之政忠，殷人承之以敬，周人承之以文，周朝衰落之后需要回到忠。高祖之所以成功是因为他能够将这种品质灌输到这个时代。① 这个理论在《史记》其他地方没有详细说明。

4. 高祖在关键时刻得到某些人的帮助。在各篇中，据说某些人物在高祖的成功中扮演了不可或缺的角色。例如，栾布曾说过：

> 当是之时，彭王一顾，与楚则汉破，与汉而楚破。且垓下之会，微彭王，项氏不灭。②

同样地，高祖宣称："丁公为项王臣不忠，使项王失天下者，乃丁公也。"然后，高祖处死了丁公，以此警示臣下不要效仿（竟以此作为报答）。③ 司马迁写道："然卒破楚者，此三人之力也（黥布、彭越、韩信）。"④

在这里，我们正在处理必要而非充分的原因（尽管如果没有丁公的帮助，高祖不会赢得胜利，这种帮助也绝不是对他成功的全部解释），但司马迁愿意把这种解释和其他更全面的原因并列，

---

① 《史记》卷 8·393—394；华兹生《记录》，汉 1：85—86。
② 《史记》卷 100·2734；华兹生，《记录》，汉 1：252。
③ 《史记》卷 100·2733；华兹生，《记录》，汉 1：251。这是整部《史记》对这一重要事件唯一一次提及。
④ 《史记》卷 55·2039；华兹生，《记录》，汉 1：104。

这一点很重要。

高祖胜利的所有这些解释都是由《史记》中的各种人物或司马迁本人提供的,司马迁留给他的读者比较、分析和评估这些结论的任务。我们已经在这里开始,但这个过程远未结束,结果将远非结论性(我们甚至还没有开始考虑其他因素,如体制弱点、经济转变或阶级冲突)。而司马迁并不试图确定具体原因,他有兴趣以令人沮丧和迷人的复杂性呈现各种各样的历史。

席文(Nathan Sivin)借用了李约瑟的"有机主义"概念并将其应用于研究中国历史的方法中:

> 总的趋势是考虑尽可能广泛的促成因素,并集中精力于它们之间的相互关系,而不是尽可能多地消除(如西方历史学中寻找有效原因的尝试)它们之间的相互关系。这项努力背后的世界观是李约瑟所谓的有机主义。它认为宇宙不是偶然影响中的离散事物的集合,而是作为通过其独特功能普遍相互关联的实体的集合体,因此在某一点上的变化必然会产生反响并在整个过程中产生重新调整。①

---

① 席文,《从中国经验中学习科学的后续步骤》,在1974年8月19日到27日在日本东京和京都举行的第十四届国际科学史大会上提交的论文(东京:日本科学理事会,1975),第14页。关于李约瑟猜想,见李约瑟《中国的科学与文明》(剑桥:剑桥大学出版社,1991),2:279—303;他在第二部分介绍了"有机主义"一词,第281页。见卜德《中国的思想、社会和科学》(檀香山:夏威夷大学出版社,1991),第345—347、194—200页。后一篇文章涉及儒家在社会领域的有机主义理想,尽管对司马迁和其他汉代思想家如董仲舒来说,人类社会和自然世界密切相关。

《史记》中的所有事物至少可能是相互联系的——不是通过直接的历史因果关系,便是通过充满全宇宙的共鸣。然而,我们的读者需要找到相似之处,分类并得出适当的结论。尽管如此,司马迁并没有让我们完全深陷令人无所适从的泥潭,相反,他使用文学手法塑造他的叙述并指导我们的感知和理解。请记住,《史记》的目的就是回应世界并重塑世界。在这两个职能中,司马迁都是遵循孔子在《春秋》中设定的榜样,我们将在接下来的三章中呈现。

第五章　塑造世界

在西方，罗马帝国统治世界导致了普世历史的兴起，其中最主要的例子是西西里的狄奥多罗斯（公元前1世纪晚期）的《历史丛书》。[①] 像司马迁一样，狄奥多罗斯尝试叙述从传说时代到他自己生活的时代的人类历史的各个方面，并且他在40本书（其中15本仍然存世）中提供了从公元前1184年到公元前59年的可确定年代的历史事件的编年记载。狄奥多罗斯以下面这段解释作为他的著作的序言：

> 所有人都应该对那些创造了世界历史的作家表示感谢，因为他们渴望通过他们个人的工作帮助整个人类社会；通过提供一种不会带来危险的体验获得教育，通过这种历史事件的呈

[①] 第一部世界历史的作者是埃福罗斯（Ephorus，前400—前336），他写了从公元前1069年到他生活的时代的所有希腊城邦的历史，还有很多关于野蛮人的资料。他按照地理区域来组织材料，与《史记》相比似乎更有趣，但不幸的是，埃福罗斯的著作大部分都佚失了。见查尔斯·福尔纳拉（Charles William Fornara）《古希腊和罗马的历史本质》（伯克利和洛杉矶：加州大学出版社，1983），第42—46页。

现，为他们的读者提供最有益的经验。①

然后他讲述了"失败和成功",既全面又实用。遗憾的是,他的历史方法从未赢得太多的赞扬,因为正如詹姆斯·汤普森所抱怨的那样,"他引用了太多的史料。他虽然没办法将读到的史料完全融合,但他对史料的组合方法使他的著作成为许多不为人知的古希腊历史学家的史料宝矿"②。换句话说,许多西方学者对狄奥多罗斯的标准判断与他们对《史记》的评价相呼应。

然而,把授予狄奥多罗斯二流史家的名号强加到司马迁身上是错误的,因为他的历史不仅仅是西方评论家经常认定的纲要。我认为《史记》代表了世界及其历史的缩影,而司马迁的历史形式与内容同样重要。中国学者长期以来一直支持最后这一点。与西方读者相比,他们从一开始就认为司马迁寓论断于叙述是极为重要的。但是他们的优势在于将《史记》置于儒家的史学传统中,这种传统认为最好的历史学家会通过他们叙述中所隐含的微妙的"赞美和指责"(褒贬)传达他们的道德见解。

判断史

虽然第二部正史《汉书》的作者班固指责司马迁对道家的拥

---

① 狄奥多罗斯(Diodorus),《西西里的狄奥多罗斯》(*Diodorus of Sicily*), C. H. Oldfather 等人译,"洛布古典丛书"12册本(剑桥,马萨诸塞州:哈佛大学出版社,1933—1967),1: 5。
② 詹姆斯·汤普森(James Westfall Thompson),《历史著作史》全2册(纽约:麦克米伦出版社,1942),1: 104。

护，但大多数中国学者都认识到《史记》中具有明显的孔子的印迹。① 司马迁的自序确实如此，其中包括他父亲司马谈的一篇文章，比较了当时的学术流派，只有关于道家的部分没有讨论他们立场及观点的缺点，但就是这位父亲后来用儒家的方式概述他儿子的职责，坚持孝道的理想和周公的榜样，并鼓励他的儿子以孔子为榜样：

> 幽厉之后，王道缺，礼乐衰，孔子修旧起废，论《诗》《书》，作《春秋》，则学者至今则之。自获麟以来，四百有余岁，而诸侯相兼，史记放绝。②

和罗马一样，在汉代中国，政治统一似乎要求巩固历史和文化，司马谈认为他的儿子就是要承担这个儒家任务的人。前面引文最后一句话特别有说服力，因为司马谈记得孟子的理论是每五百年就会出现一位圣王。在《孟子·公孙丑下》中，孔子被称为最后一个五百年出现一次的圣王（尽管对孔子而言，这个位置显然是道德意义而不是政治意义上的），而司马谈显然想要他的儿子成为孔子之后的下一位圣王。③ 事实上，正如裴骃在一千五百年前指出的那样，司马谈非常渴望将儿子与孔子联系起来，以至于

---

① 班固，《汉书》卷62·2738，见华兹生《大史家》，第68页。最近关于司马迁和孔子之间关系的深入讨论，见杜润德《朦胧的镜子：司马迁笔下的矛盾与冲突》(奥尔巴尼：纽约州立大学出版社，1995)，章节1—3。

② 《史记》卷130·3295；华兹生，《大史家》，第49页。

③ 也见《孟子》2B·13。

他在时间上作弊了；自获麟以来，实际上只有371年。①

司马迁的评论证实了这种解释：

> 太史公曰："先人有言：自周公卒五百岁而有孔子。孔子卒后至于今五百岁，有能绍明世，正《易传》，继《春秋》，本《诗》《书》《礼》《乐》之际？意在斯乎！意在斯乎！小子何敢让焉。"②

显然，司马谈希望他的儿子继续孔子的工作，司马迁似乎接受了他父亲的指示。

孔子的形象像哈姆雷特父亲的幽灵一样，弥漫于《史记》中，指引司马迁前进，挑战他的观点，鼓励他去创作。尽管司马迁的历史写作不拘一格，并且不会盲目追随相互竞争的儒家学派的任何一方，但人们仍然可以感受到他希望成为父亲为他设定的角色。司马迁在自己的16条评论中引用了孔子的话，孔子的例子在13条以上的评论中被引用。③ 这意味着近四分之一的司马迁的个人评论直接提到孔子，如果我们再计算以某种方式归属于孔子的参考文本的话，总数攀升至近三分之一。④ 相比之下，下一个最多被引

---

① 裴骃，《集解》，《史记》卷130·3296 注释3引。

② 《史记》卷130·3296；华兹生，《大史家》，第50页。

③ 《史记》各卷的评论中引用孔子的情况，卷3、10、23、25、31、33、38、55、61、62、85、103、104、109、122 和 125，孔子的例子在各卷中引用，卷1、2、13、14、24、27、46、47、104、110、117、121 和 130。

④ 《尚书》和《诗经》在卷18、20、102 和 118 中被引用，在卷15、30、117 和 129 中被提到；在卷67中提到《论语》，在卷91中提到《春秋》。

用的权威是老子，只有 3 条评论中被引用。①

对于汉代人来说，孔子本来就是一个鲜明的榜样，孔子发现过去的价值，并寻求恢复和保护它。这实际上是这个时代的一项重要任务。因为帝国体系的建立给知识分子带来两个任务。首先，所有旧的贵族传统和在战国时代挑战或支持它们的哲学都被认为与时代不符，汉代知识分子正在寻找某种类型的意识形态系统，这种系统能够为当前的政治秩序辩护并赋予其意义。其次，传统本身的实体痕迹几乎被抹杀了，首先是臭名昭著的秦始皇焚书，然后是更具破坏性的在汉建立前的内战期间秦都被烧毁（很多副本被保存在帝国档案馆中）。②

在公元前 196 年取消对书籍的禁令后，政府努力恢复旧典。那些将文本烂熟于心的老学者被人们找到并被征询，并且在被匆匆围起来的房屋翻新的位置发现了有价值的文本的替代版本（以及伪书）。司马迁在这方面看到了自己的工作：

　　周道废，秦拨去古文，焚灭《诗》《书》，故明堂石室金匮玉版图籍散乱。于是汉兴，萧何次律令，韩信申军法，张苍为章程，叔孙通定礼仪，则文学彬彬稍进，《诗》《书》往往间出矣。自曹参荐盖公言黄老，而贾生、晁错明申商，公孙弘以

---

① 《老子》在卷 15、30、117 和 129 中被引用，在卷 56、63 和 80 中被提到。
② 《史记》卷 7·315；华兹生，《记录》，汉 1：33。

儒显，百年之间，天下遗文古事靡不毕集太史公。①

司马迁对这种文艺复兴的描述显然是不拘一格的，而孔子也有他自己的方式。在他那个时代，他收集的《礼》《乐》和《诗》是中国人民的共同遗产，直到后来，他的收集才变成了一个专门的哲学学派——儒家思想。即使在那时，儒家经典之一《易》，也绝不仅仅属于儒家范围。

除了作为折中主义的汇集，《史记》还通过提供汇集来遵循儒家的经典。在卷126中，司马迁引用孔子的话说"六艺于治一也。《礼》以节人，《乐》以发和，《书》以道事，《诗》以达意，《易》以神化，《春秋》以义"②。在其他地方，司马迁观察到孔子"见其文辞，为天下制仪法，垂六艺之统纪于后世"③。孔子的汇集作品令人印象深刻，司马迁试图超越他的努力，不仅"厥协六经异传"，而且"整齐百家杂语"。④

司马迁在卷47《孔子世家》中探讨了孔子的生活及其影响，在卷67、卷121两组列传中描述了他的门徒和注释者。司马迁意识到他自己的收集、修复和保存历史的工作重复了司马谈等人对孔子工作的定性，但司马迁与孔子发生联系的重点在《春秋》。《史记》的形式和很多内容都是从《春秋》及其传中改编而来的，

---

① 《史记》卷130·3319；华兹生，《大史家》，第55—56页。
② 《史记》卷126·3197。《乐》已经佚失，或许司马迁都没见过。
③ 《史记》卷130·3319，华兹生没有翻译这条。
④ 《史记》卷130·3319；华兹生，《大史家》，第57页。

但是《春秋》的微言大义最让司马迁着迷。在简要提及自己在李陵事件中的不幸之后，司马迁将《春秋》列入直接启发他的文学作品清单中："孔子厄陈蔡作《春秋》。"① 司马迁通过观察，认为所有这些作品都是"大抵圣贤发愤之所为作也。此人皆意有所郁结，不得通其道，故述往事、思来者"②。这些情绪在《报任安书》中得到了回应：

> 所以隐忍苟活，函粪土之中而不辞者，恨私心有所不尽，鄙没世而文采不表于后也。③

司马迁举出了几个"挫折文学"的例子，其中孔子是主要的典范。司马迁不仅接受汉代人对孔子的普遍看法，而且极力提升孔子的形象，将他塑造成了一个明智而有德行的人，他因无法获得从政机会将自己的想法付诸实践而感到沮丧。他被那个时代统治者抛弃，退而从事教育。即使那样也没有产生他预期的效果，他也坐下来，将他的见解以"选择和措辞"编入《春秋》，等待赏识他的后世贤者。根据一些记载，当孔子及其门徒被困在两个矛盾的国家陈和蔡之间时，孔子一生的失望达到了顶点，没有足够的给养，整个

---

① 《史记》卷130·3300，司马迁在致任安的信中重申了这一说法，见《汉书》卷62·2735，华兹生，《大史家》，第54、65页。
② 《史记》卷130·3300，见华兹生关于司马迁的作品是其遭受困难遭遇和愤怒的产物的评论，《大史家》，第154—158页。
③ 《汉书》卷62·272；华兹生，《大史家》，第65页。我加入了"自杀"的解释。

团队似乎都可能无法维持。那一刻,孔子开始了他的历史著述。在另一个叙述版本中,在接近生命尽头时,孔子听说一只不合时宜的独角兽(麟)出现了,他对这个消息非常沮丧,因此写下了《春秋》作为与命运抗争的最后努力。正如我们现在已经学会期待的那样,这两个版本都出现在司马迁的《史记》当中。①

司马迁同样因他的雄心和他从汉武帝那里受到的残酷对待而沮丧,这些使他确信他生活在一个他的才能和努力被浪费的时代。像孔子一样,他以著述历史来保存自己的思想,而司马迁对孔子的摹仿,在《史记》三个段落中近乎达到一致。② 在《史记》的结论中,司马迁指出,他将把原始文本存放在一座名山中,而在首都的第二个副本,"俟后世圣人君子"③。这里,他意译了《公羊传》对《春秋》的评论,《公羊传》的结尾处说孔子"制《春秋》之义,以俟后圣,以君子之为,亦有乐乎此也"④。

第二段出现在《史记》的文学先例列表的结论处,司马迁的结语是"于是卒述陶唐以来,至于麟止"⑤。据记载,一只独角兽

---

① 我引用了司马迁关于孔子在陈蔡之间编《春秋》的暗示。获麟那段在《史记》卷47·1942—1943 和卷 121·3115;华兹生,《记录》,汉 2:355—356。见梁玉绳《史记志疑》(北京:中华书局,1981),3:1470。

② 下面的评论中涵盖了司马迁研究中的精华。见杜润德《作为传统交叉点的自我:司马迁的自传作品》,《美国东方学会杂志》106,第 1 期(1986 年 1 月/3 月),第 36—39 页;李惠仪《〈史记〉中的权威观念》,《哈佛亚洲研究杂志》4,第 2 期(1994 年 12 月),第 358—363 页。

③ 《史记》卷 130·3320;华兹生,《大史家》,第 57 页。"名山"或许是帝国档案馆的名字。见司马贞的注释,《史记》卷 130·3321 注释 14。

④ 《公羊传》,哀公,14·1。

⑤ 《史记》卷 130·3300;华兹生,《大史家》,第 55 页。

在汉武帝统治时期被捕获,但众多评论家指出,司马迁的声明不适合《史记》,《史记》始于黄帝——在尧帝之前很久——并在公元前122年获麟后多年结束。已经有几种解释在解决这些差异,但这段话只有作为对孔子写作《春秋》的动力的暗示,才可以被真正理解。①

最后是孔子传记的评论:

> 太史公曰:《诗》有之:"高山仰止,景行行止。"虽不能至,然心乡往之。余读孔氏书,想见其为人。适鲁,观仲尼庙堂车服礼器,诸生以时习礼其家,余祗回留之不能去云。②

孔子已经不在了,虽然我们可能渴望他的陪伴,或他清晰的道德指引,或他洞悉一切的判断,但我们永远无法掌握他。我们只能通过一种文学的力量将他召回我们当下。一种失落感在《史记》中弥漫,这是对过去的渴望。在写作方面,司马迁哀悼亡父、家族的名声、曾经的秩序以及一个已消失的世界。他通过想象和观察的结合来召唤孔子,甚至这种不实的模糊影像足以揭露他自己的不足之处。尽管如此,所有汉代学者都希望他们能成为孔子《春秋》的读者和拥护者,成为后世的圣贤们。他们希望成为那些

---

① 见梁玉绳《史记志疑》,3:1471—1472;顾颉刚《史林杂识》(北京:中华书局,1963),第230—233页;泷川资言的注释见《史记会注考证》全10册(东京:东方文化学院,1934),130·29—30。

② 《史记》卷47·1947。

最终理解春秋大义的人之一。而司马迁甚至超越了这一点，为了让未来的读者受益，他与圣人一起诠释过去。①

当汉代读者意识到司马迁与《春秋》之间的联系时，他们就知道要在《史记》中寻找什么，因为他们多年的文学训练使他们习惯于在历史作品中寻找隐藏的、批判性的判断。司马迁本人在他对《春秋》的描述中定义了这种类型的阅读和写作。在《孔子世家》中，司马迁解释说：

> 子曰："弗乎弗乎，君子病没世而名不称焉。吾道不行矣，吾何以自见于后世哉？"乃因史记作《春秋》，上至隐公，下讫哀公十四年，十二公。据鲁，亲周，故殷，运之三代。约其文辞而指博。故吴楚之君自称王，而《春秋》贬之曰"子"；践土之会实召周天子，而《春秋》讳之曰"天王狩于河阳"；推此类以绳当世。贬损之义，后有王者举而开之。《春秋》之义行，则天下乱臣贼子惧焉。
>
> 孔子在位听讼，文辞有可与人共者，弗独有也。至于为《春秋》，笔则笔，削则削，子夏之徒不能赞一辞。弟子受《春秋》，孔子曰："后世知丘者以《春秋》，而罪丘者亦以《春秋》。"②

---

① 其他人提出了将《史记》与《春秋》联系起来的不同方法——例如，范文澜认为十二本纪对应《春秋》中的十二公——孔子与司马迁之间的紧密联系是《史记》批评中一个永恒话题。范文澜，《正史考略》（北京：北平文化学社，1931），第9页。关于孔子与司马迁关系的更多细节，见李长之《司马迁之人格与风格》（上海：开明书店，1948），第44—78页。

② 《史记》卷47·1943—1944；杨宪益与戴乃迭译，《史记》（香港：商务印书馆，1974），第24—25页。

在虚构"天王"（即周王）狩猎之旅时，孔子在实践"回避"（讳）原则。根据《公羊传》，孔子故意忽略了那些可敬的或有德行的或者与他关系亲密的人的错误。① 诸侯召唤天王本就是不合适的，在这种情况下，孔子刻意避免提到周王的弱点，因为他的地位应该受到尊重。这种奇怪的歪曲让司马迁印象深刻，他在《史记》中提到它两次，并在他自己的表中起用了回避策略。② 孔子将道德原则置于历史事实之上的另一个例子是，他听到史官董狐在他的记录中曾将一名官员描述成凶手，因为这名官员允许真正的凶手逃脱了。据说孔子对这条可疑的记载持赞扬态度，司马迁适当地叙述了孔子是歪曲历史记录的共谋这个事实。③

司马迁的自序中有很长一段是关于《春秋》的讨论，强调《春秋》解释、辨别是非的能力，从表象中探寻真实（特别是在第一阶段），对历史模式和基本原则的识别，以及它在政府中作为规范指南的作用。简言之，司马迁重申了那些专门研究《春秋》的学者对它的过度解读。这一切似乎意味着《史记》中充斥着《春秋》著名的春秋笔法，司马迁通过明确否认《史记》与《春秋》的相似，结束了他的讨论："余所谓述故事，整齐其世传，非所谓

---

① 《公羊传》，闵公，1·6。
② 《史记》卷4·154，卷14·632，卷39·1668。另一个孔子使用"避讳"的例子出现在《史记》卷67·2218，孔子拒绝评论他的君主。见倪豪士《史记》（布卢明顿：印第安纳大学出版社，1994），7：82。
③ 《左传》，宣公，2·4；《史记》卷39·1675。有关这两个标准例子的更多信息，见华兹生《大史家》，第82—83页。

作也,而君比之于《春秋》,谬矣。"①

这种否认是政治上的一种权宜之计,《史记》其他地方多次出现春秋笔法的痕迹,特别是当他声称对孔子是"述",而不是"作"时,使得司马迁表面上的说辞更让人难以接受。②汉代学者认为孔子是"作",但是孔子自己更谦虚,声称"述而不作"③。因此,一旦采用了《春秋》式的谨慎、解释性的理解方式,司马迁的声明实际上承认了他对孔子及其做法的模仿。④

事实上,《史记》似乎并没有对被认为具有《春秋》特征的术语和回避表现出过度关注。例如,鲁隐公被弑是《春秋》最后一章上半部分勾勒出来的事件的高潮,在《春秋》中从未被提及——这对于一部以鲁国史自居的史书来说是一个奇怪的遗漏。《春秋》确实记载了隐公的死亡,但根据评论,读者应该明白他是被暗杀的,刺客没有受到惩罚,孔子强烈反对这些事件,因为所有这些记载都没有提到隐公的葬礼。相反,在《史记》中,在《鲁世家》和相关表中,清楚地描述了暗杀事件。甚至当司马迁重

---

① 《史记》卷130·3399—3300;华兹生,《大史家》,第54页。
② 我想到了诸如《平准书》(卷30)等卷,其中司马迁暗示汉武帝的政策使人民贫困;《文帝本纪》(卷10)指出,这是改变历法和恢复祭祀的适当时机,暗示这些行为在武帝统治期间实际执行时是不恰当的;《酷吏列传》(卷10)中酷吏几乎都是汉武帝朝的。这类解释,见殷孟伦《略谈司马迁现实主义的写作态度》,载《司马迁与〈史记〉》(北京:中华书局,1957),第66—74页;徐文珊《史记评介》(台北:维新书局,1973),第94—96页;周虎林《司马迁与其史学》(台北:文史哲出版社,1978),第211—221页。
③ 《论语》7·1。
④ 比较华兹生的《大史家》第90页,与杜润德的《作为传统交叉点的自我:司马迁的自传作品》第38页。

复孔子的晦涩评论时,他也会谨慎地将实际发生的事情与据称是孔子所写的事区分开。①

《史记》与《春秋》既相似又不同。虽然司马迁先揭示了孔子的"春秋笔法",然后又否认自己使用了该写作方法,但他至少保留了孔子对道德严肃性的高要求和一些叙事技巧。正如我们已经指出的那样,《史记》每篇结尾处的"太史公曰"部分,似乎是基于《左传》中的八十四篇"君子曰"。在《左传》中,孔子本人对历史和当代事件有更多直接的评论(正如他在《论语》中所做的一样)。在《史记》中,司马迁整体效仿《春秋》传统——经典加上它的解释性评论——通过提供一些直接评论,为特定事件(就像在《左传》中)提供广阔的历史背景,允许多种解释(就像在《公羊传》《穀梁传》和《左传》中看到的一样),创造出一个值得进行细致比较和反复阅读的文本。同时,司马迁将编年/评论转变为更加灵活和创新性的形式。

司马迁的叙事是如此复杂和开放,他显然有很多动机去批评他那个时代的统治者,较早期的读者在《史记》中发现了隐蔽的批判。汉明帝(58—75)抱怨道:

> 司马迁著书,成一家之言,扬名后世。至以身陷刑之故,

---

① 肖黎和周虎林提供了大量例子证明司马迁并未沉溺于儒家的"回避"。见肖黎《司马迁评传》(长春:吉林文史出版社,1986),第113—119页;周虎林《司马迁与其史学》,第211—213页。

反微文刺讥，贬损当世，非谊士也。①

后来，政治家王允（137—192）宣称："昔武帝不杀司马迁，使作谤书，流于后世。"②

按照这种观点，司马迁写《史记》是为了报复当朝的敌人，特别是汉武帝，因此他的历史充满了诽谤歪曲。然而，大多数中国评论家对待《史记》态度温和，承认司马迁通过史料取舍做出判断的同时也关注准确性。最著名的例子是有些章节似乎被司马迁故意放错了位置。从未正式登基称帝的项羽和吕后出现在本纪中（卷7、卷9）。同样地，关于秦国的记载出现在《秦本纪》（卷5），而不是和其他诸侯国一样出现在世家。孔子和陈涉（第一个反秦起义的人）出现在世家（卷47、卷48），而不是列传；淮南王和衡山王本应被放在世家部分，因为反叛都被放在列传（卷118）。③正如我们所看到的，其他学者已经分析了司马迁作为叙事手段的"互见法"，容许他在保持准确性的同时进行批评。

以前的西方评论者声称司马迁《史记》的组织手法一定程度上与《春秋》的传类似，但总的来说，这是个矛盾的观点，因为

---

① 班固《典引》之简介，载萧统编《六臣注文选》，四部丛刊本，48·919。见华兹生《大史家》，第150页。

② 《后汉书》卷60B·2006。在明代《史记评林》的序言中，李庆成（1032—1102）和晁无咎（1054—1110）宣称司马迁著《史记》就是为了批评汉武帝。凌稚隆编，李光缙等增补，《史记评林》全5册（台北：兰台出版社，1968年重印），1·42—54。

③ 这些观点非常普遍。例如，刘伟民《司马迁研究》（台北：文景书局，1975），第310—318页。

它动摇了他们对司马迁是一个客观、中立、公正的历史学家的看法。像华兹生一样,有些人强烈否认司马迁打算遵循孔子道德评判的先例:

> 幸运的是,正如我所说,司马迁并未试图模仿孔子所做的评论,曲解、压制、故意歪曲事实,这样的努力既自以为是又荒谬。因为司马迁认为,他记录的历史事实就如他发现的那样,讲述一个充满趣味和启发性的故事。这是我在《春秋》中注意到的第一条原则,即孔子在处理史料时的关切和真实的传统,也是司马迁让自己去效仿的。[①]

然而关于《史记》与《春秋》之间关系的证据,严重削弱了这种单方面的解读。

最近的学者如李惠仪、斯蒂芬·达兰特和薇薇安·利尼特雷都提示要注意司马迁与他的文本之间的复杂关系。他们对司马迁作为编辑、讲述者、文化评论者和孝子的研究,强调了他对材料的创造性处理。尽管《史记》文学成就显著,但我对过分强调司马迁的文学野心和成就持谨慎态度。《史记》显然是一部历史著作,对其处理史料的准确性和忠实度的历史评估至关重要。

那么,对《史记》,我们要做什么呢?它是一次恢复历史事件

---

① 华兹生,《大史家》,第85—86页。华兹生在《大史家》中举例说明了如何从《史记》组织中进行解释,第96页。

的严肃尝试？或者它是司马迁思想的载体？它是否试图公正地表现这个世界？还是试图根据他的偏见来塑造世界？尽管对我们而言，这似乎是个矛盾，司马迁想要追随孔子历史编纂的两个原则：完成一部尽可能准确的历史，同时以强调道德教化的方式去写作。当然，历史事件并不总能充分展示道德教化，因此真实历史和理想历史之间存在差异。在西方思想中（尤其是大卫·休谟展示了"是"与"应该"之间的天壤之别），历史学家必须在准确性或说教性中选择，只有牺牲一种价值才能获得另一种价值。但司马迁认为这种方法是互补的，尽管他对历史和道德说教经常对立这一事实很敏感，但他仍然找到了解决矛盾的理论和实践的方法。

在这一点上，回到我们把《史记》作为世界模型的概念上可能是有用的。我们问一个模型的制造者，模型是代表对象还是塑造我们对它的看法，答案是两者兼而有之。模型是一种工具，其功能在于它与现实世界的对应关系，以及它简化或突出其客体的某些特征的能力。它的效能与设计师的技能直接相关，但这不是说模型设计师能完全控制模型。模型可用于探索和教学，如天气模式或恒星形成的计算机建模。《史记》是一个旨在帮助我们发现道德准则的模型。它必须尽可能准确，任何不足都可能导致我们推断出错误的、危险的教训。然而，与此同时，它必须比原始史料更清楚地说明道德意义。司马迁谨慎地工作，是因为他想发现历史的道德教训，而不是创造它们。

司马迁创作《史记》是其整理历史的一种方式，一种理解儒家传统的方式,儒家传统关注的是人类行为的道德解释。但《史记》不仅仅是一个历史模型,司马迁指出了历史上好的和坏的事例,并说明了它们各自的后果。真实历史和理想历史之间存在冲突,司马迁新的历史写作方式必须适应这种冲突。事实上,它是第一部真正意义上的传记史书,但它不是传记,而是对历史问题的持续冥想。

《史记》卷 61 表面上是关于伯夷和他的兄弟叔齐的传记,他们是宁愿饿死也不承认新王朝的合法性的两位隐士(在儒家传统中,这被认为是令人钦佩的)①。司马迁首先感叹史料的疏漏与矛盾(这里简要叙述了伯夷和叔齐的故事),然后,他突然思路一转,有了下面的认识:

> 或曰:"天道无亲,常与善人。"若伯夷、叔齐,可谓善人者非邪?积仁絜行如此而饿死!②

司马迁以孔子最喜欢的弟子颜回的例子作对比,他生活贫困,早

---

① 孔子在《论语》5·23、7·14、16·12 和 18·8 中称赞这两个人。这两个人在《史记》中的传记已经被华兹生翻译,见《大史家》第 187—190 页;倪豪士也翻译了这篇。

② 《史记》卷 61·2124。请注意,不断折中的司马迁引用了《道德经》79 章,以解决一个非常儒家化的道德问题。他继续比较颜回和盗跖,他们是道德谱系上的对立的两个人,并且他的讨论与道家学派哲学家庄子的讨论形成鲜明对比,后者嘲笑伯夷与盗跖似的比较。见《庄子》(四部丛刊本),4/70 和 9/210。华兹生译,《庄子全书》(纽约:哥伦比亚大学出版社,1968),第 102、329 页。在正在进行的关于盗跖的邪恶的辩论中,司马迁明显受到儒家方面的影响。

逝；而盗跖，一个十恶不赦的家伙，竟然得以寿终。司马迁进而指出，即使在近世，有些人毫无道德原则，却过着幸福、成功和富足的不道德生活，而这些对另一些人却是不可能的，谨慎的、循规蹈矩的人却遭受着灾祸和困顿。司马迁感叹："余甚惑焉，傥所谓天道，是邪非邪？"①

这个问题让司马迁困惑，因为他相信我们生活在善有善报、恶有恶报的道德世界。他接受儒家道德说教的历史，它最重要的功能就是道德教化。没有道德意义的历史，或那些道德观有问题的历史，没有任何意义。②作为一名历史学家，司马迁是客观的，他承认这类不公正是普遍存在的，事实上，它们在《史记》中经常出现。

司马迁继续辩称，人一生都能被公正地对待是不可能的，一个善良的人所承受的苦难有待后世圣贤发现，并通过历史被重新认识，从而使他免于默默无闻或承受恶名（这也是司马迁将其名声寄托于后世圣贤的原因）。所以，是后世的圣贤还恶人以恶名。司马迁的榜样是孔子，他从历史遗忘中打捞出了伯夷和叔齐："孔子序列古之仁圣贤人，如吴太伯、伯夷之伦详矣。"虽然在短时期内，"天道无亲，常与善人"的观点看似荒谬，就伯夷和颜回而言，天道是公正的，盗跖遗臭万年，成为恶人的代名词。这意味

---

① 《史记》卷61·2125。
② 艾朗诺（Ronald Egan），《〈左传〉的叙事》，《哈佛亚洲研究杂志》37（1977），第326—329页。

着，在足够长的时期内，历史能够证明所有真正的道德原则。这有赖于明智的历史学家的持续努力。①

在第一篇列传（它是整个列传部分的前言），司马迁面对天道不公的问题，提出历史最终能证明天道公正。历史学家被看作这种道德努力的积极参与者，孔子是典范。显而易见，西方关于客观和解释之间二分法的观念，对《史记》来说是不够的。司马迁认为道德原则融入了宇宙的结构，违反道德在人类和自然界都会产生影响。例如，一个政治领袖可能会因为他的傲慢、拒谏和欺压群众而被推翻，同样，干旱或其他自然灾害是上天对人类世界严重违反道德行为的回应。② 对自然、道德因果关系的信仰消除了客观准确性和道德解释之间的差异，完全准确的叙述将充分展示自然的道德原则。因此，至少在理论上，人们可以同时追求历史教化作用和它的客观性。

司马迁敏锐地认识到历史记载并非总是能证明道德与人类成功之间的自然关联。他被那些似乎颠覆了善有善报、恶有恶报的信念的情形所困扰，但这里的关键词是"似乎"，因为他认为相反的情况往往是由于我们对情况的不完全掌握。对历史事实的完美了解将验证所有自然原则，包括道德原则，理想情况下，因果关系的客观描述总是能呈现"天道"。历史上的不公正往往只是表面上的，而补救措施或者是更准确的历史，或者是更准确地掌握所

---

① 《史记》卷 61 · 2121。
② 请注意，在中国人的思想中，这种反应并不依赖于一个全知全能的上帝的存在。

涉及的道德原则。这需要历史学家做出努力才能实现。尽管有华兹生的反对，正如司马迁所发现的那样，历史事实并不是"一个充满趣味和启发性的故事"①。

作为诠释工具的《史记》

司马迁如何通过他的道德观来调和历史事实呢？他是如何改进孔子的努力的呢（因为他不仅延续了《春秋》，还完全重塑了春秋时代）？在我看来，司马迁采用了灵活的解释方法，他有时根据历史事实来改进他的道德理论，而在其他篇章中，他根据他的道德理论来编辑包含历史信息的文本。这两个过程的目标是将历史和道德因果关系与预期统一。司马迁史学方法的关键是他的编辑，事实证明，他在相当程度上是在塑造他的史料。正如罗纳德·伊根关于《左传》所写的那样（《左传》是司马迁主要史料来源）："当作者不再公开控制和解释他的材料，他就会加强秘密操纵——也就是说，他的叙述要以一种有意义和审美愉悦的方式来呈现。"② 同样，我们不应无视我们在前几章中提到的《史记》作者与他的材料之间的明显距离这个幕后事实，司马迁是一位非常活跃的编辑。我们从关注《史记》中个人评论部分中的解释和事实的平衡开始，进而关注司马迁一些不太明显的塑造。

---

① 华兹生，《大史家》，第 85 页。
② 艾朗诺，《〈左传〉的叙事》，第 326—329 页。

虽然司马迁关于善有善报、恶有恶报的观念很宽泛,但这条原则的细节,特别是因为它们涉及特殊的美德和恶习,对他来说是模糊的。① 他既不想肯定历史规律,也不想发现历史规律,他的直接评论表明,他在不断地探索历史的各个层面。司马迁在《史记》中的评论有一种试探的性质。正如我前面提到的,他的评论丰富多彩。它们有时表达道德判断或解释(并不总是关于某卷的中心事件),在其他时候,它们处理历史问题,或只是就叙述的内容表达个人的看法。司马迁可能会强调不同的联系和主题,他好像并不确定他自己究竟要追寻什么。不是每一卷都有道德判断,许多明显的不公正都没有引起他的注意。此外,司马迁提出了互相矛盾的解释,提出理论只是为了以后放弃它们,并经常收入令人困惑和不可思议的事情。他显然对他所叙述的情况感到震惊,但还是努力理解它们。

例如,我们在司马迁关于高祖取得政权的评论中就看到了这一点。与其他早期中国的统治者不同,高祖是一介平民,他登基成为汉代第一个皇帝,给许多人特别是那些同他一起发动起义摧毁秦王朝的同伙们带来了惊喜。在一些评论中,司马迁暗示,高祖的伙伴,也是他的竞争对手的项羽,疏远了诸侯,并将他们推

---

① 王靖宇在《左传》中注意到同样的模式:"就像邪恶、愚蠢和傲慢通常会给自己带来灾难一样,善良、聪明、谦卑通常会被给予奖励。"但是王靖宇指出,《左传》不是简单的说教;这个一般规则有很多例外。见王靖宇《早期中国叙事作品:以〈左传〉为例》,载浦安迪编《中国叙事:批评与理论》(普林斯顿,新泽西州:普林斯顿大学出版社,1977),第14—15页。

向高祖，相比项羽，高祖是善良公正的。但在其他地方，司马迁指出高祖的反秦策略和关键性胜利，都是由他的将军和谋士完成的。有时，司马迁对理性解释都绝望了，认为它一定是上天的意志。最后，在《高祖本纪》卷末的"太史公曰"中，司马迁提出了一个周期性的王朝循环模型：一个以"忠"为特征的王朝衰落，被一个以"敬"为特征的王朝取代，后者又让位于一个以"文"为特征的王朝，然后被另一个以"忠"为特征的政权所取代。高祖明显因为符合这种模式而取得了成功。①

这些解释中哪个是对的？哪一个是司马迁的最佳猜测？我们无从得知，司马迁没有提供最终的结论。② 但是，最后的解释，即周期性的历史解释，尤其具有启发意义。它偶尔被作为司马迁的历史观引用，但司马迁在其他地方再也未提及这种解释。③ 他也没有试图将他的历史与这种特殊的周期性模式相吻合。司马迁的做法与他同时代的绝大多数人不同。他那个时代的政治家和思想家大量使用历史例证，但他们从他们的理论开始，并安排历史事实

---

① 这些不同的解释包含在卷7、8、16、55、56、99的评论部分中。另见司马迁对《高祖本纪》的简要叙述，《史记》卷130·3302。

② 有研究者认为，司马迁在《高祖本纪》卷末的评论，是他一般不愿意在传主自己传记中指出传主错误的一个例子（尽管这些错误在其他卷中经常很明显）。前面提到的这种倾向，似乎往往是《史记》各卷之间信息分布的一个因素，但我不确定这种不情愿是否延伸到司马迁的个人评论。在卷7、68、76、89、92、101、107、118中，全都包含对传主的直接批评。当然，批评一个王朝的开创者将是一个特别微妙的问题。

③ 约翰·麦斯基尔（John Meskill）编，《中国历史模式：周期，发展，还是停滞？》（波士顿：希思出版社，1965），第2—3页。李惠仪认为这篇是对汉武帝的批评，他的政权严重缺乏诚信，这应该是汉代的特质。见李惠仪《〈史记〉中的权威观念》，第402页。

来说明他们的观点。相反，司马迁从历史事实开始，并试图理解它们。他的文化提供了一个基本的道德取向，但他愿意接受各种具体的解释，并期望其他历史学家改进并继续他的工作。换句话说，司马迁拒绝给出明确的结论，我会在最后两章中详细论述这一点，这可以解释为他致力于继续调查和他从历史中学习的意愿。

除了修改他的解释，司马迁还通过仔细调整他对事实的陈述来调和历史和道德，以符合他的道德理想。这并不像听起来那么有害。如前所述，司马迁认为，历史上明显的不公正往往是由于不完整的认识，可以通过获取更多的资料来解决。因此，他在许多直接评论中，通过将我们的注意力引导到被忽视而又至关重要的事实上来纠正似乎是不公正的情况，这些事实极大地改变了原来的情况。例如，他有时会详细记录族谱细节（相信美德及泽惠会遗传和继承）、死后的影响、对开始和结束的密切关注（事件在更广泛的背景下可能具有不同的意义）和不利的时期（这会减少一个人为杰出的儒家政府效力的机会），或者，他修正了对著名人物的评价（实际上可能并不像大多数人所认为的那样邪恶）。①

尽管这些为事件做出合理化评论的尝试表现出了司马迁的倾

---

① 例如，以下各卷中的个人评论：
卷 7，19，41，91，114，116（继承的美德）；
卷 47，76，100（死后的影响）；
卷 15（长远视角）；
卷 17，79（不利的时期）；
卷 58，101，107，112（非常有利的时期）；
卷 9，69，103，122，124（修订后的历史评价）。

向，但它们只是一个小插曲，只是一种连接几个松散部分的方法。他真正的解释工作在更深层面进行，更微妙、更精炼、更持久。司马迁的天才之处在于发明了一种历史形式，既可以保持对史料的忠诚，又可以将作者的侵入降到最小化，同时保留了非凡的解释能力和界定因果关系的能力（包括道德原因）。《史记》的组织结构将传记历史的可读性和编年历史提供的广泛历史背景相结合，但我认为司马迁的主要目的是继续和完善孔子的道德史学。

中国的评论者认为，《史记》通过对史料进行选择，从而对历史做出解释，这一认识是正确的。正如费尔南·布罗代尔在他对地中海研究的介绍中所写的那样："给任何事物绘制界限，就是定义、分析和重建它，就历史研究而言，选择，进而采用，就是一种基本原理。"① 当司马迁在《史记》五个部分安排关于各种人的叙述，安排一个人的列传、两个人的合传或一群人的类传，决定是否不止一次叙述某些事件，他正在对其重要性和联系做出判断。这样安排的含义是显而易见的——显然，没有人会因为出现在《酷吏列传》中而受宠若惊，在此卷末尾提到的那些人更加不堪，司马迁认为他们太卑鄙了，不值得详细记载——司马迁的这种形式可以容纳诸多微妙的变体，每个变体都可能具有解释意义。

很难确切地知道为什么总是有些人被安排在单个列传中，或者某些特殊的细节出现在某些卷，而不是其他卷。尽管如此，将

---

① 费尔南·布罗代尔（Fernand Braudel），《地中海与菲利普二世时代的地中海世界》全2册，雷诺兹（Siân Reynolds）译（纽约：哈珀与罗出版社，1972），1：18。

《史记》解读为一个等待被破译的明确评论的概要是错误的。如果真有什么的话，《史记》的安排包含太多的评估系统，其中一些系统是直接竞争的。司马迁想要以他自己的方式传达世界而不是创造世界，他通过过度解释来保护他的模型的完整性。与多重叙述一样，《史记》提供了许多不一致的组织线索，最终我们意识到司马迁本人正试图理解历史，他愿意在没有确定性证据的情况下，给出具有启发性的意见。读者必须谨慎对待司马迁的历史并自己得出结论。

司马迁标识其史料重要性的方式包括：

1. 收录或排除。H. D. F. 基托曾经写道，修昔底德考虑到他所能得到的原始材料的数量，"他最关注的一定是将事情排除在外"①。即使如《史记》这样的规模，司马迁也必须削减他大部分史料，正如他指出的那样："天下遗文古事靡不毕集太史公。"② 在某一卷中只叙述一个人的生活是赋予少数人的特权，这甚至是《史记》中值得一提的突出特点。③

---

① H. D. F. 基托（H. D. F. Kitto），《诗歌：结构与思想》（伯克利和洛杉矶：加州大学出版社，1966），第 261 页。

② 《史记》卷 130·3319；华兹生，《大史家》，第 56 页。

③ 在《史记》一些段落中，司马迁明确指出了他对选用材料的原则。他只是简单地描述了反对周王朝的叛乱分子，而对那些拥护周王室的人给予了额外的关注（卷 35·1570）。他省略了不确定的信息（卷 13·487，卷 18·878，卷 27·1343，卷 67·2226，卷 127·3221；两次引用孔子的例子）；删去了不重要国家的叙述（卷 36·1585）；还避免重复他认为在别处可以获得的信息（卷 62·2136，卷 64·2160，卷 74·2349）；有时还会提到这里"太多了无法提及"（卷 28·1369，卷 29·1414，卷 74·2346，卷 79·2425）；他发现有些人如此卑鄙以至于他无法容忍写下他们（卷 122·3154）。最后，就他而言，至少有一条原则似乎太明显了都不需要讨论："以形势强而王室安。自古至今，所由来久矣。非有异也，故弗论著也。"

2. 五个主要部分的排序。司马迁在《史记》中建立了一个等级制度，其中本纪位列第一，数量最少（12篇），本纪的主角是皇帝，是他们的时代最有权势的人。接下来是世家，共30篇，其主角是与统治者密切相关的一个强大的家族。最后有70篇列传，其主角不一定在帝国或贵族家族中掌权，他们仅仅是因为他们的成就而被包括在内。一个人的传记被纳入到本纪部分可能是最困难的，这也表明其是最有声望的；一个人的生活被记载到世家和其他部分则更容易一些，也不用那么有声望。最后，正如赵翼很久以前所观察的那样，那些有重要成就但不足以让他们在传记中获得一席之地的人，在表中被简短记录，这些表中包含了《史记》中其他地方提到过的人名和头衔。①

3. 在部分内的排序。部分内部安排的基本原则是按时间顺序排列，因此我们假设任何偏离这种模式的安排都是故意的。例如，将不同时期的人合传需要仔细审查。此外，世家部分各诸侯国的顺序似乎很重要。第一个是《吴太伯世家》，而吴是最后一个被分封的主要诸侯国（公元前585年）。这种出人意料的安排可能反映了孔子的判断，孔子盛夸赞吴太伯——"太伯可谓至德矣，三以天下让，民无得而称焉"，司马迁在太史公曰中引用了这条评论。②

---

① 赵翼（1727—1814），《廿二史劄记》（四部备要本），1·4b。
② 《论语》8·1；《史记》卷31·1475。见张大可《史记全本新注》全4册（西安：三秦出版社，1990），2：901。不幸的是，没有多少人知道太伯，关于他的生活叙事相当简短。

还要注意的是,《十二诸侯年表》(卷14)中各个诸侯国的排序,与世家中诸侯国排序不尽相同,表中诸侯国的排序暗含意识形态和历史意义。周(王朝)和鲁(孔子的祖国)在表中位置超过了他们实际的政治实力,而接下来的五个诸侯国是春秋五霸,前后相继实际控制中国。①

4. 传记类型。《史记》中一卷可以专注于一个人,可以包括两个或更多人的生活(按组合或顺序去叙述),也可以描述一群人、一个国家或一个部落。一个人越重要,他或她就越有可能获得特别关注。

5. 卷中的位置。在合传中,两个人的生活会被分别叙述,那个重要的人可能被首先介绍、占用更大的篇幅,并被认为是本卷中的主导人物。《史记》许多卷最后会提到的个人简要谱系。在世家中,这些往往是地位次要的后代,但在列传中,这种关系并不总是那么清楚。

6. 传记的范围。《史记》中,一些人的生活被详细记载,另外一些人只保留少量的逸事,有些人只是在他人的传记中被提及。一个人单独的列传,通常是先用一句话介绍他的"字"和他的出生地。《史记》中并非所有传记都会把传主由生到死地记述。

7. 卷的标题。这与列传的类型有关,但两者标准不同。以单个人名命名的卷实际上可能叙述了几个人的生活,而标题中提到

---

① 见侯格睿《〈史记〉卷14〈十二诸侯年表〉的解释功能》,《美国东方学会杂志》113,第1期(1993年1月/3月),第17页。

的人实际上可能只是被略微地关注。如，在《齐悼惠王世家》（卷52）中，悼惠王在十句话之后就死了；在关于楚元王的《楚元王世家》（卷50）中，他在两句话之后就死了。同样地，关于杞国的叙述在《陈杞世家》中不超过一页。严格按照标题，《史记》包括以下内容：

50 卷是关于个人的，并以之命名。

27 卷是关于两个人的，并以之命名。

2 卷是关于三或四个人的，并以之命名。

3 卷是关于多个人的（如《五帝本纪》）。

10 卷是关于单个诸侯国的。

2 卷是关于两个诸侯国的。

6 卷是关于周边民族的。

12 卷是关于按照职业或气质或与皇帝关系分类的人群。

此外，《史记》中的八书和十表偶尔也会出现问题。《十二诸侯年表》（卷14）实际上追溯了十三个诸侯（加上周天子）的历史，就像《六国年表》（卷15）叙述了七个国家。很难确切地知道多少信息能组成一篇完整的传记，但刘伟民已经统计过《史记》中12篇传记，这些传记中提供了未在各卷标题中列出的33个人的扩展记录，这些现象可能反映了司马迁的隐含判断。①

8. 标题中的名称形式。刘伟民观察到《史记》各卷中以人名

---

① 刘伟民，《司马迁研究》，第292—293页。

为标题的方式有多种形式，包括全名、仅姓氏、广为人知的昵称、字、号、谥号、敬称（"子"或"生"）、行政职位（如萧相国）、爵位（淮阴侯）和封地（平原君）。遗憾的是，刘伟民没有猜测这些差异的解释意义，但它们具有启发性。①

9. 叙述中的名称形式。《史记》中的大多数人都有不止一个名字（从前面的条目中可以看出），司马迁在行文的不同地方使用哪种名称可能很重要。如汉代的第一位皇帝在不同的段落中被称为刘邦、刘季、沛公、武安侯、汉王和高祖。为了方便，我一直使用"高祖"这个称呼，但是司马迁有时用一个称呼，有时用另一个称呼，这可能是很重要的。例如，在高祖成为皇帝之前，司马迁经常以爵位来指称他。②

10. 纪年系统。在公元前 202 年汉朝建立前，每个政权都有自己的纪年方法，但其中一些明显比其他政权更重要。正如我们在上一章中所指出的那样，《秦楚之际月表》（卷 16）将势力衰落的秦放在首行。③这一行记录的事件很少，它有一个略微扩展的日历形式。表中有九个区域，从每个当地统治者登基开始计算月数，但只有秦历每个条目有"月"这个字。当秦二世驾崩，日历计数不再从他的继任者重新开始，就像惯例一样，这个新统治者在公

---

① 刘伟民，《司马迁研究》，第 319—326 页。
② 见华兹生在《记录》中的评论，汉，1：xviii。华兹生不相信司马迁使用不同的名字来传达隐蔽的判断，因此，在他的翻译中他规范化使用名字，以使读者更容易理解这些故事。
③ 人们不禁要问，这一卷的标题为什么不是"楚汉之际月表"，因为秦朝在不到一半的篇章之后就不复存在了。

元前 206 年驾崩的几个月后，扩展的日历形式转移到高祖那一行。这意味着在汉朝建国前的内战和不稳定时期，主日历系统属于高祖。这是一种突出他的帝国地位的方式，甚至在《项羽本纪》的叙述中，所有的日期都是以高祖登基为汉王开始计算的。这对于最终战败的项羽来说并不是好兆头。

11. 表的特色。《史记》中的许多事件和人物都出现在表中，这些表本质上是一种高度结构化的信息表达方式。在这些卷中，我们经常会遇到司马迁如何判断他的史料的其他证据。例如，秦朝灭亡以后，在《秦楚之际月表》（卷 16）中最上面一行是"义帝"（本身就是一个暗示性的标题）。义帝的权威显然只是道德或传统的，因为他在不到一年的统治时期唯一完成的事就是自己被谋杀。然而，他在表中的突出地位可能反映了司马迁对他的帝国主张的评价。

我在本书第二章关于表的摘要中提到的可能具有道德或解释意义的其他特征，包括从《高祖功臣侯者年表》（卷 18）中封地的排序，到倒书的条目，再到各个封地与其他封地合并的信息表达方式。我之前注意到，当司马迁将《十二诸侯年表》的 14 行变成《六国年表》的 7 行时，他继续了那些在它们未来的征服者行中被吞并的国家的历史。奇怪的是，作为属国被延续的两个国家（鲁和卫）持续的时间，比拥有单独一行最先被灭的周还长。也就是说，周那一行在公元前 256 年结束了，但是鲁（隐藏在楚那一行中）一直持续到公元前 249 年，卫（并入魏的行）持续到公元前

220 年。显而易见的问题是，为什么周有一个独立的行，而鲁和卫没有。最后，最后一个表中的一行标记为"大事记"。这一行罗列了从公元前 206 年到公元前 20 年的重要事件，但这些事件与本纪中强调的重要事件并不总是一致的。

12. 礼仪活动的介绍。在表中，偶尔也在其他部分中，司马迁有时会对礼仪活动进行简短的评论。有时，他宣称一个行为"不符合礼仪"，但在其他地方，他只是叙述一个事件，他相信他的读者足够熟悉儒家的礼仪传统，能够理解其中的含义。例如，在《秦本纪》，他写道："襄公于是始国，与诸侯使聘享之礼，乃用骝驹、黄牛、羝羊各三祠上帝西畤。"① 现代读者在没有看到《六国年表》的序言，可能会错过一个条目的提示。在《六国年表》中，司马迁观察到，当秦襄公首次被分封时，他修建了用来祭祀上天的西畤。这侵犯了周天子的特权，司马迁写道："僭端见矣……位在藩臣而胪于郊祀，君子惧焉。"②

所有这些组织原则都是司马迁在撰写和编辑《史记》时有意识选择的结果。尽管司马迁可能已经使用这些方法中的一些去表达特定的批判性判断，但《史记》中没有任何一个含义等待被破译，学者们不可能就司马迁打算传达的内容达成共识。有太多的竞争性的评价系统被零星地使用。解释司马迁历史结构的最佳方式是，将这些重叠的分层原则作为司马迁用来理解其史料、赋予

① 《史记》卷 5·179。同一事件在卷 14·532 中被提到。
② 《史记》卷 15·685，华兹生，《大史家》，第 185 页。

（或辨别）它秩序和意义的各种手段。《史记》通过以上诸多手段的安排，塑造了历史，也塑造了我们的观点，但司马迁的组织手法是灵活的。《史记》旨在被模仿而不是被破译，它总是试探性的。最重要的是，司马迁是历史的解读者。我们通过学习敏锐地阅读《史记》——观察它选择和分类的方式，随时随地与作者进行对话——可以学习自己解读历史。

在结构层面对材料的粗略操纵与叙事领域的更精细塑造是相匹配的。这里很少运用技巧，但其使用效果更为微妙和深刻。这些将在下一章中讨论，它包括选择、并列、重复、平行和对比以及情境化。[①]《史记》的碎片形式允许司马迁改变细节、取舍一些内容、表明重要性、暗示因果关系，这些都没有明显的控制史料的痕迹。有些卷比其他卷塑造性更强，但似乎总是有种聪明的头脑在为刚刚起步的读者简化原始史料的感觉。《史记》的微观特质邀请读者通过扩展它的范畴、猜测它的理由、改进它的秩序并发现新模式的方式，与司马迁一起思考。正如我们所指出的那样，它所要求的阅读类型，与《春秋》对熟练读者的要求相似，而司马迁希望他的作品在某种程度上能重现孔子经典文本的效果。

[①] 有人可能会将我对《史记》文学手法的概括与徐文珊的概要进行比较，这些手法包括前面提到的和刚刚提到的这五种。我注意到相同的地方很多，但我的更系统一些。见徐文珊《史记评介》，第205—214页。

改造世界

司马迁在关于《春秋》的讨论中,将《春秋》视为一个具有多种功能的世界模型:具有启发性,因为它传达了孔子贤明的判断;具有典范性,因为它教会我们自己理解世界;具有诊断性,因为它帮助我们辨别错误并相应地调整我们的行为。司马迁写作的历史以类似的方式运转。虽然我认为司马迁更有兴趣展示一种灵活的阅读历史的模式,而不是提供具体判断,但《史记》仍然非常符合汉代人对《春秋》的认识。西方读者对《史记》模型性质的另一面并不熟悉。司马迁努力塑造他的模型,使其成为这个世界可用和实用的替代,但他也期望他的模型反过来会对宇宙产生影响。

我们有时会谈到"改变历史的书籍",但是《史记》就像它的原型《春秋》,通过说教超越了这种权力概念。让我们回到《史记》卷130司马迁对《春秋》的描述:

> 夫《春秋》,上明三王之道,下辨人事之纪,别嫌疑,明是非,定犹豫,善善恶恶,贤贤贱不肖,存亡国,继绝世,补敝起废,王道之大者也。①

在这种观点里,《春秋》本身就是人类世界的代理。显然,它是由

---

① 《史记》卷130·3297;华兹生,《大史家》,第51页。

某人写的，必须被阅读才能产生效果，但其不可思议的影响接近西方被赋予魔力的物体。《春秋》本身可以改造世界，实现孔子赋予道德政府的关键要素"补敝起废"①。正如孟子所写："孔子成《春秋》，而乱臣贼子惧。"②

所有这一切背后的认识是，通过正名可以重塑世界。如果反叛和谋杀被明确标明（这些术语包含谴责），这些行为就会消失。这种社会转型并不依赖于严格的法律和惩罚。相反，它是"礼"——礼仪的转化力量的结果，它可以通过一种神奇的、非强制的和谐来协调社会组织。③正如孔子所宣称的："道之以政，齐之以刑，民免而无耻；道之以德，齐之以礼，有耻且格。"④"礼"这个术语既是我们看作"仪式"的宗教和政治仪式，也包括我们可以称为礼节或体统的传统行为。此外，正确的言语受到礼制的约束，当言语被不适当地使用时，将导致混乱和道德失衡。

《论语》中有两个段落是关于孔子著名的"正名"主张。首先，他指出，如果被邀请去治理卫国，他的首要任务就是正名。当他的对话者对这个计划表示惊讶时，孔子解释说，名不正将导致礼乐不兴，这样会导致刑罚失当。⑤在第二段，齐景公问政于孔

---

① 《论语》20·1。
② 《孟子》3B·9。
③ 赫伯特·芬格莱特（Herbert Fingarette），《孔子：即凡而圣》（纽约：哈珀与罗出版社，1972）。
④ 《论语》2·3，刘殿爵（D. C. Lau）译，载刘殿爵译，《论语》（哈芒斯沃斯：企鹅出版社，1979），第63页。
⑤ 《论语》13·3。司马迁在《史记》中两次提到这次谈话，卷23·1159和卷47·1933—1934。

子，孔子回答说："君君，臣臣，父父，子子。"① 换句话说，孔子认为社会的顺利运转——在中国思想中，这是政府的目的——取决于人们正确履行社会规约他们的角色。

因为我们习惯于将言语视为随意约定，没有内在的道德价值，所以纠正名称似乎不太可能是社会改革的方案。然而，孔子的词语魔法般地借鉴了语言的强大功能。赫伯特·芬格莱特（Herbert Fingarette）是第一个注意到孔子语言观与 J. L. 奥斯汀（J. L. Austin）思想之间联系的人，奥斯汀提出了"行为性话语"的概念。② 这些陈述比我们最初想象的更为常见，它不是描述情况，而是创造情况。例如，当一个人在适当的仪式环境下宣称"我愿意"，这个人的身份就立刻变为已婚。同样，"我道歉"和"我承诺"是要执行说出来的话的例子。

语言要通过模仿话语习得，当孔子用"父亲"一词仅指那些"真正"履行父亲职责的人时，他是在展示"父亲"这一概念在道德维度和生物学维度上的意义。通常来说，一个真正的父亲是一个关心后代、支持后代、教育和培养后代的人。孔子对词语的用法在某种程度上取决于传统规范，但他通过仔细选择措辞，也塑造了词语的概念。正如郝大维（David Hall）和安乐哲所说的那样："语言在行为上的力量带来了通过语言来解释世界的结果，即

---

① 《论语》12·11，《史记》卷 47·1911 引用。
② 赫伯特·芬格莱特，《孔子：即凡而圣》，第 11—15 页。

推动它达成某种认识,以某种方式使它成为现实。"①注意,我们几乎不可能列出一个"真正的父亲"最低资格清单。这样做将引起孔子认为对社会和谐有害的那种法律主义争论。相反,我们听从圣人对世界万物的命名,并试图模仿他的用法。②

汉代的学者认为,他们仍然可以从《春秋》中听到孔子的声音,他们急切地找寻文本,从中寻找孔子如何用恰当的词语来评论历史事件的证据。因此,在《太史公自序》关于《春秋》的讨论中,司马迁写道,有国者、为人臣者、父亲和儿子都必须学习《春秋》,这样他们才能恰当地履行自己的职责,避免导致被误解的灾难。他继续写道:"夫不通礼义之旨,至于君不君,臣不臣,父不父,子不子。"③

司马迁的这段文字清楚地提到了孔子的"正名"学说,当他提出他的《史记》以《春秋》为蓝本时,他的意思是,《史记》继续了孔子通过语言改造世界的方案。

我们已经在司马迁的历史推论的概念中看到这个过程的一个例子。虽然历史事实可能无法充分表现奖善惩恶的"天道",但历史学家可以通过识别有价值但被遗忘的个体,通过谴责那些因行为损害了良好声誉的人,增加宇宙中正义数量的累积。历史学家

---

① 郝大维和安乐哲,《孔子哲学思微》(奥尔巴尼:纽约州立大学出版社,1987),第268—269页。
② 见陈汉生(Chad Hansen)对使用特定定义以确保正确命名的困难的启发性评论。陈汉生,《中国思想的道家之论:一种哲学解释》(牛津:牛津大学出版社,1992),第65—71页。
③ 《史记》卷130·3298;华兹生,《大史家》,第52页。

可以通过他们自己的工作来验证天道。① 对历史学家来说，完成他们试图发现的过程似乎是一个无望的循环，但司马迁从未认为历史学家只是一个中立、客观的观察者。相反，他从一开始就相信历史学家在宇宙的顺利运转中发挥着至关重要的作用。他们对语言的谨慎运用，与天子维持天下的仪式及授官、建立政府部门和任命继任者所涉及的政治命名相似。

人们或许会认为，皇帝和历史学家都致力于通过仪式语言来塑造世界将出现竞争局面，事实也如此（正如我们将在第七章中看到的），但在我们继续之前，有三点需要强调。

首先，孔子强调正确的言论和仪式并不是对历史先例的盲目追随。他认识到礼仪是一套不断演变的风俗习惯，他在夏、商、周三代提供的不同礼仪中做出了选择。② 同样地，正名不是将固定的传统标准应用到当代生活，它需要培养细致的判断力和精致的感性。

其次，西方从希腊诡辩时代以来，就区分了什么是自然（physis），什么是传统（nomos）或人造。但这种区分并不适用于中国，中国的思想家习以为常地认为规范宇宙的仪式是人发明的，

---

① 在撰写关于《新约》的作品时，诺曼·佩兰（Norman Perrin）使用"拯救历史"而不是"赎回历史"作为"历史救赎"的翻译，以避免暗示历史本身就是救赎；在路加福音作者的观念中，历史不是救赎，而是救赎有历史。佩兰拒绝使用的"赎回历史"，在我看来，是司马迁如何看待自己的历史努力的公正描述。见诺曼和丹尼斯·都灵《新约：启示录》第2版（圣地亚哥：乔万诺维奇出版社，1982），第301页注释⑪。

② 《论语》2·23、3·21和15·11。

而不是从"天"透露出来或是被发现的。传统礼仪的功能得到了保证，发明者是那些清楚地洞察宇宙运行原理和人性并使两者和谐相处的圣人。正如《礼书》（特别重要，它是《史记》八书之首）所说的那样："礼由人起。"① 因此，人类的创造可以是自然的，历史学家可以根据在客观宇宙中有基础的传统来指定道德判断。

合乎礼仪的正确言语和行为的结果影响了整个宇宙。在同一卷《礼书》中，司马迁引用了儒家荀子的话说：

> 天地以合，日月以明，四时以序，星辰以行，江河以流，万物以昌，好恶以节，喜怒以当。以为下则顺，以为上则明。②

到此，司马迁中断了引用，并补充说："太史公曰：至矣哉！"③ 我们再一次遇到了上天、地形和人类生命的结合，这些我们在秦始皇的陵墓和《史记》中都曾看到过。不同之处在于，《史记》是由仪式语言的神秘力量，而不是靠数千名囚犯的强迫劳动完成的。

再次，正如我之前所指出的那样，我们不应该被误导，将《史记》看作隐晦判断的简编。司马迁的方法过于客观和模糊。他整理历史，建立了一个与现实相对应的世界，偶尔也会发出具有

---

① 《史记》卷23·1161。

② 《史记》卷23·1170；华兹生的译文来自《汉书选译》（纽约：哥伦比亚大学出版社，1963），第94页。两篇中文文献完全相同。

③ 然而，这里可能存在文字问题，因为"太史公曰"只是《荀子》文章中十四个字的替代品，然后继续保持《荀子》原文不变。

启发性的评论。但是,《史记》是一个解释工具,不是一套编码装置。我怀疑司马迁会分享他父亲对儒家经典评论的失望,这些评论数量庞大,"累世不能通其学"①。当然,他也对汉武帝朝廷上明争暗斗所带来微妙的法律扭曲行为感到怀疑。

虽然《史记》似乎没有使用《公羊传》式的评论来解释每个字和短语的隐含意义,但司马迁对文本和叙述的塑造确实促进了某种文学观念,这种观念对《春秋》而言并不陌生。《史记》推荐的解读类型是儒家方案中的一部分,其中包括正名、把历史研究作为自我修养和社会转型的手段,以及承担自然道德秩序的宇宙论。历史知识是一种技能而不是一组命题,它需要有根据的分类——能够区分公正和不公正、更高和更低、上级和下级、礼仪适当和礼仪不适当,以及因果关系。②

我相信司马迁打算让读者以儒家阅读《诗经》的方式来阅读他的《史记》,郝大维和安乐哲对此有恰当的描述:

> 对孔子来说,《诗经》并不仅仅是需要学习的历史信息库,它是创造性反思的主要来源。它刺激人们追求个人修养、锻炼

---

① 《史记》卷130·3290;华兹生,《大史家》,第45页。
② 可能与这个过程有关的术语出现在《蒙恬列传》卷末,蒙恬在文中引用了《尚书》中一条未知的材料,其中有"必叁而五之"。他后来观察到这是圣人所做的事情,并且上下文清楚地表明这种分类涉及某种对真实情况的辨别。《史记》卷88·2569—2570;倪豪士,《史记》,7:365—366(尽管倪豪士通过将"五"修改为"四"来回避这个术语的含义)。这个短语也出现在其他早期文本中,见王叔岷《史记斠证》(台北:"中央研究院"历史语言研究所,1982),8:2653—2654。

自己的创造性想象力、提升到更高的意识水平，并发展一种更深层次的社交意识。《诗经》不应被理解为道德责任的线性、顺序性的解释，不应被为了再现道德的人而被模仿。相反，它构成了个人、社会和政治经验的权威结构，这些，给予了创造性适应，可以作为构建当前和谐社区的框架。《诗经》的主要项目是实用的，不仅仅是识别、定义和通知，而是参与并最终转变。[①]

《史记》的情况是，司马迁的工作不仅要改变好学的、志同道合的人，还要改变世界本身。

[①] 郝大维和安乐哲，《孔子哲学思微》，第64页。

第六章　圣人的历史

现在是时候把我们的注意力从司马迁明显的解释和塑造他的材料的方法——总结个人评论和卷的安排——转移到更加持续的、巧妙的文学叙事上了。如前所述，我们将要检查的方法是选择、并置、重复、并行、对比以及情境化。我将从各卷中找到的例子开始，然后讨论《史记》中最重要的叙事之一——《孔子世家》。

文学塑造

《史记》各卷中包含大量重叠的材料，因为事件和人物可能会在不止一个传记中出现，而这一特征使得司马迁的叙述（和解释）手法对于早期历史的作者来说是不可用的。尽管所有历史学家都必须决定采用哪些内容及省略哪些内容，但司马迁的形式很不寻常，许多被排除在外的细节不会简单地从他的记录中消失，也不会被放在脚注中。相反，它们出现在其他卷中，在那里它们被给予完整的描述和解释。因此，《孟尝君列传》和《魏公子列传》

（卷 75 和卷 77）充斥着关于这些官员能够聚集追随者和识别有才能的人的逸事。实际上，这些都是司马迁在"太史公曰"中所评论的品质。而这些人因其他原因在历史上具有重要意义，其中包括孟尝君在进攻楚国时如何危险地过度扩张齐国的故事，以及魏公子试图向魏王进谏的故事。[①] 将这些细节转移到其他卷中，司马迁可以将注意力集中在人物的特定特征上，同时仍然提供更完整的视角。这是司马迁如何使用选择来引导读者认识各种主题和模式的一个例子。

另一个聚焦的类型出现在最早期的人物传记之一——伍子胥（约公元前 500 年）的传记中。[②] 伍子胥生命垂危时，新王即位，伍子胥告诫新王必须果断地对付敌对的越国。新王无视他的建议，与越国议和。后来，伍子胥再次进谏，吴王正在带兵攻打齐国，又一次忽略了他的建议。当伍子胥的建议第三次被拒绝时，他绝望地将儿子送到了邻国躲避即将发生的灾难。伍子胥因为这种所谓的不忠行为被老对手谴责，最终被迫自杀，这发生在他最后一次预言未来灾难之后。十二年之后，他的国家确实被越国灭亡了。司马迁用大约五十个句子叙述了这一切，除了伍子胥三次重复的警告和死亡之外，几乎没有提供任何其他内容，在这段叙述中，

---

① 《史记》卷 79·249。

② 《史记》卷 66 被理查德·鲁道夫（Richard Rudolph）译为《史记伍子胥传》，载《远东》9（1962），第 105—120 页；华兹生，《记录》，第 16—29 页。关于司马迁在这一卷的材料来源分析，见姜士彬（David Johnson）《中国早期的史诗与历史：伍子胥的故事》，载《亚洲研究杂志》40（1981），第 255—271 页。

从伍子胥的死到他的国家灭亡,中间只有七句话。①

实际上,伍子胥的三次警告是在九年内发出的,其间还有其他重要的事件和进展,其中一些涉及伍子胥(一些与卷41《越王句践世家》相关)。同样地,在伍子胥去世和他的可怕的预言实现之间的十二年中,充斥着重要的事件和人物,都未在本卷中被提及(卷31《吴太伯世家》和卷14《十二诸侯年表》提供了更多的信息)。通过省略许多细节,并将其他细节转移到不同的卷,司马迁将事实组合成一个有凝聚力、统一、强大的叙事。此外,他突出了一个特定的因果链——伍子胥的国家因为拒绝他的建议而灭亡。在基于严格编年的历史中,这样的编排方式将是尴尬或不可能的,这正是司马迁创造的超越它的原型——孔子的《春秋》及《左传》之处。

在司马迁关于汉代人物的叙述部分,也可以找到选择、重要并置和隐含因果关系的编排技巧,如《汲郑列传》(卷120)。②本卷通过一系列如下的并行的故事描述主题:

1. 开始介绍汲黯(包括他的字、出生地和祖先)。

2. 通过两个故事说明他的智慧。

3. 两个一般性描述(他喜黄老之言和直言不讳)。

4. 两个故事说明了他绝对的正直(第一个记述他的行为,第

---

① 《史记》卷66·2178—2181。此处引文来自中华书局点校本,但英文翻译属于意译,中文句子和英文翻译不一一对应。

② 卷120的译文,见华兹生《记录》,汉2:307—318。

二个回顾了他直接批评皇帝的话语）。

5. 两个故事说明了皇帝对汲黯的尊重（第一个记述皇帝的评论，第二个记述他的行为）。

6. 三个冲突故事（都是他严格执法，指责高级政府官员）。

7. 被调职（由他的对手公孙弘发起，在前述三个故事中的最后一个）。

8. 两个故事说明了汲黯的政治敏锐度。

9. 对皇帝的三个直接批评（都用了相同的短语回应："上默然"）。

10. 被免职（由于轻罪）。

11. 被召回。

12. 警告下属（包括最终应验的预测）。

13. 最后的晋升和死亡。

14. 后记（与汲黯有关或来自同一地区的官员的职业生涯的简短记述）。

15. 开始介绍郑当时（包括他的字、出生地和祖先）。

16. 两个描述（郑对朋友和黄老之术的热爱）。

17. 职业和风度（普通描述，与皇帝相关的一个特定故事）。

18. 垮台和重新被任用。

19. 汲黯和郑当时的比较（请注意，这两个人都是正直的、在中年丢掉官职、被朋友抛弃，并最后在异乡死去）。

20. 司马迁的评论（关于朋友的善变）。

第六章　圣人的历史　213

在本卷中，逸事被精心安排于文学模式中，充满了相似、重复、对比和不断加剧的紧张。这些在汲黯的传记中尤为明显，但正如司马迁明确指出的那样，郑当时表现出的极具亲和力而又受欢迎的作风，既提供了与汲黯直言不讳的对比也提供了两人相似之处的对比。关于汲黯和郑当时这一卷显然是一部精美的文学作品，其中司马迁突出了某些特征和主题，但是《史记》的结构使他能够在不牺牲历史准确性的情况下做到这一点。关于汲黯的逸事，尽管是平行排列的，仍然是按时间顺序叙述，司马迁把其他故事转移到了不同卷中。① 更具说服力的是，一个细节会干扰这一卷的文学统一性，汲黯和他的竞争对手公孙弘早先曾成功地合作过，这一事实被安排在公孙弘的传记中。②

一些观察可能是正确的。首先，尽管关于汲黯和郑当时如何相似有明确的解释，但司马迁一般更愿意让读者自己分辨。事实上，《史记》有很多合传和类传，在形式上似乎至少部分是在鼓励这种类型的解读和分析。司马迁不愿意直接评论，而倾向引用其他人对他的传记主题的判断。在卷120，我们读到了庄助、皇帝和淮南王对汲黯性格的评论，我们被迫在没有司马迁评论的情况下评估这些言论的可靠性和含义。③

---

①　见《史记》卷24·1178，卷29·1409，卷112·2950—2951。
②　《史记》卷112·2950。
③　《史记》卷120·3107、3109。请注意，尽管最后的引文中没有提到汲黯的名字，但司马迁引用淮南王的言论表明汲黯是主题，另见约瑟夫·艾伦《〈史记〉叙事结构的介绍性研究》，《中国文学：散文、论文、评论》3（1981），第41—42页。

其次，司马迁经常对与自己生活有关的主题感兴趣。卷120中，他安排突出了如何诚实、有效和安全地向皇帝提供建议的史料。司马迁对汲黯的生活着迷，而汲黯与司马迁不同，他直率地批评了皇帝却安然无事。而这位皇帝还是前无古人的汉武帝，也正是汉武帝，在司马迁提出直率批评时，下令处罚了司马迁。

最后，司马迁在选择和安排史料方面的广泛的范围，使他能够用背景来暗示历史事件的重要性或因果关系。例如，在汲黯的传记中，他在第10节中被贬职的原因是一个法律问题，但司马迁的故事情节表明，汲黯被贬职实际上是他与皇帝关系恶化的直接结果。而且，该卷的结构本身也暗示了司马迁自己的判断。郑当时圆滑变通的性格与汲黯傲慢、危险的直言不讳形成鲜明对比，而这两个人的职业生涯遵循同样的道路，似乎表明这种风格都是被接受的，或者说，直接批评并不比温和的尊重危险多少。然而，司马迁给予汲黯更多的空间和细节，表明他更偏爱直言不讳的进谏。考虑到这两个人的政治重要性，这种偏好特别明显：郑当时可能是这两个人中更年长的一个（从他比汲黯早六年获得高位的事实来看），而且，他占据了更高的政治地位。[①]

这些模式贯穿于《史记》：司马迁的叙述几乎很少；各卷重点关注忠诚、自杀和文学创作等问题；我们的阅读以灵活、复杂、多层次的结构为指导。但司马迁的触碰很轻，《史记》并没有进行

[①] 《汉书》卷19B·770—775。

严厉的说教。相反，司马迁似乎正在展示一种阅读历史、建立联系和发现意义的方法。① 他并不经常坚持特定的解释，而是邀请他的读者思考并和他一起重新思考。因此，往往很难确定他在一个特定的陈述中有什么意图，或他在材料编排中有多大的自由。幸运的是，《史记》提供了两种类型的测试——通过平行叙述和材料重组这些测试我们可以更准确地确定历史事实和文学表现之间的关系。

例如，公元前515年吴国阖庐政变的故事在三个单独的卷中有所涉及，不同的背景有助于读者以不同的方式认知同一事件。在卷66《伍子胥列传》中，政变似乎是一个背信弃义的机会主义行为（我们也不会惊讶于看到他的弟弟后来尝试同样的行为）。② 然而，卷31《吴太伯世家》中更多的宫廷政治的细节，为阖庐的政变提供了一个更深刻的动机，作为一个非常规继承王位的失败者，他的行为似乎更合理。③ 最后，在卷86《刺客列传》中详细描述了阖庐的政变。这段叙述基于《左传》，与前两条叙述并不冲突。然而，这个故事被包含在专门介绍诸如豫让和荆轲等英雄的卷中，这鼓励读者将阖庐的政变看作大胆、果断行动的一个例子，从这个角度看，他似乎值得钦佩。④

---

① 有关研究各卷文学意义的两篇示范文章，见艾伦《入门研究》，及李惠仪《〈史记〉中的权威观念》，《哈佛亚洲研究杂志》4，第2期（1994年12月），第388—391页。
② 《史记》卷66·2174、2177；见华兹生《记录》，第19—20、23页。
③ 《史记》卷31·1449、1461—1463；见沙畹《司马迁纪传》，4：6、15—21。
④ 《史记》卷86·2516—2518；见华兹生《记录》，第146—148页。《左传》，昭公，27·3。

结合不同的背景，司马迁对内容的取舍和细节处理也会影响我们理解事件的方式。汉王朝对外关系的一个例子说明了这一点。赵佗（死于前 137 年）是秦朝时期的地方官和军队长官，在起义开始时，他利用自己的地位，征服了南越的野蛮国家，自封为南越王。虽然赵佗最终同意效忠汉朝统治者，但仍然充满野心，擅自使用皇帝的称号，使用皇家规格的马车，将自己的命令称为"制"（这样，他试图证明自己与汉朝的皇帝平起平坐）。在《孝文本纪》中，我们了解到文帝如何以善良和宽容回应这种冒犯，结果赵佗被羞辱，放弃了自己的自命不凡。① 然后，在卷 97《郦生陆贾列传》，我们得知其实是陆贾出使南越，说服赵佗放弃他的傲慢。② 在两卷中，赵佗的忏悔用来说明主人公的美德——文帝的宽厚高尚和陆贾的外交能力。

司马迁并没有提到的是，赵佗回心转意流于表面，并未落到实处。我们在卷 113《南越列传》中了解到，私下里，赵佗在自己的诸侯国，继续像以前一样。③ 司马迁编辑了他的叙述以提出某些观点或给出特定的印象，但这不是故意欺骗的问题。在卷 97 简要叙述陆贾的外交后，司马迁在卷 113 中公开地将他的读者引入更全面的描述中。④ 这只是司马迁很好地平衡准确性和表现方式的另

---

① 《史记》卷 10 · 433；见华兹生《记录》，汉 1：305—306。
② 《史记》卷 97 · 2701；见华兹生《记录》，汉 1：229。
③ 《史记》卷 113 · 2970；见华兹生《记录》，汉 2：210。
④ 《史记》卷 97 · 2701；见华兹生《记录》，汉 1：229。

一个案例，他的历史呈现形式，加上他积极的编辑，使他能够实现这两个目标。

对司马迁历史学的这种解释暗含了一种相当复杂的历史观，我相信司马迁在卷末的明确评论也证明了这一点。他的评论表达了他对史料来源的怀疑态度以及他为后世学者提供基础的愿望，这表明他不相信《史记》将提供对历史的最终解释。此外，司马迁经常引用《战国策》并采用该书的惯常做法——通过引用历史来支撑政治论证。因此，在卷79《范雎蔡泽列传》，蔡泽试图通过引用商鞅、吴起和大夫种的故事，劝说范雎辞去秦国丞相的职务，这些人都认真地给统治者提出建议，却被处决了。在司马迁这段叙述中（直接来自《战国策》，几乎没有变化），范雎"知蔡泽之欲困己以说"，逐个讨论这三个人物，并表示整体而言，他们的经历确实值得效仿。作为回应，蔡泽再次提到这三个人来支持他的原始立场，无论他们各自论点的有什么优点，很明显，司马迁明白同样的历史材料可以用来支持截然不同的结论。①

另一个司马迁使用背景时手法比较老到的例证来自卷76《平原君虞卿列传》。赵国国君向楼缓征求意见。楼缓的建议是向秦国献城，但他刚刚从秦国回来，担心他的动机被人误解。所以，他提到了公甫文博的母亲，她批评她的儿子更关心女子而不是君子。

---

① 《史记》卷79·2420—2424（引文来自2420页）；倪豪士，《史记》，7：247—252；《战国策》全3册（上海：上海古籍出版社，1985），1：211—221。见柯润璞（J. I. Crump）译《战国策》（牛津：牛津大学出版社，1970），第132—135页（no. 108）。

楼缓继续说:"故从母言之,是为贤母;从妻言之,是必不免为妒妻。故其言一也,言者异则人心变矣。"① 这种关于背景在解释中的重要性的认识适用于整部《史记》。

我们衡量司马迁能自由地平衡历史事实和文字表现的第二个主要方法是,比较司马迁的叙述与司马迁所依赖的过去就存在的史料来源。② 这种方法存在一些明显的困难。司马迁可能使用了那些没有流传下来的史料,或者他引用的史料形式可能与我们能看到的这些作品的现代版本不同。通常很难确定司马迁是在解释已知来源,还是简单地引用另一个已不存在的文本。另一个问题是《史记》自身的传播。尽管如此,我相信这种比较方法很有效,即使结果总是尝试性的。

让我们回到卷 66《伍子胥列传》的一个情节,去看一个司马迁如何改造他的史料的例子。首先,史料出自《左传》。这个故事发生在春秋末期——一个政治和军事激烈竞争的时代,以悲剧的形式讲述了一个人如何播下自我毁灭的种子。③

子西(死于前 479 年)是楚国的令尹,打算邀请胜回国,胜

---

① 《史记》卷 76·2373;倪豪士,《史记》,7:210;《战国策》,2:692—693;柯润璞译,《战国策》,第 339 页(no. 265)。

② 例如,司马迁显然借鉴了战国时期就有的材料,其中一些在司马迁去世几年后被刘向(公元前 77—公元 6)编入了《战国策》。但是当《史记》中的说法与《战国策》记载不一致时,很难知道这是由于司马迁或刘向的编辑,还是文本流传的问题造成的(司马迁的唐代的注释者偶尔会提到我们现在已经看不到的《战国策》中的记载)。

③ 《左传》,哀公,16·3。完整的翻译见理雅各《春秋左传》,《中国经典》卷 5(牛津:牛津大学出版社,1872;台湾重印),第 846—848 页;华兹生译《左传》(纽约:哥伦比亚大学出版社,1989),第 201—206 页。

是受迫害逃离楚国的太子的儿子。叶公警告子西，胜是一个诡计多端、头脑发热的年轻人，并预测他的回归会带来灾难。子西无视这个建议，召回了胜，胜回到楚国后立即开始计划为死在郑国的父亲报仇。几经周折，胜获得了攻打郑国的许可，但就在他即将采取行动之前，晋国率先攻打了郑国，于是楚国救了郑国并签订了条约。胜大怒，并宣称打算杀害监督这个条约的令尹子西，他认为现在子西是他真正的敌人。子西听到这个消息，说"胜如卵，余翼而长之"，并且他拒绝相信胜的疯狂。① 几年后，胜杀了子西，并试图发动政变，最后被叶公镇压。

《史记》与《左传》尽管情节相同，但重点完全不同。《左传》讲述了子西的故事——他如何拒绝了合理的忠告，召回了胜，后来被胜杀死——而《史记》将同样的事件转化为胜的故事。司马迁通过三个主要变化实现故事转化。首先，根据卷66，是楚惠王，而不是子西，将胜召回楚国。《史记》另外两卷将子西确定为召回的发起人，但这种变化并不一定带来必然的矛盾。② 或许召回胜是子西的主意，只是由楚惠王正式邀请胜回国。其次，司马迁通过省略听说胜的威胁，并将其报告给子西的人是子西的侄子这一事实，使这个故事不再是一个家庭事件。第三，司马迁修改了子西反驳的口吻。根据卷66，当子西听到了胜的威胁，"笑曰：'胜如

---

① 理雅各的译文，见理雅各《春秋左传》，第847页。
② 《史记》卷14·675，卷40·1718。

卵耳，何能为也'"①。这种对胜的年轻和软弱的强调削弱了《左传》的原始观点，即子西自己应该对自己的麻烦负责。②

这里我们需要注意的是，尽管西方对《史记》有普遍的理解，但司马迁其实并没有直接引用之前的记载，而是在解释它。他以相同的顺序用许多相同的语言将相同的事件联系起来，由此，我们能将《左传》作为他主要的史料来源，但他遗漏了许多细节，改变了措辞，并添加了解释性的材料。这是《史记》利用《左传》的典型做法，对汉代读者而言，《左传》中的语言显然需要更新为当时的语言。③尽管如此，这使得司马迁能够相当自由地改变他的史料。特别是，他显然可以自由地修改直接对话，以便浓缩、澄清或更好地为叙述定制引文（由于司马迁正在处理古代历史，他可能对保留作者的原话没有任何幻想。就像修昔底德一样，演讲是一种文学手段，虽然准确性并非无关紧要）。④总的来说，《史记》与它的"前辈"《左传》相比，叙述更简短、更顺畅、更耐人寻味。它也是一个不同的故事。

司马迁把一个自我毁灭的故事变成了一个被误导的替父报仇的故事，这符合卷66的整体主题。事实上，这种背景促成了这种

---

① 《史记》卷 66 · 2182；见华兹生《记录》，第 27—28 页。
② 这一点在《左传》中对子西死亡的描述中得到了强调，他的最后一幕是用袖子掩盖他的脸以示羞辱。
③ 关于《史记》对《左传》语言的修改，见高本汉（Bernhard Karlgren）《左传真伪考》，载 *Göteborgs Högskolas Årsskrift* 32（1926），第 21—30 页；鎌田正《左伝の成立と其の展開》，第 109—145 页。
④ 有时同一个演讲的平行叙述在《史记》不同卷中略有不同，虽然它们通常是相同的。

蜕变。《史记》卷66还构建了另外两个为父复仇的例子：伍子胥忠实地履行了这一职责，而夫差则没能履行职责。这两个例子让读者认识到胜的故事是一个相似的案例。① 司马迁利用时间上的分离来强化他的情节。在伍子胥的国家被越国灭亡前，胜实际上已经死了——在伍子胥被处决之前三年，但司马迁却在开始胜的故事之前将伍子胥的故事讲述为结论（司马迁明确指出了这点）。② 司马迁将两个故事分开，因为如果他在伍子胥的生平和预言的框架内插入了胜的传记，那么后者的连贯性、统一性和叙事力量就会消失。

尽管司马迁处理《左传》中的材料相对自由，但当他使用的文本的语言更接近汉代语言时，他经常精确地引用它们。这是他使用的后来被收集到《战国策》中的材料的特征。我们在卷86《刺客列传》中看到这样一个例子。这是聂政（死于前397年）的故事，经过新的介绍和两段省略的引文，《史记》的叙述与《战国策》只有微小的差别。③ 聂政同意为严仲子暗杀韩国的丞相，因为当聂政只是市场上的一个屠夫时，严仲子对他和他的母亲都十分优厚。当聂政的母亲去世后，他告诉自己，"政将为知己者用"（两个版本都相同）。尽管暗杀本身的说法有些不同（《史记》省略了关于哀侯如何也被刺伤的几句话④，杀戮的地点也不同），有趣的

---

① 艾伦，《入门研究》，第51、57—58页。
② 《史记》卷66·2182；见华兹生，《记录》，第27页。
③ 《史记》卷86·2522—2526；《战国策》，2：993—1002；译文见华兹生《记录》，第50—54页；柯润璞《战国策》，第339页（no. 265）。
④ 也许司马迁省略了这一点，以避免严重的事件顺序问题。根据《史记》卷16·711和718，将暗杀丞相侠累和韩哀侯隔开了26年。

变化开始于对聂政身体的处理，在自杀之前，聂政曾自己毁伤身体以便不被人认出：

《战国策》：韩取聂政尸于市，县购之千金。久之莫知谁子。

《史记》：韩取聂政尸暴于市，购问莫知谁子。于是韩县购之，有能言杀相侠累者予千金。久之莫知也。

这些差异很小，但司马迁的补充说明清楚地强调了身份，随着故事的进展，这个主题变得更加突出：

《战国策》：政姊闻之，曰："弟至贤，不可爱妾之躯，灭吾弟之名，非弟意也。"乃之韩，视之曰："勇哉！气矜之隆。是其轶贲、育而高成荆矣。今死而无名，父母既殁矣，兄弟无有，此为我故也。夫爱身不扬弟之名，吾不忍也。"乃抱尸而哭之曰："此吾弟轵深井里聂政也。"亦自杀于尸下。晋、楚、齐、卫闻之曰："非独政之能，乃其姊者，亦列女也。"聂政之所以名施于后世者，其姊不避菹醢之诛，以扬其名也。

《史记》：政姊荣，闻人有刺杀韩相者，贼不得，国不知其名姓，暴其尸而县之千金，乃于邑曰："其是吾弟与？嗟乎，严仲子知吾弟！"立起，如韩，之市，而死者果政也，伏尸哭极哀，曰："是轵深井里所谓聂政者也。"市行者诸众人皆曰：

"此人暴虐吾国相,王县购其名姓千金,夫人不闻与?何敢来识之也?"荣应之曰:"闻之。然政所以蒙污辱自弃于市贩之间者,为老母幸无恙,妾未嫁也。亲既以天年下世,妾已嫁夫,严仲子乃察举吾弟困污之中而交之。泽厚矣,可奈何!士固为知己者死,今乃以妾尚在之故,重自刑以绝从,妾其奈何畏殁身之诛,终灭贤弟之名!"大惊韩市人。乃大呼天者三,卒于邑悲哀而死政之旁。晋、楚、齐、卫闻之,皆曰:"非独政能也,乃其姊亦烈女也。乡使政诚知其姊无濡忍之志,不重暴骸之难,必绝险千里以列其名,姊弟俱僇于韩市者,亦未必敢以身许严仲子也。严仲子亦可谓知人能得士矣!"

《史记》对聂政姐姐的叙述与《战国策》的描述明显不同,特别是言语的部分,我们不知道司马迁是否改写了这个故事,或者他是否引用了另一个不存在的来源。即便如此,差异仍很明显。在《战国策》中,聂政的姐姐关心他弟弟的名声,但在《史记》版本中,关注的重点是严仲子能赏识有能力的人,换句话说,就是真正识人。我怀疑司马迁故意用某种方式编辑叙述(通过直接修改或插入另一个来源)以突出这个主题,因为司马迁显然对这个主题感兴趣,最后的引用似乎代表了司马迁自己的判断。[1] 事实

---

① 在卷 75、76、77 中,以及卷 86 出现在聂政之前的关于豫让的叙述中,表彰才华横溢的人物是主题。此外,司马迁在给任安的信中也讨论了这个主题。见埃瑞克·亨利(Eric Henry)《中国早期认可的母题》,《哈佛亚洲研究杂志》47(1987),第 12—13 页。我们会在最后一章回到这个主题。还要注意的是,在《史记》版本中聂荣的故事中,她的自杀被淡化了,当然这是司马迁的另一个微妙的主题。

上，它为这个主题增添了另一个意义，因为它表明聂政本人并不真正了解他的姐姐。①

即使司马迁不修改史料的语言，史料排序的微小变化也能改变其含义。例如，在卷75《孟尝君列传》（约前300年），我们读到了孟尝君如何劝秦国进攻齐国。这段话与《战国策》中的叙述很相似。但是《战国策》将孟尝君作为魏国的代表，《史记》则把这段故事放在孟尝君逃到魏国之前。② 也就是说，《史记》表明，他在邀请敌人进攻齐国并希望齐国失败的时候，仍然是齐国的将军。事实上，《史记》专门提到孟尝君采取这一行动，是因为他与时任的齐国丞相吕礼的个人恩怨。

这种时间上的转变明显改变了故事。《战国策》中一个关于外交策略的故事，在《史记》中变成了一个权宜之计的叛逆故事。《史记》中的本纪、表、世家和列传之间的事件差异很大，很多可能没有解释意义。③ 相反，它们是司马迁史料稀缺和混乱的结果，或者司马迁可能在他真正完成写史工作之前已经去世。但这种特殊的修改似乎是故意的，因为它符合那卷的一个主题。

在同一个传记中的最后一个故事回归到权宜之下的背叛主题，

---

① 有关这一叙述的另一个详细解释，见杜润德《朦胧的镜子：司马迁笔下的矛盾与冲突》（奥尔巴尼：纽约州立大学出版社，1995），第99—122页。我们的解释在几个方面重叠，但杜润德更加关注聂政的姐姐的故事如何与司马迁自己的人生故事相交叉。也见李惠仪，《〈史记〉中的权威观念》，第372—375页。

② 《史记》卷75·2358；倪豪士，《史记》，7：196；《战国策》，1：169。另一种翻译可见柯润璞《战国策》，第86—87页（no. 80）。

③ 清代学者梁玉绳（1746—1819）在《史记》中发现了许多相互矛盾的日期。

因为它涉及孟尝君在被解职后官复原职的故事。他对背弃他的门客很生气，但是冯驩告诉孟尝君经过权衡利弊之后的效忠只不过是人类的天性，冯驩建议他原谅那些原来的门客并再次接受他们的服务。显然，孟尝君就是这样做的，因为在他的评论中，司马迁指出，在他自己的时代，过去孟尝君封地中仍然有很多豪杰之士。①

圣人的历史

鉴于司马迁与孔子及其作品的关系，司马迁在《史记》中给予孔子什么位置的问题就意义重大了。所有写过这个主题的人都注意到孔子的生活没有出现在我们可能期待的列传中，而是出现在世家中，尽管孔子不是封建诸侯。各种各样的解释已经被提出来——他继续受到祭祀，他的后裔获得了无上荣宠的头衔，他是持久传统的精神祖先，等等。很明显，这种安排是一种尊重孔子的方式。② 我们也可能会注意到，司马迁对孔子的尊重在上一章中关于《史记》的组织原则得到进一步证实：关于孔子的记载独立成卷；他被尊称；他是一位哲学家，生平事迹被紧密地按时间顺

---

① 《史记》卷75·2362—2363；倪豪士，《史记》，7：199—200。这个叙述本身似乎就是《战国策》中记述的变体，它涉及竞争对手而不是不忠的部下。见柯润璞《战国策》，第192—193页（no. 155）。

② 华兹生，《大史家》，第118—119页；泷川资言，《史记会注考证》全10册（东京：东方文化学院，1934），47.1—3。

序记录下来。① 相比之下，管仲和晏子被共立一个列传（卷62），老子、庄子、韩非子和申子（卷63），孙子、吴起（卷65），孟子、邹衍、慎到、荀卿、墨翟（卷74）②，也都是合传。然而，当我们真正读《孔子世家》时，令人惊讶的是，孔子并没有被描绘成一个超然的圣人，而是一个（几乎）平凡的人，他的生活经常是一连串失败、背叛和失望。

司马迁是第一位给孔子生平撰写连贯叙事的历史学家，他努力的结果一直存在争议。在许多方面，司马迁发现自己的处境与第一部耶稣福音书的作者相似。他获得了大量的传说故事，其中大部分都是单一的逸事或谚语，从中他选择了他认为最重要、最值得信赖的和最具启发性的传说。然后，他用它们创作了一个传记（他可能还特别考虑了那些包含地理或时间参考的故事，因为这些对于重构孔子的游历轨迹至关重要）。

遗憾的是，《孔子世家》读起来就像人们所预料的那样，是

---

① 在表中，其他四位哲学家偶尔被提到，卷15·725中，孙子成为一位将军；在卷15·723中，申不害是执政，在卷15·727中死亡；卷15·754中韩非子被杀；卷15·727中引用过孟子。管仲和晏子，作为政治家可能比哲学家更重要，分别在第四个和第七个条目中被提到。但孔子在《十二诸侯年表》（卷14）中出现了十次，从他公元前551年出生开始，到他在公元前479年去世结束。

② 然而，我应该指出另一位被单独安排传记的哲学人物（卷68），他被授予荣誉称号，一生在表中有六个条目——著名法家商君。但与大多数其他哲学家不同的是，商君享有一个非常有声望的政治生涯，这可能是他在《史记》中受到关注的原因，或者司马迁可能已经承认他的深远影响。毕竟，法制是帝国制度的基础之一。然而，司马迁在传记的结论性评论中表达了对商君的极度反对，并指出他的不良声誉是罪有应得的。见《史记》卷68·2237；华兹生《记录》，秦：99。另一位获得自己传记的准哲学人物（尽管很短）是司马穰苴，他写了一本军事战略书，但是，他从未出现在表中。见《史记》卷64。

一个有点松散的独立且矛盾的故事集。而且，其中许多故事都对孔子极度批判，观点似乎来自道家或法家。毋庸置疑，许多儒家对这个传记不满意，一些现代学者也表达了困惑。顾立雅想知道"为什么这个传记如此糟糕"，并怀疑这是对孔子的批评。他接着说，即使将孔子的传记升格到世家，也是一种微妙的谴责。①

《史记》确实是一部兼收并蓄的作品，正如班固在公元1世纪所认识的那样，司马迁很难被归为纯粹的儒家。② 但应该承认，我们对周代哲学学派的现代分类过于僵化，以致不能反映汉初哲学的实际情况。例如，在《汉书·艺文志》，班彪对道家著作的介绍是："道家者流，盖出于史官，历记成败存亡祸福古今之道。"③ 这听起来很像司马迁自己对《史记》的描述，尽管《艺文志》把司马迁的历史放在《春秋》类（我也这样认为）。④

司马迁的孔子传记并不像我们预期的那样，从严格的儒家视角来写就的（如果汉初有严格意义上的儒家），但它确实反映了对孔子及其作品的深刻理解。司马迁对呈现一位完美的圣人并无兴趣，

---

① 顾立雅（H. G. Creel），《孔子其人及其神话》（纽约：约翰之日出版社，1949），第244—248页；引文来自第246页。杜润德再次撰写了一篇富有洞察力的文章，在很多方面与我自己对一个重要的《史记》篇章的分析相似；见《朦胧的镜子：司马迁笔下的矛盾与冲突》，第29—45页；他巧妙处理了《孔子世家》史料来源和意义。我发现杜润德把孔子和司马迁的生活紧密联系起来是很有说服力的。

② 罗伯特·克劳福德，《〈史记〉的社会和政治哲学》，载《亚洲研究杂志》22，第4期（1963年8月），第401—416页；《汉书》卷62·2737—2738。

③ 《汉书》卷30·1732。

④ 《汉书》卷30·1714；对比已经引用的《汉书》卷62·2735，司马迁写道："网罗天下放失旧闻，考之行事，稽其成败兴坏之理，凡百三十篇。"

而且令人沮丧的是，有时这个传记似乎还没有将司马迁最好的批评技巧融入其中——它存在大量年代错误，而且基本年代有时与我们在《史记》其他地方找到的内容大相径庭——但是，我与伯顿·华兹生相信，传记确实有内在一致性的意义。[①] 司马迁对记入《史记》的故事仔细进行了取舍（虽然并不总是以历史可靠性为标准），以便描绘一个特定的孔子——一个在他自己的时代没有被赏识，但在去世后被认为是明智的和有道德的人。

人们可以关注在《史记》中不止一次提到的那些事件，通过这些事件形成了司马迁所认为的孔子一生的要义所在。按照《孔子世家》（卷47）的顺序排列：

A. 出生（卷14，卷33，卷47）

B. 前往周并问道老子（卷14，卷47，卷63，卷67）

C. 赴齐国（卷14，卷47）：听到韶乐（卷14，卷121）

D. 担任鲁国宰相（卷14，卷31，卷32，卷33，卷39，卷40，卷44，卷47，卷66）：参与鲁国和齐国国君的会见（卷14，卷32，卷33，卷47）[②]

E. 因为鲁国国君接受歌女，孔子离开鲁国（卷14，卷24，卷33，卷47，卷83）

[①] 华兹生，《大史家》，第170—174页；有关历史和时间问题的描述，见顾立雅《孔子：由俗入圣》，第245—246页；刘殿爵，《论语》，第181—194页。梁玉绳（1745—1819），《史记志疑》全3册（北京：中华书局，1981），3：1111—1142；沙畹的译文见《司马迁纪传》，5：283—435。

[②] 卷47改变了这两个事件的顺序，使孔子成功处理齐国会议四年后成为执政，但大多数《史记》的篇章把这两件事放在公元前500年。

F. 在外游历的岁月，包括：1. 卫，他获得俸禄（卷 14，卷 37，卷 47）；2. 匡，在那里受到攻击（卷 47，卷 124）；3. 郑（卷 42，卷 47）；4. 陈（卷 14，卷 36，卷 47）；5. 蔡（卷 35，卷 47）；6. 宋，他差点被桓魋杀死（卷 14，卷 38，卷 47）；7. 返回陈，在那里他惦记在鲁国的学生（卷 36，卷 47，卷 121）；8. 在陈、蔡之间，他差点被饿死（卷 47，卷 74，卷 124，卷 130）；9. 回到卫，他想正名，拒绝提供军事建议

G. 回到鲁国（卷 14，卷 33，卷 47）：正乐（卷 23，卷 47，卷 121）

H. 编辑经典文本（卷 13，卷 14，卷 47，卷 110，卷 121，卷 130）

I. 获麟（卷 14，卷 47，卷 121，卷 130）

J. 哀悼子路之死（卷 37，卷 67）

K. 死亡（卷 4，卷 14，卷 33，卷 34，卷 36，卷 37，卷 39，卷 47，卷 121）

这种方法是有局限的，因为一些事件——如孔子的出生、死亡和担任鲁国的官员——似乎主要是为了标记时间顺序而顺便提及，不过，这个大纲列出了司马迁认为与孔子有关的最重要的事件。现在，让我们转向《孔子世家》，看看司马迁如何叙述和扩充孔子生平的基本事件。①

---

① 《孔子世家》译文见沙畹《司马迁纪传》，5：283—435；杨宪益与戴乃迭译《史记》（香港：商务印书馆，1974），第 1—27 页；林语堂译《孔子的智慧》（纽约：兰登书屋，1938），第 53—100 页。

A.〔出生〕司马迁从卷47开始，按照惯例，简要介绍了孔子祖先的情况，但几乎从一开始，事情就不太对劲了。司马迁指出，孔子被认为是"野合"的结果。这个奇特的术语被解释为一种婚姻，在这桩婚姻当中丈夫对新娘来说太老了，或者是没有举行婚礼。它甚至可能是一件非法的事情，无论如何，它认为孔子的诞生不符合完美的礼仪。他父亲在他出生后不久就去世了，他的母亲"讳之也"（讳，这个词是孔子自己的"回避"原则），但目前尚不清楚她隐瞒的是什么——他父亲坟墓的确切位置？或者她根本不谈论他的父亲？孔子缺乏相关知识，使他无法在母亲去世时举行适当的仪式，直到邻居的母亲向他透露他父亲的坟墓的位置。之后，他还试图在服丧期间去参加宴会，结果被粗暴地拒绝了。

司马迁叙述了孔子的一些奇特之处——他是在母亲的祈祷下出生的；他的头形状奇怪；他小时候就按礼仪玩耍；他在17岁时被聘为礼仪教师（主要是基于他的家族传统）——但绝大多数情况下，他早年的特征似乎是贫穷、无用和丢人的（本部分的一个关键术语"不当时"，即他不适应时代）。这种感觉在司马迁简要介绍了孔子在一系列小职位上的成功后被加强，他还对孔子的未来进行了总结，以免我们产生错误的想法："已而去鲁，斥乎齐，逐乎宋、卫，困于陈蔡之间，于是反鲁。"[1] 孔子在鲁国拥有一定的影响力和声望，但是由于这一预示性的总结，司马迁塑造了我们

---

[1]《史记》卷47·1909。

关于接下来叙述的印象。无论孔子取得多大的成就，我们都知道，最终他将离开鲁国，走向充满危险和挫折的流浪生活。

B. 〔前往周并问道老子〕孔子和一名助手在鲁国国君的帮助下，前往周天子那里，以便在周朝创始人的宫廷学习礼，他在那里遇到了老子。这个故事在《史记》中出现了两次，每次孔子都得到了截然不同的建议。在卷 63 中，老子提醒他，在好的时代，智者可以在政府中服务，而在坏的时代，智者隐藏在默默无闻中，并敦促他克服自己的傲慢和欲望。离开时，孔子告诉他的学生们，老子像龙一样深不可测。① 孔子与老子显然拥有很好的交流，正如他自己的传记中呈现的，但是在《孔子世家》中，他们的谈话几乎对圣人没有任何补充。老子警告孔子，那些坚持批评他人缺陷的人会悲痛欲绝。伯顿·华兹生认为，孔子对批评的偏好是一个悲剧性的缺陷，这对他生活的某个方面产生了非常重要的影响。② 随着传记的展开，老子的警告似乎成为预言，孔子在各个方面遭遇了麻烦——被误解，被嫉妒，运气不好。

我们要如何创作出一则逸事描述我们的英雄被他最重要的对手警告和嘲笑的呢？首先，我们应该承认这些故事的历史基础薄弱。老子的形象是难以琢磨和富于传奇性的，无法确定他和孔子是否是同时代的人。而且，这两则故事似乎与哲学家的最高级会

---

① 《史记》卷 63·2140；倪豪士，《史记》，7：22。
② 华兹生，《大史家》，第 170—171 页。尽管有这种特殊的抱怨，我的分析在几点上还要归功于华兹生，《大史家》，第 167—174 页。

议的故事相似，这些会议显然是庄子编造出的奇思妙想的练习。然而，与老子会面的故事在《孔子世家》中确实有重要作用，它展示了孔子的折中主义和他的学习意愿。对司马迁来说，这无疑是一个重要的教训，他从他拥有道家倾向的父亲那里学习，他在青年时期也到处游历以获取知识和信息。虽然，老子在《孔子世家》中批评孔子，最初可能会让人感到意外，但它确实符合一种模式，那就是，在司马迁选择的卷47的故事中，孔子经常受到谴责和指责。

C.〔赴齐国〕司马迁接着描述鲁国——一个小而弱的国家，在强大、咄咄逼人的齐国、楚国和晋国之间摇摇欲坠——孔子和他的祖国的无能似乎是相似的。当齐国国君到访鲁国，孔子指出，成功的统治者需要好的顾问（这意味着，如果有机会，他可以解决鲁国的问题），但鲁国被政治动荡困扰，孔子35岁时，前往齐国，希望获得从政机会。他成功地与齐国国君交谈了几次，当另一位大臣提醒齐国国君像孔子这样尊礼乐的人是傲慢和不切实际的时候，齐国国君正准备给孔子一块封地。齐国的其他官员开始暗中反对孔子，最后齐国国君并未给孔子一个实质性职位，说："吾老矣，弗能用也。"[1]孔子无疑对这一切感到沮丧，回到鲁国。

D.〔担任鲁国宰相〕这里有两个奇怪的故事，展示了孔子对神话和传统的认识。在第一个故事中，他正确地把一只被埋葬的

---

[1] 《史记》卷47·1911。

绵羊般的生物认定为土里的一种怪物；在第二则故事中他评论了一个巨大的骨架的起源。这些故事使那些寻求理性的、多疑的孔子（或者是理性的、多疑的司马迁）的人感到沮丧，但它们让读者看到孔子确实具有非凡的能力，尽管他无法找到工作。事实上，司马迁似乎通过增加匿名观察者对这些事件的评论来强调这一方面，他们惊呼："善哉圣人！"这句话没有出现在司马迁的史料来源《国语》中。①

这种对孔子才能的承认更为重要，因为职位并非唾手可得：

是以鲁自大夫以下皆僭离于正道。故孔子不仕，退而修诗书礼乐，弟子弥众，至自远方，莫不受业焉。②

当孔子50岁时，他被一个反叛的贵族邀请担任一个职位，他受到了极大的诱惑，但最后，一个学生说服他不应该去。

最后，孔子被任命为一个地方长官，他获得了很大的成功，被晋升，致使邻近的齐国官员开始担忧。齐国国君邀请鲁国国君参加首脑会议，孔子作为助手一起参加了。在这次会议上，孔子利用礼的知识保护鲁国国君，让齐国明白其位置，并重获失地。不幸的是，因为试图遏制鲁国三大贵族家族的势力，尽管在他56岁时仍然被任命为代理宰相，这个胜利很快以失败告终。

---

① 《史记》卷47·1913；《国语》，鲁，5·18（1：213）。
② 《史记》卷47·1914。

孔子作为鲁国宰相的记载在历史上是可疑的。据《左传》记载，孔子是一名低级官员，他在与齐国的会议上担任"相"或助理，这可能是他曾经担任过的最高职位。然而，包括司马迁在内的后世的儒家，对这条材料进行了其他解读，说孔子担任过宰相。有一些重要的理由让人怀疑孔子曾担任过这么高的职位，但在他的传记中，这个职位有助于角色文学形象的塑造。[①] 似乎孔子的成功往往是灾难和失望的前奏，事实上，从这里直到他去世，他的事业是逐步下降的。

E.〔离开鲁国〕事情顺利进行了三个月，实际上情况是如此之好，以致齐国人开始担心孔子会带领鲁国成为诸侯国的领袖。因此，他们把 80 位歌女作为礼物送给鲁国国君，希望能因此分散孔子的权力。令人厌恶的是，他们的阴谋成功了，孔子离开了鲁国，去寻找另一个更有价值的国君。他离开后，鲁国宰相季桓子承认了自己的错误，但为时已晚。

F.〔在外游历的岁月〕孔子在各国之间游历了大约 14 年，去寻找能重用他的人，共向 70 多位统治者提出了申请。[②] 在这一卷中，司马迁描述了孔子从鲁到卫到匡到蒲，回到卫，到曹到宋到郑到陈，又回到蒲，再去卫，跨过黄河到邹到卫到陈到蔡到叶，回到蔡（在那遇到麻烦），到楚到卫，再返回鲁。几乎在每个地方，都有一些不愉快的事件——诽谤、逮捕、学生的误解、违

[①] 《左传》，定公，10·3。见刘殿爵《论语》，第 185—187 页。
[②] 《史记》卷 14·509，卷 121·3115。

礼、暗杀企图、战争、失望、侮辱或政治操纵——但在大多数情况下，孔子保持着他的信心、他的风趣幽默、他的坚韧，他一直提供精辟的语录和富有洞察力的批评。

我将对这些事件中的两个进行评论，这些事件说明了司马迁所提供的文学塑造。首先，孔子的才能太晚才被认识到：

> 秋，季桓子病，辇而见鲁城，喟然叹曰："昔此国几兴矣，以吾获罪于孔子，故不兴也。"顾谓其嗣康子曰："我即死，若必相鲁；相鲁，必召仲尼。"后数日，桓子卒，康子代立。已葬，欲召仲尼。①

在那时，另一位官员指出，由于过去没有恰当地使用孔子，我们鲁国成了笑柄，如果执政者亲自邀请孔子，就有可能再次受到嘲笑。因此，他们召来了孔子的一个学生。孔子宣称他已经准备回到鲁国，但在等待新的（具有讽刺意味的）成功学生的邀请时，他继续在外徘徊。

这则逸事回应了季桓子早先表达的遗憾，这标志着孔子游历的开始，并预示着大约八年后的一天，季康子最终将孔子召回鲁国，征求他的意见，但拒绝给他一个职位。作为将孔子多年自我放逐的起点和终点联系在一起的一个枢纽，这个故事具有重要意义，

---

① 《史记》卷 47·1927。

因为它凸显了孔子的美德并非完全未被认识的事实,这对那些当权者是不利的。它也很重要,因为这个故事的古老来源是未知的。我认为这并非完全是司马迁捏造出来的,但他非常渴望把它作为叙述的一部分,他愿意把他最钟爱的(和可靠的)史料来源之一的《左传》——与季桓子最后的话大不相同——放在一边。①

第二件事是孔子在陈、蔡之间的厄运:

> 孔子迁于蔡三岁,吴伐陈。楚救陈,军于城父。闻孔子在陈蔡之间,楚使人聘孔子。孔子将往拜礼,陈蔡大夫谋曰:"孔子贤者,所刺讥皆中诸侯之疾。今者久留陈蔡之间,诸大夫所设行皆非仲尼之意。今楚,大国也,来聘孔子。孔子用于楚,则陈蔡用事大夫危矣。"于是乃相与发徒役围孔子于野。不得行,绝粮。从者病,莫能兴。孔子讲诵弦歌不衰。②

如果孔子担任鲁国的宰相是他职业生涯的顶峰,那么厄于陈、蔡就是他的最低点,司马迁通过对话来放慢节奏以强调这一事件。司马迁插入了一条《论语》中的引文,其中孔子描述了一个真正的君子对苦难的反应,然后他又增加了一个冗长的段落(我们没有找到古代来源),其中孔子要求他的三个学生轮流解释两句《诗经》中似乎和他们的麻烦有关的诗歌。

---

① 《左传》,哀公,3·6;理雅各译,《春秋左传》,第 802 页。在《左传》中,季桓子病了,告诉近臣,如果南孺子生的是女孩,就立季康子为执政大臣。
② 《史记》卷 47·1930。

他们目前陷入困境的原因是什么？第一个学生怀疑孔子及其追随者的能力，第二个学生怀疑世界接受孔子教义的能力并建议孔子修改他的教义，第三个学生鼓励孔子继续前进，即使成功不是唾手可得。孔子对最后一个学生的回答表示赞同。最后，楚国的士兵救了他们，当楚王正准备给孔子一块封地时，讽刺但熟悉的一幕再度上演：一位官员警告说，孔子和他的弟子太有才了——现在给他们一块小的封地，他们将最终扩大成为一个国家。楚王因此作罢，孔子在63岁时继续前进。

这个令人沮丧和困苦的故事在《孔子世家》最前面的部分被提到，是作为孔子生活中的一个重要事件。再一次，"已而去鲁，斥乎齐，逐乎宋、卫，困于陈、蔡之间，于是反鲁。"① 尽管如此，这种写照并非批判孔子，而是为鼓舞人心，孔子在陈和蔡之间的困境在《史记》的其他几卷中都提到过。在卷74中，它与哲学家邹衍的惊人成功形成鲜明对比，但在其他地方，它被引用作为圣人必须承受苦难的榜样。② 这些引用中最重要的是司马迁自己，他描述了自己直接批评皇帝的灾难性经历之后，说：

> 乃喟然而叹曰："是余之罪也夫！是余之罪也夫！身毁不用矣。"退而深惟曰："夫《诗》、《书》隐约者，欲遂其志之

---

① 《史记》卷47·1909。
② 《史记》卷74·2345，卷124·3182，卷130·3300；倪豪士，《史记》，7：181；华兹生，《记录》汉2：410；华兹生，《大史家》，第54页。

思也。昔西伯拘羑里，演《周易》；孔子厄陈蔡，作《春秋》；屈原放逐，著《离骚》；左丘失明，厥有《国语》；孙子膑脚，而论兵法；不韦迁蜀，世传《吕览》；韩非囚秦，《说难》、《孤愤》；《诗》三百篇，大抵贤圣发愤之所为作也。此人皆意有所郁结，不得通其道也，故述往事，思来者。"①

这些都是司马迁在他自己的史书中所钦佩和使用的书籍，而且他打算将《史记》加入这些由于个人失败和受挫折产生的伟大的圣人作品的行列。

G.〔回到鲁国〕最后，孔子在67岁时被季康子召回了鲁国，但正如我们所看到的，"然鲁终不能用孔子"②。

H.〔编辑经典文本〕司马迁随后描述了孔子对书、礼、乐、诗和易的整理工作。司马迁这一卷的结构，使得孔子的主要学术努力看起来是在他回到鲁国之后进行的，事实上，这符合刚刚概述的文学作品被当世抛弃的模式，但因为研究这些经典文本是儒家教育的精髓，我怀疑当孔子第一次收学生时，他的编辑工作就以某种形式开始了。

在此，司马迁引用了六条来自《论语》的语录，来说明孔子的文学努力，但除了一条特别说明孔子从卫国回到鲁国后修正音乐之外，其他都没有交代他们最早的地点和时间。司马迁对它们

---

① 《史记》卷130·3300，华兹生的翻译修改了书名和罗马字母。华兹生，《大史家》，第54—55页。孔子在司马迁致任安的信中也被提到，见《汉书》卷62·2735。

② 《史记》卷47·1935。

第六章　圣人的历史　　239

进行了语境化处理，也就是说，他采用了独立的引文，并将其历史性地固定在孔子最后几年。通过安排故事和引语，司马迁塑造了孔子的生活，并使其成为一种在《史记》中经常出现的模式。除了前面的长篇文学先例，在《史记》的其他地方，我们会读到像"然虞卿非穷愁，亦不能著书以自见于后世云"这样的评论。①

在孔子的编辑工作之后，是孔子的个性和生活习惯的一个大纲。在这里，司马迁将《论语》中23条独立引语串联起来，大致按类别排列，因此我们读到了孔子如何教育、说话、走路、吃饭、哀悼和学习的内容。这部分的最后由目击者进行了四次评价：子贡（一个学生）、颜回（一个学生）、一个匿名村民和牢（或许也是一个学生），牢引用了孔子一句话："不试，故艺。"②

I.〔获麟〕司马迁的叙述被追溯到公元前481年，这一年发现了一只奇怪的动物。孔子听到报告，立即识别出这是传说中的麟，这被认为是出现圣人的信号。但是麟出现在如此邪恶和混乱的时代，预示着灾难。此事件在《公羊传》中被描述为：

麟者仁兽也，有王者则至，无王者则不至。有以告者曰："有麏而角者。"孔子曰："孰为来哉？孰为来哉？"反袂拭面，涕沾袍。颜渊死，子曰："噫！天丧予！"子路死，子曰：

---

① 《史记》卷76·2376；倪豪士，《史记》，7：212。
② 《史记》卷47·1941；对比《论语》9·6。我参考了沙畹确认的引文，见沙畹《司马迁纪传》，5：391—414。

"噫！天祝予！"西狩获麟，孔子曰："吾道穷矣！"①

这是司马迁引用《公羊传》的评论作为史料的罕见例证之一，他从几个方面对其进行了修改，从他在《孔子世家》中的引文可以看出：

鲁哀公十四年春，狩大野。叔孙氏车子鉏商获兽，以为不祥。仲尼视之，曰："麟也。"取之。曰："河不出图，雒不出书，吾已矣夫！"颜渊死，孔子曰："天丧予！"及西狩见麟，曰："吾道穷矣！"②

谈到历史细节，司马迁总是喜欢《左传》，从中他获得了获麟的地点的细节（《公羊传》断言伐木者发现了它），但关于孔子的反应以及这一事件的隐喻意义（从《论语》9.9中增加了关于河流预兆的引文），司马迁保留了大部分《公羊传》的说法。孔子的情感痛苦让人想起他最痛苦的失望，他对颜回去世的反应也在这里被叙述，尽管它实际上发生在 11 年前。③ 司马迁保留了《公羊传》中的记述顺序，尽管他忽略了子路，很晚才提到他的死。

在他的叙述中，司马迁插入了《论语》中一系列引文，其效

---

① 《公羊传》，哀公，14·1。
② 《史记》卷 47·1942。
③ 《史记》卷 67·2187—2188。

果是将孔子的悲叹转化为未被认可的悲剧，继续前面的段落：

> 喟然叹曰："莫知我夫！"子贡曰："何为莫知子？"子曰："不怨天，不尤人，下学而上达，知我者其天乎！""不降其志，不辱其身，伯夷、叔齐乎！"谓："柳下惠、少连降志辱身矣。"谓："虞仲、夷逸隐居放言，行中清，废中权。""我则异于是，无可无不可。"子曰："弗乎弗乎，君子病没世而名不称焉。吾道不行矣，吾何以自见于后世哉？"①

最后一个问题是司马迁为孔子写的，司马迁立即用关于《春秋》的叙述回答它——它们是如何产生的、它们结构背后的原则，以及它们改变世界的效果。司马迁本卷的结构将孔子的《春秋》的编辑作为他生命的最高纲领，因为他很快就要死了。

J.〔哀悼子路之死〕我们首先读到了一个关于这位重要学生死亡的简短告知，是《公羊传》和《史记》其他卷中都未提到的哀悼。关于子路的死似乎有些混乱——《卫康叔世家》的记载与《左传》中孔子的反应一致；《仲尼弟子列传》中孔子的哀悼则与之不同；《公羊传》提出了第三种反映。然而，《儒林列传》认为，在孔子去世后，子路仍然活着②——在这里，司马迁按照《左传》

---

① 《史记》卷47·1942—1943。
② 比较《史记》卷67·2194，卷37·1601，卷121·3116和《左传》，哀公，15·3。司马迁经常追随孔子，但在《左传》中，孔子的悲叹是对卫国动荡结局的预测，因此可能会分散读者对孔子临终前的思考。

所给出的顺序记载发生的事件：公元前481年获麟，第二年子路死了，孔子在公元前479年去世。

K.〔死亡〕孔子生病了，再一次表达了他的失望和沮丧（"天下无道久矣，莫能宗予"①），然后就死了。这不是一种荣耀的离世方式，鲁国国君夸张、虚伪的哀悼使这种不恰当变得更加复杂。在这种情况下，司马迁并不满足于让读者得出自己的结论：他引用了《左传》篇章中的其余部分，记录了子贡对鲁国国君空洞话语的反驳和批评。②

对于孔子的认可是缓慢的，经过了许多代人。世家特有的叙事方式是在记叙主要人物去世后，简要描述他后代的生活。封地被继承，保证了连续性，这是有道理的，但就孔子而言，他的思想被传承了下来。最终他的教诲被他的后代和学生传遍整个中国，他的家乡成了追随者的圣地，甚至直到汉朝，汉高祖还为孔子献祭（这本身就引人瞩目，因为他十分讨厌儒家学者）。

这种趋势似乎是积极的，司马迁记录了汉武帝任命一个孔子后裔为博士。这是一系列法令的结果，这些法令为研究儒家经典提供国家支持，是儒家被确定为汉代官方意识形态的关键因素之一。

孔子的遗训一直延续到在结束语中，我完整引用如下：

---

① 《史记》卷47·1944。
② 《史记》卷47·1945，《左传》，哀公，16·4。

> 太史公曰：《诗》有之："高山仰止，景行行止。"虽不能至，然心向往之。余读孔氏书，想见其为人。适鲁，观仲尼庙堂车服礼器，诸生以时习礼其家，余祗回留之不能去云。天下君王至于贤人众矣，当时则荣，没则已焉。孔子布衣，传十余世，学者宗之。自天子王侯，中国言六艺者折中于夫子，可谓至圣矣！①

这段评论直接回答了孔子悲伤时说的最后一句话"莫能宗予"，经过十代，"学者宗之"，尽管我的翻译没有捕捉到"宗"的其他内涵，其中包括"尊重""视为祖先"和"致敬"。孔子不得意的生活被他身后的荣耀消解，司马迁对自己的孔子故居之行的描述，是唯一一处让他踌躇的地方。在那里，失落感和未实现的野心几乎是显而易见的。

在《孔子世家》中，司马迁将孔子生平的各种故事安排成连贯的传记。他的历史编纂方法可能没有我们在这个重要的卷中所希望的那么敏锐——他本可以理清更多关于游历的细节，或者拒绝《国语》中的虚幻故事，或者更加怀疑关于孔子早期在鲁国任职的故事——但是，他富有同情心地勾勒出一幅动人肖像。司马迁讲述了一个聪明而又品行端正（但绝不是完美）的人的故事，他从未获得应有的工作和认可，但他从未丧失信心。在生命的尽头，他将自己的见解委托给著述，特别是《春秋》，而且在他去世

---

① 《史记》卷 47 · 1947。

后，被学者、皇帝，甚至像司马迁这样的历史学家认可和尊重。

　　司马迁通过精心选择和安排故事及引语来创造这种叙事。D. C. 劳感觉《孔子世家》太弱，因为司马迁太包容，"司马迁在处理他的原始资料的方式上非常谨慎：没有什么被舍弃，除非他可以证实其不可靠性。如果有怀疑的空间，他宁愿保留这个故事，让读者自己来判断。"[①] 但事实并非如此。读者只需要看看像《孔子家语》这样的汉代作品，看看实际上被《史记》采纳的东西是多么少。[②] 司马迁甚至没有将他认为可靠的所有的材料都放在孔子这一卷中。另外的逸事和引语出现在《史记》其他卷中（特别是卷67《仲尼弟子列传》），值得注意的是，卷47的内容大部分来自《论语》和《左传》，这些是现代学者认为关于孔子生活最有价值的史料来源。司马迁认为这些文本是可靠的，但在《孔子世家》中，司马迁只使用了其中关于孔子的一小部分的言语和行为。重要的是，正如聂石樵所指出的那样，在司马迁关于孔子生平和教义的概述中，诸如"仁"之类的传统儒家美德很少被关注。相反，焦点更多地集中在关于"礼"的问题上。[③] 这符合司马迁把孔子作为一个圣人的观念，即孔子通过适当的语言和仪式来塑造世界，而不仅仅是道德的教师。当然，他教授道德原则，但他的影响力（特别是通过《春秋》）更为深远。

---

① 刘殿爵，《论语》，第162页。
② R. P. 克雷莫斯（R. P. Kramers），《孔子家语》（莱顿：博睿出版社，1950）。
③ 聂石樵，《司马迁论稿》（北京：北京师范大学出版社，1987），第151—152页。

司马迁围绕某些类型的重复事件构建了自己的故事：遇到了隐士；尽管灾难迫在眉睫，孔子仍然满怀信心感叹；诡计多端的大臣们正是因为认识到孔子的才能而迫害孔子；那些发现孔子的道德说教太过严格而无法忍受的父亲，却仍然把孔子推荐给他们的儿子。他通过语言反复强调了他的主题"不用"，同义变体在《史记》卷47中出现了7次。[①]他为从《论语》中引用的没有时间顺序和地理介绍的引文提供了历史背景。最后，司马迁通过他的并列帮助塑造读者对大量材料的反应，这让我们能够感受到苦涩的讽刺并几乎忽略孔子的事业。也许，《孔子世家》突出了孔子的失败——有太多的失望、挫折、背叛和批评的事件，而不是对圣人的一个简单的赞美——这使他最终的救赎更具戏剧性。

这让我们回到了历史与虚构之间关系的古老问题。我们不禁感到，从批判的、准确的历史角度来看，司马迁本来可以做得更好。他把孔子生平的基本要素按时间顺序大致排列，但最终，文学方面的考虑超过了历史标准。然而，对司马迁来说，准确性并不是历史劳动的最终目标，相反，它是揭示过去道德意义的一种手段。也许司马迁觉得孔子生平的真正意义就明显体现在本卷。无论如何，羞辱和被拒绝的模式，以及著述上的努力和最终被认可，都足以使他成为司马迁自己生活的榜样。

[①] 《史记》卷47·1911、1914、1924、1926、1935、1945。明代学者陈仁锡注意到了这种模式。见泷川资言《史记会注考证》，47·2。

第七章　争夺世界

我们已经看到司马迁如何运用文字塑造他的历史呈现，如果《史记》没有为那些研究历史的人提供明确的答案，它至少提供了建设性的指导。通过塑造他的叙述，司马迁模仿孔子的批判史学，但这只是儒家方案中的一半。司马迁的书是否旨在塑造世界本身尚有待观察。读者可能受司马迁叙述的影响，但更广阔的世界会有明显改变吗？更具体地说，司马迁的《史记》，是试图通过使用仪式化语言、运用某种儒家正名的方式去重塑世界吗？

为了回答这些问题，我们现在转向《史记》中心叙事中的一个，就像往常一样，通过几个重叠／相互关联／相互矛盾的本纪和列传来说明。[1] 这是一个秦国如何在秦始皇领导下击败六国，并在公

---

[1] 《史记》中有关秦的各卷已经在我的两个史料来源中被整理和翻译，华兹生译，《记录》；雷蒙德·道森译，《司马迁：史记》，世界经典系列（牛津：牛津大学出版社，1994），倪豪士译，《史记》卷5（《秦本纪》）和卷6（《秦始皇本纪》），载《史记》（布卢明顿：印第安纳大学出版社，1994）。关于秦兴起与衰落一个简短但全面的叙述，见卜德《秦国和秦帝国》，载杜希德和鲁惟一编，《剑桥中国秦汉史》（剑桥：剑桥大学出版社，1986），第20—102页。

元前221年统一中国的故事。我相信司马迁企图借助《史记》篡夺秦朝武力建立的世界秩序。与秦始皇凭借强制和暴力相反，司马迁试图通过重建道德作为管理国家和人类社会的基础。我以司马迁的内容为基础，开始自己的叙述，来阐释他的所做所为。

青铜的世界

在战国时期（前403—前221），秦始皇是秦国的王子，当时数百个宣称对周朝早期统治者效忠的、周朝分封的小国家，已经减少到七个。这七个诸侯国陷入了生死斗争中，他们试图战胜并摧毁对手；他们清楚地知道，只有当一个国家统治全中国时，无休止的战争才会结束。

今天描述民族国家的"中国"一词，在那时表示的是文化或文明。中国人是那些拥有共同传统的人，其中包括语言和习俗。其他人都被视为"野蛮人"。古希腊有类似的身份认同（英文中的"野蛮"这个词来自希腊语它试图模仿和贬低异族语言中的意义不明的发音），但地理位置强迫希腊承认埃及和波斯的竞争主张。然而，黄河流域的居民，没有其他古代文明侵入，从战国时代开始，中国人称他们的领土为中国，即"在天下之中的国家"。

儒家经典中"中国"这一术语的早期使用，意味着中国人占据了中心，四周围绕着"野蛮人"。值得赞扬的是，中国人在各种"野蛮人"部落中脱颖而出，但除了地理意义之外，"中"这个字当然还包括一个评价成分。"中"是"重要的"（如英文单词 central），它有"适当"的意思，即使它只是"普通、平庸"的意思，也从文化歧视的角度，暗示了"野蛮人"是病态的。

由于中国人与"野蛮人"之间的界限是文化的而不是地理的，一个特定的群体总是有可能占据中间的位置，他们的所作所为只要有一部分是"文明的"，他们就是中国人。秦人就是这种情况。秦位于西北部，虽然周朝在大约八百年前就在这个地区活动，但是中国文明的中心已经向东移动了，秦被其他国家认为是半开化的国家。虽然他们的祖先只是松散地与中国联系在一起，当周王室在公元前771年东迁时，秦被招募来保护西部边疆。作为回报，秦的统治者被分封为诸侯，但是长期与西部的"野蛮人"接触，使秦国的中国化进程很慢。他们的起源、地理位置和相对较晚进入中国封建体系都造成了他们本质上是局外人的感觉，但更重要的因素是他们的"不文明"行为。

例如，秦国有用人殉葬的记载。对中国人来说，这是一个微妙的主题，他们都将自己的文明追溯到商朝（约前1525—前1025），这是历史上为数不多的经常进行大规模人殉的时代之一。虽然被越来越多的受过教育的精英反对，但这种做法在周朝时期仍然偶尔发生。[1] 到春秋时代（前722—前476），记载显示，这种情况令人震

---

[1] 考古证据表明，人殉主要发生在秦、楚这样的半开化国家。见李学勤《东周与秦代文明》，张光直译（纽黑文，康涅狄格州：耶鲁大学出版社，1985），第161、227—228、475—476页。

惊和沮丧。在公元前641年,宋国国君为了使"东方的野蛮人部落归附"(欲以属东夷),以其属国国君为人殉。宋国司马观察到,虽然牺牲是为了使人类受益,但在此过程中杀死他们并没有多大意义,他明确地将这种人殉与有德行的领导才能进行了对比。①

出于人道、文明的考虑,中国人主动放弃了人殉,更加担心这类事件的重演。因此,当公元前678年秦武公以66人殉葬,公元前621年秦穆公以177人殉葬,其他诸侯国都认为秦是野蛮和落后的。②与许多文化后进者一样,秦虽然逐渐采用了越来越多的中国的习俗(政治机构、礼仪、官吏、宗教仪式、音乐等),但糟糕的是,他们搞错了一些事。在公元前771年秦被正式接纳进入中国社会秩序后的第一年,他们在西畤祭天。我们再次注意到司马迁对此事件的反应:

僭端见矣。《礼》曰:"天子祭天地,诸侯祭其域内名山大川。"今秦杂戎翟之俗,先暴戾,后仁义,位在藩臣而胪于郊祀,君子惧焉。③

此外,秦国处于周朝末期社会变革的最前沿。在明显否定中

---

① 《左传》,僖公,19·5;可对比,文公,6·2和昭公,10·3、11·10。这些是《左传》中仅有的关于人殉的事件,每一次都被强烈谴责。也见僖公,21·3,鲁公被劝阻以萨满为人殉来缓解干旱。
② 《史记》卷5·183、194;华兹生,《记录》,秦:8,17。
③ 《史记》卷15·685。见华兹生《记录》,秦:85;或华兹生,《大史家》,第86页。

国共同传统的过程中，他们用一种新的中央集权官僚政府取代了中国的贵族封建政府，在这种政府中，有才能的低级贵族、平民，甚至外国人都可以青云直上。他们改革传统的税收、土地分配和家庭生活方式，以提高农民的农业效率和政治合作。另外，他们通过颁布适用于每个人的详细法律条文，破坏了大部分不成文的正当行为准则（礼）。

日益激烈的军事竞争迫使其他国家发起或采取类似的改革，但没有国家会非常急切地接受激发和协调秦国变革的独裁、反传统的法家哲学。其他诸侯国更愿意与他们的贵族妥协，并至少要保持传统道德的伪装。因此，在公元前266年，我们发现一位魏国的大臣争辩说：

> 秦与戎翟同俗，有虎狼之心，贪戾好利无信，不识礼义德行。苟有利焉，不顾亲戚兄弟，若禽兽耳。此天下之所识也。[①]

在12岁时，秦始皇继承了一个为战争而组织，并且不受传统束缚的国家。他充分利用地理优势、才华横溢的大臣和将军，以及成千上万的军队，奋战了25年，征服了一个又一个国家，直到公元前221年，他打败了最后一个对手。通过武力，也就是青铜铸成的武器，他成了已知世界的主人，他开始以秦帝国的蓝图重

---

① 《史记》卷44·1857。

建这个世界。①

在政治上，秦始皇摧毁了旧的封建制度，在全国设 36 个郡，每个郡都由中央任命的专业官僚管理。他通过没收武器，重新安置了 12 万个有潜在危胁的豪富家庭，并拆除了以前的防御工事，进一步巩固了自己的统治。此外，他的军队驱逐了"野蛮人"，并命令成千上万的平民迁徙到新征服的地区以使边界稳定。在社会治理上，秦始皇通过规范法律条文、度量衡、钱币、车轨和文字，实现了国家统一。

秦始皇重塑中国的意愿不仅仅停留在政治制度和社会习俗上，而且扩展到土地本身。在他的命令下，山脉被切断、山谷被填满，以修建一个巨大的道路、运河和城墙体系（包括成为中国长城基础的防御工事）②。不仅政治组织、社交互动甚至地貌似乎都容易受到大规模有组织的活动和武力威胁的影响，秦始皇也在意识形态领域寻求统治权。

就像周朝第一位统治者一样，他们通过诉诸"天命"来证明自己战胜商朝是合理的，秦始皇也试图通过思想的重组使他自己的军事征服合法化。他试图改变人们理解世界的范畴，最重要的是，他希望自己能够定义世界。他作为一个帝国统治者的第一次

---

① 有时秦使用铁制武器被认为是它们取得胜利的关键因素。虽然当时已经出现铁制铸件，但考古并未提供铁制武器已被普遍使用的证据。据我们所知，秦士兵的主要武器是青铜。见卜德《秦国和秦帝国》，第 46—47 页。

② 传统的长城概念存在问题，但很明显，始皇帝的设防和边境围墙建设工作相当可观。见林霨（Arthur Waldron）《长城》（剑桥：剑桥大学出版社，1990），第 15—21 页。

行动的记录是,他向大臣询问他应该有什么样的称号。在这次谈话中,他按时间顺序总结了他对韩、赵、魏、楚、燕、齐等国的胜利,但他的新政治秩序的语言重新回到了过去,每次军事征服被描述为对反叛行为的"惩罚"(诛)。① 他所列举的被破坏的条约、合纵和背盟,在战国时代十分普遍,但"反叛"概念的前提是,有一个统一、稳定的政治实体运用权力惩罚反叛者。

直到秦统一的那一年,在长期内战期间,秦只是一个和其他国家平等的国家,但秦始皇无视这样一个事实,继续说:

> 寡人以眇眇之身,兴兵诛暴乱,赖宗庙之灵,六王咸伏其辜,天下大定。今名号不更,无以称成功,传后世。②

他的顾问都不是傻子,善意地回复,指出他"兴兵诛暴乱",向他建议合适的名号。秦始皇最终选定了"始皇帝"。早些时候,他和他的竞争对手一样,曾使用过"王"的称号,但相对于他当下所拥有的前所未有的权力,这个以前崇高的称谓现在似乎过于平凡。③

在重新命名的狂热中,秦始皇宣称从现在开始他的命为"制",令为"诏",人民为"黔首",甚至黄河也被重新命名,称为"德水"。一个新世界所有的东西都需要新的名字,它们都来自

---

① 《史记》卷 6·235—236;见华兹生《记录》,秦:42。
② 《史记》卷 6·236;见华兹生《记录》,秦:42。
③ 《史记》卷 6·236;见华兹生《记录》,秦:43。

秦始皇这位新的君主。与《圣经》中的亚当一样，命名行为既表示起点也包含统治权（尽管人们可能会注意到，即使是亚当也被剥夺了为自己命名的机会）。所有这一切都是秦始皇试图控制话语权，即定义他在世界上位置的能力。正如他在随后的法令中指出的那样：

> 朕闻太古有号毋谥，中古有号，死而以行为谥。如此，则子议父，臣议君也，甚无谓，朕弗取焉。自今已来，除谥法。朕为始皇帝。后世以计数，二世、三世至于万世，传之无穷。①

在他余生中，秦始皇定期巡视他庞大的帝国，就像他之前的全世界的大帝一样，如波斯的大流士一世（前521—前486）和印度的阿育王（约前272—前232）；他在巡幸途中树碑铭文，以庆祝他的成就，并传播他对世界的新见解。这些铭文提醒（或告知）臣民，"六国回辟，贪戾无厌，虐杀不已。皇帝哀众，遂发讨师"，并称赞秦始皇"运理群物，考验事实，各载其名"。②

在对秦始皇成就的描述中，我区分了他的政治、社会和土地改革。但这是人为的区分，因为在真正的统一之下，作为一个完整的、和谐的、整体的一部分的作用往往不会被发现。因此，秦

---

① 《史记》卷6·236；见华兹生《记录》，秦：43。
② 《史记》卷6·249、262；见华兹生《记录》，秦：50、61。

始皇使用同一个词"定",来描述他对帝国和他的人民,对法律、刑罚和名称,以及对土地和地形的所作所为(最后一个是靠破坏城墙、突破河堤、平整山区障碍来"定")。

从公元前218年的这条铭文中可以看到秦始皇重建世界的综合性。①

> 维二十八年,皇帝作始。
> 端平法度,万物之纪。
> 以明人事,合同父子。
> 圣智仁义,显白道理。
> ……
> 皇帝之功,勤劳本事。
> 上农除末,黔首是富。
> 普天之下,抟心揖志。
> 器械一量,同书文字。
> 日月所照,舟舆所载。
> 皆终其命,莫不得意。
> ……
> 皇帝之德,存定四极。
> 诛乱除害,兴利致福。
> 节事以时,诸产繁殖。
> 黔首安宁,不用兵革。

---

① 《史记》卷6·236、245、250、252、261。

六亲相保，终无寇贼。
欢欣奉教，尽知法式。
……
人迹所至，无不臣者。
功盖五帝，泽及牛马。
莫不受德，各安其宇。①

　　以上是关于普遍世界秩序的综合愿景，包括政府、法律、经济、家庭关系、交流和自然。简而言之，秦始皇试图定义理解和判断世界的术语。②或许重要的是，即使这些保存着铭文的稀疏的考古遗迹都是石头，但两个补充文本都提到了秦始皇在"金属和石头"上的荣耀。③这个短语的字面含义不清楚（是否有额外的青铜铭文副本？还是这些刻着铭文的石柱有青铜的部件？还是指刻有铭文的青铜度量衡？），但隐喻的意义是显而易见的。早期的统治者会将他们的行为刻在石碑和青铜器皿上，特别是后者。这些文本通常是纪念重要事件和特定的分封关系，例如，公元前554年，鲁国的官员观察到：

---

　　① 《史记》卷6·265；华兹生，《记录》，秦：47—48。有流传下来的关于石刻的考古材料的说明，见李学勤《东周与秦代文明》，第247—249页。
　　② 大部分铭文都是类似的，除了最后一个，它提供了关于性道德的具体说明，《史记》卷6·262；华兹生，《记录》，秦：61。
　　③ 《史记》卷6·246—247、267；华兹生，《记录》，秦：49、65。这两个补充文本与始皇帝的原始铭文一起被雕刻。一个是由他的大臣添加的，另一个是由他儿子秦二世所添加的。有关以金属和石头书写的始皇帝铭文的其他考古参考，见沙畹《司马迁纪传》，2：199，n. 2和553。

夫铭。天子令德。诸侯言时计功。大夫称伐。……且夫大伐小。取其所得以作彝器。铭其功烈。以示子孙。昭明德而惩无礼也。①

通过制造和分配这些物品（给后代或附庸），古代国王寻求交流和验证他们自己对世界的描述。②

因此，对金属和石头上铭文的引用，代表了秦始皇的同伴（如果不是他自己）努力进入另一个青铜世界的努力，一个通过操纵神圣的青铜礼器而建立和维持的概念世界。在战国时代，青铜器的使用已经变得司空见惯并且世俗化，只是刻有文字的大型器皿很少见，但早期器物的威信仍然存在。当秦始皇从第一次提到的金属铭文的地方返回时，停在了泗水，他命令一千人潜水搜寻曾经属于周王的传说中神圣的青铜鼎，这些鼎据说被沉在河中。③这次努力失败了，但总的来说，秦始皇确实成功地侵占了古代青

---

① 《左传》，襄公，19·2；理雅各译，《春秋左传》，《中国经典》卷5（牛津：牛津大学出版社，1872；台湾重印），第483页。《左传》中提到的其他铭文包括对暗杀的吹嘘、对后人的警告，以及谦逊举止的记录。见僖公，25·1；昭公3·2，7·6。

② 见张光直《美术、神话与祭祀：中国古代政治权威之路》（剑桥，马萨诸塞州：哈佛大学出版社，1983），第95—106页。关于青铜铭文，见夏含夷（Edward L. Shaughnessy）《西周史料：铜器铭文》（伯克利和洛杉矶：加州大学出版社，1991）。

③ 《史记》卷6·248，卷28·1365；华兹生，《记录》，秦：49。这些鼎也在《史记》卷5·218，卷28·1365、1383、1392中被提到，见华兹生《记录》，秦：32，汉2：11、23、34—35。据推测，它们是由夏的创始人禹制造的，然后随着天命将其转移到商周统治者身上。少数人认为秦国在某些时候已经占有了这些神圣的鼎，但显然到了始皇帝的时候，它们消失了。汉代人对于始皇帝未能找到这些鼎的解释，见巫鸿《武梁祠：中国古代画像艺术的思想性》（斯坦福，加利福尼亚州：斯坦福大学出版社，1989），第59、92—96页。

铜礼器被赋予的礼法上的权威。那些器皿上和他自己的石刻（和青铜？）上的铭文有一个共同的目标——两者都试图对世界和未来强加统治者的自我定义。

　　秦始皇的铭文至少在两个方面令人惊讶。首先，与大流士和阿育王不同，秦始皇并未援引上天的权威。虽然他在讲话中偶尔会提到"赖宗庙之灵"，但在他的铭文中没有出现过这样的情况。①他可能是认识到拥有共同的祖先对自己并不有利，但也有可能是他故意拒绝周朝先例的限制。当周朝第一个王推翻了商朝时，他们引用了他们自己的神——"天"（Heaven），站在他们一边的"天"已经证明比商朝的祖先神"上帝"更强大。周王称自己为天的儿子——"天子"，并声称是在天的同意下统治周朝的，自称服从天的意志。这种尊重对秦始皇来说不可想象。相反地，通过使用"帝"这个字作为他新称号的一部分，秦始皇宣称他自己拥有与过去传说中的统治者和精神存在同等的权威。②

　　其次，尽管他成功地使用了法家的战略和法家大臣，但秦始皇对自己统治合法性的认识显然是折中主义的。他提到了他对"法"及"惩罚和名称"的掌握，以及他"依时代而定"的行为，

---

　　①　《史记》卷6·236、239。也见卷6·247，"昭明宗庙"在大臣们的铭文中出现。
　　②　见卜德《中国的第一个统一者》（莱顿：博睿出版社，1938），第124—132页。卜德认为秦始皇使用"皇帝"这个词，主要是出于政治考量而不是宗教。见魏侯玮（Howard J. Wechsler）《玉帛之奠：唐王朝正统化过程中的礼仪和象征》（纽黑文，康涅狄格州：耶鲁大学出版社，1985），第86页。前丞相李斯在提到秦始皇时曾使用过"天子"一词，见《史记》卷87·1561；华兹生，《记录》，秦：202。邪恶的宦官赵高在试图恐吓秦二世时也使用了这个词，见《史记》卷87·2558、2562，华兹生，《记录》，秦：198、204。

这些都是重要的法家原则，但他也要求宣扬儒家的主要优点"智慧、仁慈和正义"。他借用儒家经典中的短语，并且以孝顺和谐作为一个关键点。① 他与自然进程的和谐也赢得了道家的赞同，并且他的大臣们用树立的碑刻表明他"体道行德"，使用了《道德经》的核心术语。②

秦始皇的大部分重新命名和修改历法、仪式、官方颜色（标志着新王朝的确立）的行为，源于战国时期阴阳家的推演。③ 这些学者认为五行相克，每个王朝对应一个特定的属性。由于周朝属火，它的继任者自然属水，这是循环的下一个阶段。秦始皇热衷于将其作为另一个试图为他的统治提供自然的、有说服力的基础观点。

此外，铭文中最突出的论点是，秦始皇的统治是合理的，因为对普通百姓而言，他的征服带来了平安繁荣的时代，他对群众的关心和为人民群众不懈的努力不断受到称赞。君主为了人民的幸福而努力工作的观念不符合道家或法家的原则。事实上，似乎只有墨家强调劳动、权威和物质福祉，但对仁慈君主的呼吁可能超越了任何特定的哲学。正如张光直所写："显然，国王的统治主

---

① 沙畹，《司马迁纪传》，2：145。也见沙畹对其他铭文中对儒家引用的确认。同样值得注意的是，在邹峄山刻石铭记前，秦始皇曾向鲁地的儒家学者咨询。见《史记》卷6·242；华兹生，《记录》，秦：45。

② 《史记》卷6·247；华兹生，《记录》，秦：49。见卜德《秦国和秦帝国》，第72—81页。

③ 《史记》卷6·237—238；华兹生，《记录》，秦：43—44。

张建立在功绩基础之上的观点可能被描述为儒家的理想，但实际上，商和周都认为这是他们统治的理由，这必须被视为中国古代治理艺术的一部分。"①

秦始皇的铭文借鉴了他那个时代哲学的几个主要流派，但它们被引用的目的只有一个——使新的帝国秩序合法化。这种新的、无法预见的用法——一种对战国时代的知识遗产的操纵，只有在历史本身被挟持的情况下才能取得成功。由于大多数学派认为解释和判断政治和社会模式的标准深深地扎根于古代，所以秦始皇需要重新解释过去以获得对现在的控制。因为，铭文中对新的和平时代的庆祝并未被描述为对过去黄金时代的革新。偶尔会提到儒家、道家和墨家尊敬的传说时代的圣人，只是表明他们与秦始皇不相称——"五帝所不及"。

在他的大臣们所写的铭文中，我们读到：

> 古之五帝三王，知教不同，法度不明，假威鬼神，以欺远方，实不称名。故不久长。其身未殁，诸侯倍叛，法令不行。今皇帝并一海内以为郡县，天下和平。②

秦始皇优于所有历史人物的简单断言说服力不强，而与之对立的

---

① 张光直，《美术、神话与祭祀：中国古代政治权威之路》(剑桥，马萨诸塞州：哈佛大学出版社，1983)，第35页。信奉道家的统治者崇尚无为，允许所有事情都遵循它们的自然过程，而法家统治者则被鼓励制定全面而严厉的法律，以保证国家在轨道上运行。
② 《史记》卷6·246—247；华兹生，《记录》，秦：49。

世界观继续被捍卫着,甚至令人恼火的是,它们还被用来评判秦始皇本人。

历史标准复兴的关键问题是旧的封建制度。公元前 221 年秦统一后不久,丞相王绾建议秦始皇分封他的儿子。根据廷尉李斯的建议,秦始皇拒绝了王绾的提议,并将全国划分为 36 个郡。① 八年后,恢复分封的建议又被提了出来,这次是由淳于越提出的,他引用过去朝代的例子,并警告说:"事不师古而能长久者,非所闻也。"②

李斯再次强调这不是一个明智的政策,并且可能因其再度恢复分封而让国家受损,他提出了自己的建议:

> 五帝不相复,三代不相袭,各以治,非其相反,时变异也。……
>
> 今诸生不师今而学古,以非当世,惑乱黔首。丞相臣斯昧死言:古者天下散乱,莫之能一,是以诸侯并作,语皆道古以害今,饰虚言以乱实,人善其所私学,以非上之所建立。今皇帝并有天下,别黑白而定一尊。私学而相与非法教,人闻令下,则各以其学议之,入则心非,出则巷议,夸主以为名,异取以为高,率群下以造谤。如此弗禁,则主势降乎上,党与成乎下。禁之便。臣请史官非秦记皆烧之。非博士官所职,天下

---

① 《史记》卷 6·238—239;华兹生,《记录》,秦:44。
② 《史记》卷 6·254;华兹生,《记录》,秦:54。

> 敢有藏《诗》《书》、百家语者，悉诣守、尉杂烧之。有敢偶语《诗》《书》者弃市，以古非今者族。吏见知不举者与同罪。令下三十日不烧，黥为城旦。所不去者，医药卜筮种树之书。若欲有学法令，以吏为师。①

这些新规定立即得到批准和实施，从此臭名昭著。我已经详细引用了这段材料，因为这对了解秦始皇如何试图塑造一个帝国的意识形态至关重要。显然，他愿意用武力铲除竞争对手关于世界的记载，但正如德克·卜德所说，他并没有试图摧毁过去的所有文献。某些非政治性的著作得以幸免，即便是有危险的著作也被允许留在博士手中，更确切地说，他们是有广博知识的学者，是代表各个学派并为皇帝提供建议的70名知识分子。②秦始皇认识到历史是有用的——毕竟，有必要了解传说中的圣贤统治者，以便让那些声称胜过他们的人留下深刻的印象。他的铭文引用了《诗》和《书》，甚至李斯引用了历史先例来证明独立思考的危险性——但经典的获取和解释必须被严格控制。

其他诸侯国的编年史（当然，它们把秦国作为邪恶和机会主义的代表）被永远禁止，因为它们直接与新的正统观念相悖，更多的理论著作被认为是官方禁止的学术（如果读者不守规矩，他们就会受到惩罚，传统认为被秦始皇处决的有460多人）③。真正的

---

① 《史记》卷6·254—255；华兹生，《记录》，秦：54—55。
② 卜德，《中国的第一个统一者》，第162—166页。
③ 《史记》卷6·258；华兹生，《记录》，秦：58。

危险在于对历史和文学的非正式的私人研究。值得注意的是，李斯的建议并没有真正解决眼前的问题——在博士的宴会上提出恢复分封的建议，即使在新规定生效后，博士仍被允许保留他们的书籍和提出令人愤慨的建议。宫廷上的争论只是让李斯和秦始皇有机会摆脱帝国内部的不服从、竞争的世界观。这是以青铜武器来强制执行其意识形态的借口。

秦始皇全面统一的宏伟计划的最后一个任务是试图将天置于他的统治之下。从本质上讲，这种努力比政治上的征服更难以捉摸，因此，其结果不那么令人印象深刻。在秦始皇的正式巡视之旅中，他访问了圣地，并举行了精心设计的祭祀，旨在战胜天，并影响它在尘世的统治，但这些举动往往都以半喜剧性的方式结束。公元前219年，他向齐东部地区的儒生咨询关于封禅的事宜。尽管学者们意见各异，但是秦始皇还是登上了泰山并进行了祭祀。然而，在下山的路上，他陷入暴风雨中，不得不在树下避雨。这是一个不吉利的、令人尴尬的事故，但他很快通过授予大树"五大夫"的封号来恢复他的帝王自信。[①] 另一件类似的事是，当秦始皇到达湘山祠时，突如其来的大风让他无法过河，他便深入探究了神的身份。结果发现神社原来是尧帝女儿的埋葬地，她也是舜帝的妻子（尧、舜是秦始皇一直声称已经超越的五帝中的第四位和第五位），秦始皇十分愤怒，试

---

① 《史记》卷6·242；华兹生，《记录》，秦：45—46。可以对照《史记》卷28·1366—1367；华兹生，《记录》，汉2：12—13。

图命令三千名囚犯砍光山上的树木,并将山涂成红色来惩罚湘神。①(这让人想到薛西斯命令他的手下鞭打赫勒斯滂[今达达尼尔]海峡三百下,并给它戴上脚镣,然后用热烙铁烫上烙印,所有这一切都是因为一场风暴摧毁了浮桥。)②

公元前212年,在首都咸阳,秦始皇发起了一个反映了上天构造的巨大的建筑计划,"为复道,自阿房渡渭,属之咸阳,以象天极阁道绝汉抵营室也"③。通过将上天自然的、固定的结构融入他自己的环境中,他希望获得它们的永久性。这显然是他统治的一个主要目标,因为大约70万被阉割的罪犯和囚徒被征召建造阿房宫和他的陵墓。秦始皇对长生不老的追求最终变得狂热,以至于他下令建造了数百座宫殿,这样他作为"真人"的地位就不会因为任何人知道他的确切所在而受到损害。宫廷术士告诉他,这将有助于他们找到"不死之药",但他们的努力总是不成功。④

也许由于三次暗杀未遂事件,秦始皇害怕失去他辛辛苦苦获

---

① 《史记》卷6·248;华兹生,《记录》,秦:49—50。卜德把词语"赭"翻译成"涂成红色",认为这个故事难以置信,但我相信这些。赭可能的意思:"撒上红色的土","剥离(以暴露红土)",或者是"燃烧"(《辞海》的解释,它引用了这段)。见卜德《秦国和秦帝国》,第98页。

② 希罗多德,7.35。

③ 《史记》卷6·256;华兹生,《记录》,秦:56。请注意,这种符号配置似乎取代了《史记》卷6·241中描述的早期配置;华兹生,《记录》,秦:45。天界(包括北极星)和皇帝之间的联系至少有三个方面:一切都围绕着他们;两者都处于他们系统的顶端;并且皇帝占据了最北端的位置(中国的统治者在他们统治范围内总是要面朝南)。见《史记》卷27·1289—1290;李约瑟《中国的科学与文明》(剑桥:剑桥大学出版社,1959),3∶230、240、259—262。

④ 《史记》卷6·256—257;华兹生,《记录》,秦:56—57。

得的一切。"始皇恶言死，群臣莫敢言死事"，但不朽显然是另一回事，许多人上前提出建议。①秦始皇不断遭到肆无忌惮的、声称知道长寿秘诀的术士的欺骗，在浪费了多年时间和大量财富之后，术士们指责大鱼将他们阻止在仙岛之外，他们确信灵药就在那些仙岛上。秦始皇气势汹汹地前往海边，在那里射杀了一条大鱼，但在返回咸阳途中驾崩了。（具有讽刺意味的是，秦始皇快速腐烂的尸体的气味让人难以掩盖。为了掩盖他死亡的事实，他的大臣们将咸鱼装入他的马车中。）②

秦始皇的尴尬结局将我们带回了他在骊山的陵墓。秦始皇一直疯狂地追求长生不老，同时也为他最终的死亡做了精心准备。这些准备工作采用了宇宙模型的形式，包裹在青铜保护之中。秦始皇的陵墓有两种意义上的运作模式。它包括用于循环汞的机械器具（汞代表帝国的水域），它也会为秦始皇所用。由于他的精神不满足于在地下宫殿中统治玩具中国，因此该模型旨在影响外部世界并代表它。

在一种强调关联性思维的文化中（相似性质的事物可以在没有直接接触的情况下相互影响），陵墓对入侵者的严密防护将确保其功能，从而保证外部世界的有序运转，并使秦始皇继续统治二者。③在骊山，他的精神将得到他的儿子秦二世的祭祀，作为一个神圣的

---

① 《史记》卷6·264；华兹生，《记录》，秦：62。
② 《史记》卷6·263—264；华兹生，《记录》，秦：61—62。
③ 关于相关思维，见韩德森《中国宇宙学的发展与衰落》（纽约：哥伦比亚大学出版社，1984），第1章。

祖先，他可以在精神层面上继续他的统治。因此，陵墓是秦始皇为巩固其对治下万物统治所做努力的顶峰。它通过代表帝国来统一空间，但它也把天地、自然界和人类世界聚集在了一起。此外，时间本身也因与骊山的联系而需要重构，骊山既代表了秦参与中华文明的开始，也代表了它的顶峰。公元前771年，周幽王在骊山脚下被周边部落犬戎杀害。当秦的统治者来拯救周王朝时，他获得了周王朝的分封，550年后，秦王统一了中国。①秦始皇的陵墓对应的是他铭文中有秩序的理想世界，和铭文一样，它的目的是在他对过去和现在的统治的基础上增加对未来的控制权。

秦始皇的努力有多成功？这个问题可以从几个方面回答。从某个角度来看，他是一个惨淡的失败者。尽管精心策划且花费巨大，但统治和用石头和青铜打造的陵墓的实际寿命更接近咸鱼，即使他计划要持续一万代。秦始皇建立的王朝勉强维持过了他儿子短暂的统治；15年后，它结束了。甚至他那奇妙的陵墓也遭到抢劫和焚烧。

然而，从另一个角度看，秦始皇的遗产相当持久。下一个王朝——汉朝，极力谴责秦统治者的压迫和暴戾，然后悄悄地采用了秦的几乎所有的举措和制度，从司法到法律，从仪式到帝国称号。事实上，由秦始皇建立的政府模式一直持续到1911年中国最后一位皇帝退位。正如卜德所写的那样："标志从国家向帝国转变

---

① 《史记》卷5·179；华兹生，《记录》，秦：5。

的公元前 221 年,是本世纪革命性变革之前中国历史上最重要的一个时间。"① 今天的中国是一个统一的国家,总面积和区域多样性胜过西欧,这在很大程度上要归功于秦始皇的改革。

但另一方面,秦始皇悲惨地失败了——最后,他完全失去了定义自己的权力,一百年后被司马迁篡夺了。也就是说,我们关于秦始皇的大部分信息都来自于司马迁的思想。事实上,正如我们所知,我们可能会认为秦始皇是司马迁创造的。就像在骊山陵墓工作的囚犯一样,司马迁——也是一名被阉割的罪犯——用墨水和毛笔塑造了另一座秦始皇的纪念碑,虽然是写在脆弱的竹子上的,但却比石头和青铜更长久。

争夺世界

起初,司马迁似乎不太可能成为秦始皇的挑战者。作为汉武帝朝廷的一位低级官员,他的地位和权力与秦始皇有天壤之别。事实上,秦始皇和司马迁似乎是两个极端——独裁者和受害者,君主和官僚,法家和儒家,历史的破坏者和历史学家——但重要的是,要认识到这两个人实际上参加了同一个比赛。② 他们都试图通过重新排序历史、命名和分类以及控制基础话语来定义世界。

---

① 卜德,《秦国和秦帝国》,第 20 页。
② 也许他们竞争的一个微妙提示是,他们前往过许多相同的地方,即使情况非常不同——始皇帝是统治天下的皇帝,司马迁只是一个农家小伙。

将司马迁视为秦始皇的反对者是有益的,司马迁后来夺取了秦始皇的"王国"。虽然看起来奇怪,但是司马迁写了一部史书,其意图是点对点消除秦始皇的意识形态结构。

秦始皇试图诋毁和消灭诸侯国国君,司马迁在他的历史中将他们恢复到一个突出位置。① 秦始皇派大将修建长城,在中国人和"野蛮人"之间设置严格的边界(秦朝人民牢牢地置身于中华文明圈内),但司马迁的历史中有"野蛮人"的章节,并概述了他们与中国人的长期互动(随心所欲地记录了秦朝源自"野蛮人")。虽然秦始皇处决了像荆轲这样的刺客,但司马迁尊敬他们。秦始皇小心翼翼地隐藏了他的行踪和坟墓所含之物,但司马迁向全世界透露了陵墓的秘密。秦始皇试图摧毁诸子百家思想的影响,但司马迁恢复并校正了他们的语录。影响更为深刻的是,司马迁英勇地以一种文字方式扭转了秦始皇对文学的压制:

> 周道废,秦拨去古文,焚灭《诗》、《书》,故明堂石室金匮玉版图籍散乱,……天下遗文古事靡不毕集太史公。②

但司马迁对秦始皇的最大胜利或许是他重写了帝王的生平。秦始皇拼命地尽力拉开他与前朝君主们之间的距离。他给自己一个新的头衔来统治一个新的政治体系,严格控制人们对历史的了

---

① 请记住,亡国的恢复和谱系的延续(至少在记忆中)是儒家计划的重要组成部分。
② 《史记》卷130·3319;华兹生,《大史家》,第55—56页。

解。司马迁则通过将他置于相似的背景下来破坏他的自命不凡。《史记》最前面的部分追溯了五帝和三代（夏商周），接着是秦国，然后是秦始皇。通过这种组织，司马迁迫使秦始皇回到了王朝的周期体系，与天命相呼应。司马迁接受儒家的神话，即早期圣王本身就是统一的中国的统治者，这种观念削弱了秦始皇成就的独特性，又引发了有争议的比较。

然而，司马迁的安排并不完全是传统的循环。将关于秦的卷与其他诸侯世家放在一起是不是更合适？毕竟，在那些卷所处的整个时期内，周王室名义上还是天下共主，即使它的实际影响可以忽略不计。司马迁的处理方式在他那个时代是革命性的，尽管在经历了两千年的王朝更迭之后，现在看来已经足够自然了。那些试图通过传统类别来理解世界的学者根本不知道如何看待秦朝，这似乎是一种可怕的失常，司马迁谴责他们的短视：

> 学者牵于所闻，见秦在帝位日浅，不察其终始，因举而笑之，不敢道，此与以耳食无异。悲夫！ [①]

在传统的天命模式中，一个强大的、有活力的、道德第一的统治者最终被软弱和不成器的后代继承，并最终失去天命。但在短命的秦朝，创立者和失败者似乎是同一人，司马迁通过《秦本纪》解决了这个难题。在《秦本纪》中，司马迁证明秦国确实拥

[①] 《史记》卷 15 · 686；华兹生，《记录》，秦：87。

有强大且有成就的早期统治者（如秦穆公），他们的成就随后被秦始皇所消解。通过一点一点编排，司马迁表明把秦始皇纳入王朝循环是可能的。请注意，与他的许多同时代的人不同，司马迁愿意让秦的成就在他的笔下有一定的尊严。

同样，秦始皇的成功也被恰当地记录在他的传记中，但是司马迁选择的背景再一次破坏了我们的整体印象。尽管记录了军事胜利，但它们却被奇怪的、不自然的事件叙述所打断。例如：

> （始皇帝）十七年（公元前230年），内史腾攻韩，得韩王安，尽纳其地，以其地为郡，命曰颍川。地动。华阳太后卒。民大饥。①

在司马迁的讲述中，秦军的无情推进，在一系列离奇的彗星、洪水、干旱、蝗灾和不寻常的"雷打雪"事件中找到了天命的对应（所有传统的迹象都表明"天命"即将失去）。同样，秦始皇对儒家文本和学者的处理，以及他在修筑宫室和军事行动中对普通民众的压迫，掩盖了他在铭文中宣称的儒家美德。他对前所未有的伟大事业的声明在接下来的一卷中显得空洞无物，这一卷讲述了秦政权以惊人的速度（而且是毫无尊严的）灭亡。

关于宗教仪式的记录，司马迁提到在秦始皇陵杀害嫔妃和工匠的事情，以及对于人殉的暗示，似乎表明了秦始皇向野蛮的回

---

① 《史记》卷6·232；华兹生，《记录》，秦：40。

归；而且秦始皇浪费在迷信上的精力和在《封禅书》(卷28)中表现出的轻信，提供了一个客观的背景，可以用来评估秦始皇的判断（或缺乏判断）。

司马迁甚至设法利用五行理论，即秦始皇最喜欢的合法化模式，来破坏帝国祭祀的可信度。正如我们所指出的那样，秦始皇宣称他凭借水德的力量推翻了周（它被与火的力量联系在一起），他改革了帝国的仪式，给黄河改名，并推行严刑酷法，以使他的政府符合水的力量。但是，当司马迁讲述秦始皇傲慢地进行传统祭祀的事情时，几乎在每一个例子中都有一些涉及水的故事。在泰山上进行"封"之后，秦始皇陷入暴风雨中；泗水阻止了他收回周朝青铜器的努力（他事先禁食献祭）；在他向湘山神灵献祭之后，一阵大风几乎阻止了他穿越长江。此外，在他给圣王舜和禹献祭期间，浙江可怕的浪涛使他绕道120里从其他地方通过。①

在司马迁写的邹衍（五行理论最重要的支持者）传记中表现得也很明显，他确定了邹氏理论具有正统的儒家核心思想。在简要地介绍了邹衍的宇宙论、历史和地理理论之后，司马迁总结说：

> 其术皆此类也。然要其归，必止乎仁义节俭，君臣上下六亲之施，始也滥耳。②

---

① 《史记》卷6·260；华兹生，《记录》，秦：60。一里大约是三分之一英里。或许这些祭祀是为了表示始皇帝内心的一些变化；舜和禹是始皇帝一直诋毁的两位圣王。

② 《史记》卷74·2344；倪豪士，《史记》，7：181。

司马迁承认，邹衍比孔子更受欢迎，也许，邹衍的深奥且夸夸其谈的言论只是为了引起统治者的注意。一旦获得接近他们的机会，他就可以带领他的听众回到《诗》中所阐述的美德。

事实上，邹衍的理论对传统儒家信仰提出了相当大的挑战。正如维塔利·鲁宾（Vitaly A. Rubin）所写：

> 五行理论引入了对历史变迁的全新解释：一个王朝不会因旧的道德堕落和新王朝创立者的善行而取代另一个王朝；相反，替代发生在自然和不可避免的周期性斗争过程（法家解释为战争）和胜利的过程中。对五行理论的支持者及法家来说，历史变迁与道德宗教价值观毫无关联。[①]

司马迁，实际上是我们唯一关于邹衍的信息的来源，他把邹衍带回了儒家思想的怀抱（或用李约瑟的话，"修复了他"）。[②] 正如司马迁通过让秦始皇重新回到天命周期破坏了他的世界一样，司马迁对邹衍的儒家解读也化解了他作为秦始皇意识形态的先行者所构成的威胁。

最后，我们所知道的秦始皇是司马迁呈现的——一个勤劳、细致、迷信、偏执、狂妄自大、无情的人。形象很苛刻，但也许

---

① 维塔利·鲁宾（Vitaly A. Rubin），《古代宇宙学与法家理论》，《中国早期宇宙学探索》（奇科，加利福尼亚州：学者出版社，1984），第97页。

② 李约瑟，《中国古代的科学与文明》，2：235。请注意著名诗人司马相如得到了类似的儒家修饰，见《史记》卷117·3073；华兹生，《记录》，汉2：306。

并非完全没有同情心。看到如此强大的人如此迅速地失去控制力，这有点令人不安。例如，到了最后，秦始皇甚至丧失了他珍视的命名权。司马迁写道："阿房宫未成；成，欲更择令名名之。作宫阿房，故天下谓之阿房宫。"① 合书良久，我们脑海中呈现的是一个男人的悲惨困境，他发现即使作为世界上最有权势的人，他最渴望的东西也超出了自己的掌握："始皇不乐，使博士为《仙真人诗》，及行所天下，传令乐人歌弦之。"② 这句话引出了最后一轮凶兆、疯狂的祭祀和空洞的铭文。

所有这些似乎都暗示了司马迁是西方意义上的历史学家，也就是说，他耐心地筛选史料，并产生一个连贯细致的描述，既描绘过去又分析过去。但司马迁的《史记》是一种非同寻常的历史，因为它不仅讲述了过去的故事，还试图以象征的方式代表过去。就像秦始皇的陵墓一样，《史记》是一个宇宙的模型，一个写在成千上万片竹简上的世界。事实上，《史记》是一个最终被证明胜利了的竞争模型。秦始皇试图利用政治手段来塑造一个没有历史的新世界，但最终他被迫只是在司马迁的《史记》所创造的宇宙中占据了一席之地。

也许，秦始皇预感到了他的意识形态世界的脆弱性。甚至在他在世时就有人企图推翻它，当时一位不知名者居然敢在一块神

---

① 《史记》卷 6·256；华兹生，《记录》，秦：56。失去命名权一个更可怕的例子，出现在秦二世短暂统治时期。当邪恶的宦官赵高指鹿为马，然后惩罚所有站在秦二世这边说确实是一只鹿的人，这个统治者的命运就被封印了。《史记》卷 6·273；华兹生，《记录》，秦：70。

② 《史记》卷 6·259；华兹生，《记录》，秦：59。

秘的石头上写了一句反对的言论。秦始皇的激烈反应也许表明了他的紧张：

> 三十六年，荧惑守心，有坠星下东郡，至地为石，黔首或刻其石曰："始皇帝死而地分。"始皇闻之，遣御史逐问，莫服，尽取石旁居人诛之。因燔销其石。①

但当司马迁在他的竹简上写下那些时，秦始皇无能为力。

我们可能想知道为什么重写世界的任务似乎对司马迁来说如此紧迫。毕竟，他避开竞争对手和他所建立的王朝都已经一百多年了。儒家思想正朝着与帝国制度（包括皇位世袭、常备军和精心制定的法律）和解的方向前进，甚至著名的文字禁令早已被废除（在公元前191年）。然而，司马迁牺牲了自己的名誉、尊严和男子气概去重建历史，为什么？

我相信答案在于当时的政治。经过一段相对的和平时期，青铜世界在司马迁时代的掌权者汉武帝身上复活，他再次走上了扩张的、积极的集权化进程。在汉武帝的长期统治期间（前141—前87），他果断地削弱了剩余的分封诸侯，并将几乎所有的国土都置于帝国政治体系之下。他强行迁徙富裕和豪强家庭，削弱他们的地方权力。他提高了税收，建立了官府对盐、铁和酒生产的

---

① 《史记》卷6·259；华兹生，《记录》，秦：59。这一事件也在表中出现，《史记》卷15·758。

垄断专营，所得财力部分用在了针对北方游牧民族和南方少数民族的大规模战争上。汉武帝还通过征服、建造新的防御工事以及扩张新的土地来扩大他的统治。

官府对经济的干预包括政府管制价格、货币、运输和交易。帝国官员越来越依赖严厉、复杂的法律条文，大臣们越来越多的来自孔子曾警告过的唯利是图的商人阶层。而且，汉武帝还通过改革历法、修改宗教礼仪、制定多个年号（每个年号都以一些帝国口号为特征），来巩固其政权的象征体系。简而言之，法家政策似乎再次出现，它曾导致秦被民众憎恨，危及政权。

可以肯定，司马迁对这些事态发展充满警惕，因为《史记》的大部分内容都可以被视为对这些政策的抗议，从《酷吏列传》（除一人外，其余都是汉武帝朝的大臣）到《封禅书》（秦始皇和汉武帝的迷信被认为很相似）。同样，《平准书》（卷30）和《货殖列传》（卷129）中大量篇幅经常被解释为对汉武帝财政政策的严厉批评；一些专门描述将军和周边部落的传记，提供了大量证明汉武帝军事政策存在问题的证据。最后，汉武帝在水利方面的一些问题也许并非巧合（卷29详见《河渠书》）。①

---

① 对于司马迁批评汉武帝的段落的标准解释，一个很好的总结，见苏成建《〈史记〉是对汉武帝的批判书》，载刘乃和编《司马迁和史记》（北京：北京出版社，1987），第75—100页。苏成建指出《史记》不仅仅是为了攻击汉武帝，是正确的，施丁指出司马迁关于他的君主的记载有一定程度的客观性，是可取的，但是总的来说，司马迁对汉武帝的处理显然是消极的。见施丁《司马迁写"今上"（汉武帝）》，载施丁、陈可青编《司马迁研究新论》（郑州：河南人民出版社，1982），第137—162页。

在这里，我们必须提防重新回到《史记》批评的旧模式中。从东汉开始，许多读者都把《史记》看成是对汉武帝的谤书。我同意司马迁贬低了汉武帝，但我认为《史记》的宇宙论本质不仅仅是评判人物等级的手段。虽然汉武帝的独裁政策使司马迁的工作变得紧迫，但我们应该记住，他的真正目标是秦始皇。他的目标是推翻青铜的世界模型，对后者的化身进行攻击，虽然可能有助于这一事业，但显然是次要的。我相信司马迁对汉武帝的评级颠覆了传统道德史学程序——司马迁利用现在批评过去。

实际上，司马迁没有明确批评秦始皇，相反，他强调某些模式和事件，鼓励读者自己做出批判性结论。同样，当他的编辑突出了秦始皇和汉武帝之间的相似之处时，读者认识到这两位君主属于同一类型的人，相同的批评性同样适用于二者。《史记》的结构允许司马迁将二者匹配（即使《孝武本纪》没有流传下来）。"八书"逐个排列秦始皇和汉武帝的政策，而世家部分也同样重要。在世家中，先是由于秦始皇不可阻挡地登上王位而结束的诸侯国，其后是专门记叙几个贵族家族的卷次，包括这些家族的兴起和后来被汉武帝剥夺了继承权的过程。

世家中将大国和小国混合在一起，但模式是一样的。几乎每卷都完整叙述了一个贵族家庭的命运——从他们被分封到他们的后代失去土地和头衔。那些被证明是不情愿地服从汉朝的诸侯国，在公元前154年发动了几次叛乱。中央政府利用这些叛乱以及诸侯王的各种罪行和一些诸侯国没有继承人，作为缩小诸侯国规模的借口,并通过将其分成较小的部分和任命高级官员来削弱它们的权力。汉武帝继续以牺牲诸侯国为手段增加中央政府的权力,尽管他出于自己的目的分封了一些侯爵,但他还是废除了很多旧的分封。①

根据《史记》第六个年表(卷18),高祖将143位追随者分封为侯,但到了汉武帝末期,只剩下3个原封未动,而且汉武帝一个人就终结了70个贵族的统治。同样,下一个表显示,在汉高祖到汉武帝之间的四位皇帝所分封的92个采邑中②,在汉武帝驾崩前,只有一个还在同一个家族中传承,汉武帝自己去除了36个。

在这些表的序言中,司马迁对于他就这件事的看法保持沉默,但我怀疑他是被干扰了。当他注意到汉朝分封与废除诸侯的频率并不符合周朝时期的特征时,他似乎并不是想以此种比较来奉承汉朝。③在其他地方,他热情地谈论分封的做法④,并批评那些歪曲法律以摧毁诸侯王和诸侯的官员。再一次,最重要的例证出现在世家中。

显而易见,战国时期的封建领主,领导着大的独立的国家,与汉朝下属的诸侯王和封侯截然不同,但司马迁将他们放在一起,这意味着,他们在秦朝衰落,而在汉代再次成为分封中的一部分。

---

① 《史记》卷17·801—803;华兹生,《记录》,汉1:427—429。关于汉代诸侯王和诸侯的兴衰的现代叙述,见杜希德和鲁惟一编《剑桥中国秦汉史》,第124—127、139—144、156—160页。
② 这里,我把吕后当作一个事实上的皇帝,司马迁也是这样做的。
③ 《史记》卷18·877—878;华兹生,《记录》,汉1:427—428。
④ 《史记》卷60·2114。

但实际上不是这样的,这也是班固在他关于汉代的历史中可以完全放弃世家的部分原因。

对司马迁和世家的这种描述说明了司马迁如何利用《史记》的结构赋予世界意义,但一个更重要的历史问题也至关重要。司马迁对封建领主的友好态度表明了当时对单一政府管理下的大一统的普遍谨慎态度。他歌颂刺客(卷86)和豪杰(卷124),且令人惊讶的是,他给如韩信(卷92)和淮南王刘安(卷118)这些汉代反叛分子撰写充满同情的传记。当然,《史记》的支离破碎的结构本身就是对中央集权的否定。

许多学者在司马迁的《太史公自序》中寻找到了一点蛛丝马迹,推测他对政治大一统的支持,依据是他的父亲哀叹说,他还没能完全记载那些参与汉朝"海内一统"的人。① 然而在我看来,司马迁对统一大业的支持是有条件的。统一比战国时代的混乱更可取,但是秦始皇和汉武帝走得太远了。最好的制度是使国家团结在一起,但允许某种程度上的区域自治和思想独立。我认为,司马迁比较喜欢天子与封建领主一起统治,就像他想象的周朝初年那样。

这一结论对青铜和竹简世界之间的比较有重要意义。司马迁不想推翻秦始皇的思想世界,以自己的取而代之。《史记》赋予世界一定程度的结构,但不是一种压倒性的、无所不包的强制性秩

---

① 《史记》卷130·3295。见张大可《史记研究》全4册(西安:三秦出版社,1990),第393—396页;施丁《司马迁写"今上"(汉武帝)》,第140—143页。

序。司马迁不是一位告诉我们"究竟应该相信什么"的历史学家。相反,他是建议和安排,同时提供足够的信息来支持各种解释。[1] 说《史记》旨在解构自己有些言过其实,但司马迁的确为灵活性、不同意见甚至纠正批评留有余地。

司马迁不仅使用《史记》来谴责秦汉过度集中的权威,而且通过撰写通史的行为,为各个时代意识形态的反叛者提供所需的"知识弹药"。为了回应基于历史先例的批评,秦始皇试图限制历史的获取,司马迁却巧妙地将各种各样的故事和记录汇集起来,以便未来集权统治的批评者不必费力就能寻找到不祥的例子。如果《史记》的形式表现出一种权力下放的类型,那么它的存在本身就有助于在政治领域延续这种思想。

《史记》的这种潜在功能并没有在其第一批读者身上丢失。在公元前 32 年,一个小的封国的国君去朝廷寻找司马迁历史的副本,在王凤将军指出下列理由之后,皇帝拒绝了他的要求:

> 《太史公书》有战国从横权谲之谋,汉兴之初谋臣奇策,天官灾异,地形阨塞:皆不宜在诸侯王。[2]

---

[1] 我想再一次向读者介绍李惠仪关于司马迁叙事权威的精彩文章。在大多数情况下,我被她的分析和例子说服,尽管我对她从巫术权威到道德权威的过渡有不同认识。我认为司马迁的《史记》在设计时仍然在分享在我们文化中被认为神奇的东西。

[2] 《汉书》卷 80·3324—3325;见杜润德《朦胧的镜子:司马迁笔下的矛盾与冲突》(奥尔巴尼:纽约州立大学出版社,1995),第 102—103 页。

这种思路使我们回到了孔子的"正名"中。司马迁不是通过消除所有的反对，而是通过运用合乎礼的名称，给自己的历史确定秩序，并通过它给世界确定秩序。他记录了过去的事实，包括令人讨厌的人物的优点和英雄的缺点，但通过睿智的分类和编辑，他把"礼"的力量带到历史中去。孔子宣扬道德榜样和礼的优越性超过了严格的法律和刑罚，这正是司马迁在《史记》中采用的策略。最终，他的竹简世界的变革力量打败了秦始皇的青铜政权。

我们不应低估司马迁叛逆的胆量。在早期中国，部分得益于孔子，帝王的权力和威望至少在一定程度上来自于他的礼制特权。作为天子，他被授权对臣子提拔或降职、解释自然现象、规范日历，并主持重要的仪式。国家是靠正统的仪轨和武力来支撑的。《史记》记叙了几个人不适当地僭取个人权利的事例，如乘坐有黄色顶子的马车、左边插旗子的车或称自己的命为"制"（这是皇帝专用的）。这种行为被认为对帝国的稳定构成了极大的威胁。①《史记》还注意到讨论王朝战争的赢家和输家以及解读预兆的危险。②

司马迁并没有达到僭越的地步，但他确实篡夺了命名的皇权。最后，是司马迁宣布哪些人（包括皇帝）属于哪个部分和卷。他

---

① 《史记》卷113·2969—2970；卷118·3076、3085；华兹生，《记录》，汉2：209—210，323、334。

② 《史记》卷121·3122—3123、3128；华兹生，《记录》，汉2：363—364、369。

决定当时谁拥有天命；他纠正了诏书中的错误①；他告诉我们哪些法律和官员是不适用的；他决定哪些预兆是重要的；他为逝者恢复名誉。② 当士人对皇帝做出判断时，帝国的秩序是颠倒的，但如果这些判断是神圣的并且符合礼的，那么宇宙的自然道德秩序就会得以维持。司马迁似乎认为，历史学家——而不是皇帝——真正地沟通天、地。

---

① 《史记》卷 111·2933；华兹生，《记录》，汉 2：173—174。
② 这是皇帝偶尔为之的事情，汉高祖为那些他特别钦佩的历史人物设立永久的祭祀，或眷顾他们的后代。见《史记》卷 48·1961；卷 77·2385，卷 80·2436；华兹生，《记录》，汉 1：9—10，倪豪士，《史记》，1：83—84。

第八章　理解世界

我认为，作为一个微观宇宙，《史记》不仅仅是司马迁观点的体现。司马迁故意放弃对史料的完全控制，因此《史记》中作者和文本之间的关系，比西方历史中常见的作者与文本之间的关系要脆弱得多。不过，我并不是说司马迁是客观公正的。我已经展示了他对结构和叙事的塑造如何反映儒家的态度，而且在司马迁的史学思想中，有一定程度的自我表现空间。我不相信司马迁认为《史记》表达的是他的个人观点，就像《春秋》被认为传达了孔子贤明判断一样，但显然，某些类型的主题和问题引起了司马迁的注意。毕竟，编辑历史记录没有任何标准是不可能的。

我怀疑司马迁的编辑工作在某些方面就像做笔记一样。有一些主题和类别的事件是他有意识去寻找的，而其他的可能只是以某种不清楚的方式给他留下了深刻的印象。中国学者经常对《史记》的段落进行排序，并试图确定司马迁关于经济、封建社会、哲学、宗教、政府等方面的观点。尽管这种方法受到司马迁的折中主义和自相矛盾的限制，但他确实提供了大量关于这些主题的材料，就像那些明显带有他个人兴趣的主题一样。他通过直接评论、选择和文学处理，表达了对声誉、友谊、安全地提供建议、自杀、孝顺以及为国家忠诚服务的迷恋。

追踪司马迁对这些主题的处理会十分有趣，尽管我怀疑我们是否能够最终确定作者的许多根深蒂固的意见，但这些努力本身会使我们的理解更加敏锐。《史记》的主要功能之一是为读者提供创造性的历史分析机会。相对于让作者隐藏的信息一览无遗，过程才是有价值的。然而，在本章中，我采取另外一种方法，侧重三个相关主题，我认为这些主题阐明了司马迁一个更基本的关切——如果有，我们能从历史中学到什么？我们如何才能知道我们知道了？

适应时代

司马迁对失败和成功着迷。他认为人类事件遵循周期性模式，他对确定财富和灾难的因果机制感兴趣。正如他在《报任安书》中所写：

> 网罗天下放失旧闻，考之行事，稽其成败兴坏之理，凡百三十篇，亦欲以究天人之际，通古今之变，成一家之言。[①]

[①]《汉书》卷62·2735；华兹生，《大史家》，第66页。

在本纪部分，司马迁将所有历史都纳入了王朝的天命周期，但在其他地方，他试探性地提出了其他模式。我们已经注意到，他在《高祖本纪》结尾的评论中提出了"忠—敬—文"的周期。司马迁在《平准书》中提到政府管辖权的扩展和契约的正常模式①；他以一种强调兴衰的方式组织世家；在《货殖列传》中他重复了"计然"和"白圭"关于好收成与木星周期之间关系的理论②；他也部分相信邹衍的五行理论（适当考虑道德价值观）。③

或许，《史记》叙事中提到的最普遍的模式是两极之间的简单交替。司马迁在《平准书》中指出，"物盛则衰，时极而转，一质一文，终始之变也"④。同样，他引用春申君的话："臣闻物至则反，冬夏是也；致至则危，累棋是也。"⑤

这个一般原则适用于个人生活以及朝代和宗族。例如，在《穰侯列传》的总结评论中，司马迁指出："及其贵极富溢，一夫开说，身折势夺而以忧死。"⑥李斯在回忆自己惊人的权力上升之路后说道："当今人臣之位无居臣上者，可谓富贵极矣。物极则衰，

---

① 《史记》卷28·1371；华兹生译，《记录》，汉2：16。
② 《史记》卷129·3256、3259；华兹生，《记录》，汉2：436、439。
③ 更多的关于司马迁使用模式和周期的论述，见杜润德《朦胧的镜子：司马迁笔下的矛盾与冲突》（奥尔巴尼：纽约州立大学出版社，1995），第126—129页。阮芝生关于《史记》中的道德模式有很敏锐的观察，特别是关于司马迁如何追随孔子推动仪式作为拯救紊乱的社会秩序的良药。见阮芝生《试论司马迁所说的"通古今之变"》，载杜维运和黄进兴编，《中国史学史论文选集》全3册（台北：华世出版社，1976—1980），第3册，第185—224页。
④ 《史记》30·1442；华兹生，《记录》，汉2：84。
⑤ 《史记》78·2388；侯傲士，《史记》（布卢明顿：印第安纳大学出版社，1994），7：23。
⑥ 《史记》72·2330；华兹生，《记录》，秦：119。

吾未知所税驾也！"① 正如李斯应该预见到的那样，他和他的家人不久之后被处决了。

　　这种幸运和不幸的循环可能在现实中有一定基础，但这个原则过于笼统和含糊，对于分析历史或为我们自己的生活提供指导都不是真正有用的。只需一点创造力，几乎任何历史事件序列都可以被按一定模式解释。此外，适合于循环的部分行为在另一时间可能是灾难性的。我们已经看到了司马迁对奖善惩恶的"天道"的怀疑。司马迁认为，衡量特定行为的道德公正性的标准不仅仅是成功（要不然他就不会被那些不应得的痛苦和被遗忘的反例而困扰了），他清楚地认识到时代的变化和必须遵循的正确行为。到底何时应该说出来，又或何时需要保持沉默？什么时候应该上任或退休？怎样才能最好地尊重父母？这些都是贯穿《史记》叙事的各种问题。

　　让我举几个熟悉的例子。吕不韦是一位成功的商人，他擅长在正确的时间做正确的事。特别是，吕不韦对一位没有经验的秦国的王子进行了适度投资，帮助这个年轻人成为秦王，他自己成为他的首席顾问。这似乎是众所周知的"一本万利"的一个例子②，但在司马迁的结论性评论中，他指出吕不韦只是展示了孔子所警告的、外在的虚假道德。同样地，商君简化了他的建议，以便秦国早期统治者可以重用他。他取得了巨大的成功，但司马迁

---

① 《史记》87·2547；华兹生，《记录》，秦：186。
② 《史记》85·2507—2508；华兹生，《记录》，秦：161。

批评他不诚实。①

然而,许多人保持了他们的正直,结果却一事无成。我们提到过伯夷和叔齐,他们顽固地拒绝改变他们的忠诚然后饿死了。孔子本人和孟子一样都属于这一类。而司马迁明确地将他们的失败与邹衍的成功形成对比,邹衍是一位聪明的发言者,他赢得了司马迁的认可:

> 其游诸侯见尊礼如此,岂与仲尼菜色陈、蔡,孟轲困于齐、梁同乎哉!故武王以仁义伐纣而王,伯夷饿不食周粟;卫灵公问陈,而孔子不答;梁惠王谋欲攻赵,孟轲称大王去邠。②

就是这些事例促使司马迁用历史写作来增加宇宙中正义的数量。关于这些人的生活更完整的铺叙表明,吕不韦和商君被认定是耻辱的,而伯夷被孔子所认可。但这不可能是历史研究的结束,因为还有另一种令人不安的可能性。伯夷和孔子的严格的道德立场,至少在某种程度上,是否会被误解?继续前面的引用:

> 此岂有意阿世俗苟合而已哉!持方枘欲内圆凿,其能入乎?或曰伊尹负鼎而勉汤以王,百里奚饭牛车下而缪公用霸,作先合,然后引之大道。邹衍其言虽不轨,傥亦有牛鼎之意乎?③

---

① 《史记》68·2228、2237;华兹生,《记录》,秦:90—91、99。
② 《史记》74·2345;倪豪士,《史记》,7:181—182。
③ 《史记》74·2345;倪豪士,《史记》,7:182。

也许伯夷和孔子还有其他选择。

伯夷的例子是有问题的，他抗议（以孝为本）儒家教育中的圣王——周武王的革命。周武王推翻邪恶的暴君纣是儒家意识形态创始神话之一，司马迁提醒，这一关键事件既可以被正面也可以被负面地判断。① 伯夷因其原则性的抗议而受到尊敬，但如果他全力支持新的天命的接受者，他就不会得到同样的钦佩吗？如果他走了这条道路，他本可以作为一个受人尊敬的和忠诚的臣民生活下去。

司马迁的《孔子世家》揭示了圣人自己有时也会试图放松他严厉的道德标准的事实。他的弟子子路公开劝阻他不要接受叛军公山不狃和后来的佛肸提供的职位。② 当他和卫灵公的夫人南子见面时，他有些尴尬地被迫向他的门徒证明他的行为是正确的，但后来他违背了誓言（声称在被胁迫下宣誓没有约束力）。③ 孔子如果愿意妥协，他的职业生涯可以像邹衍一样成功吗？值得注意的是，司马迁似乎乐于记载各种隐士和狷狂之人对孔子的批评，他们建议孔子放弃他顽固的道德观念。④

《史记》的许多部分出现了严格的、正统的儒家道德与实用道

---

① 李惠仪，《〈史记〉中的权威观念》，《哈佛亚洲研究杂志》4，第 2 期（1994 年 12 月），第 380—382 页。

② 《史记》卷 47·1914、1924；杨宪益与戴乃迭译，《史记》（香港：商务印书馆，1974），第 6、13 页。

③ 《史记》卷 47·1920、1923；杨宪益与戴乃迭译，《史记》，第 10—11、12 页。

④ 《史记》卷 47·1928—1929、1933；杨宪益与戴乃迭译，《史记》，第 16—17、19—20 页。

德行为之间的矛盾对立。除了品德高尚但被压迫，以及邪恶但运气好的人（这两类都需要某种解释），我们发现有人突破了传统道德，却似乎还是按照道德要求做事。事实上，许多人取得了成功，正是因为他们采用了更实际、更实用的标准。①

例如，想想伍子胥的例子。当他父亲被胁迫召唤他和他的兄长时，他的兄长选择了回去，即使他知道他将在到达时被处决。相反，伍子胥没有服从他父亲，然后活下来复仇。司马迁评论说：

> 向令伍子胥从奢俱死，何异蝼蚁。弃小义，雪大耻，名垂于后世。②

类似的例子非常多。蔺相如和曹沫通过公然违反外交礼仪来保护国家利益③，孙膑、田单、韩信通过战场欺骗获得了巨大的胜利。④郦生，高祖的坚定支持者，侮辱项羽（译者按：项羽为齐王之

---

① 郝大维和安乐哲认为，事实上，孔子的道德标准比通常认为的更灵活些。他们启发性地指出，儒家词汇"义"，通常被翻译为"正义"，指的是一种适应性的、个人主义的标准，而不是一种严格的、卓越的道德规范。见郝大维与安乐哲《孔子哲学思微》（奥尔巴尼：纽约州立大学出版社，1987），第 81—110 页。在第 125—127 页，他们把这个想法应用于伯夷和叔齐的故事。我们也可能注意到浦安迪的观点，即"知时变"是中国古典文学中英雄理想的重要组成部分。浦安迪，《走向中国叙事的批判理论》，载浦安迪编《中国叙事：批评与理论》（普林斯顿，新泽西州：普林斯顿大学出版社，1977），第 343 页。
② 《史记》卷 66 · 2183；华兹生，《记录》，第 28 页。
③ 《史记》卷 81 · 2439—2442，卷 86 · 2515—2516；倪豪士，《史记》，7：263—266；华兹生，《记录》，第 44—46 页。
④ 《史记》卷 65、卷 82 和卷 92。

误),付出了生命代价,即使在被杀时仍然坚持"举大事不细谨,盛德不辞让"①;樊哙在督促刘邦逃跑时,甚至冒着得罪主人的风险,也说了很多同样的话。②

司马迁专门有一卷是关于游侠的,他赞扬他们的非传统道德。他指出,一些儒家学者得到了身份和声望,但是另外一些人"义不苟合当世",他们一生都生活在贫困和默默无闻中(虽然他们现在被赏识)。③儒家所鄙视的游侠也有很大的差别。当然,他们中的一些人比歹徒没什么差别,但另一些人展现出一种特殊的美德——他们言行一致、公正、谦虚,愿意冒着生命危险去帮助那些陷入困境的人。司马迁继续说道:

诚使乡曲之侠,予季次、原宪(两位道德严格但贫穷的孔子的弟子)比权量力,效功于当世,不同日而论矣。要以功见言信,侠客之义又曷可少哉! ④

商人是另一个被正统儒家鄙视的社会阶层,但司马迁为其中一些最成功的人树碑立传。就像游侠一样,他们随着时代的变化,敏锐地判断需求是什么,并获得丰厚的利润。通过商业为孔子事业服务是有可能的:

---

① 《史记》卷 97 · 2696;华兹生,《记录》,汉 1: 24。
② 《史记》卷 7 · 314;华兹生,《记录》,汉 1: 32。
③ 《史记》卷 124 · 3181;华兹生,《记录》,汉 2: 409—410。
④ 《史记》卷 124 · 3183;华兹生,《记录》,汉 2: 411。

第八章　理解世界　289

> 子赣既学于仲尼，退而仕于卫，废著鬻财于曹、鲁之间。七十子之徒，赐最为饶益。原宪不厌糟糠，匿于穷巷。子贡结驷连骑，束帛之币以聘享诸侯，所至，国君无不分庭与之抗礼。夫使孔子名布扬于天下者，子贡先后之也。此所谓得势而益彰者乎？①

叔孙通也通过令人怀疑的方式为儒家服务。他因为投机、在礼制上妥协、推荐品性有瑕疵之人和恭维皇帝而被其他儒家学者谴责，但他反过来批评他的批评者"不知时变"。② 叔孙通最终获得了汉高祖的信任，因此能够将儒家礼仪引入宫廷，让儒家学者进入官僚机构。他甚至冒着生命危险阻止皇帝废太子。正如司马迁在他的传记的结尾中所说的那样：

> 叔孙通希世度务制礼，进退与时变化，卒为汉家儒宗。"大直若诎，道固委蛇。"盖谓是乎？③

虽然"知时变"通常被认为是法家或道家的观念④，但司马迁提供的这个应用实例对儒家有利。

---

① 《史记》卷 129·3258；华兹生，《记录》，汉 2：438。
② 《史记》卷 97·2723；华兹生，《记录》，汉 1：243。
③ 《史记》卷 99·2726；华兹生，《记录》，汉 1：246。引文似乎与《道德经》41 章有关。
④ 例如，在司马谈的《论六家要旨》中，他指出，道家"时变是守"，《史记》卷 130·3289；华兹生，《大史家》，第 44—45 页。

许多故事必定对司马迁具有个人意义，他曾审视过自杀或接受宫刑哪个更为道德。范雎静静地忍受伤害和羞辱，以便存活下来干更大更重要的事，荆轲、陈馀和韩信也是这样。① 在《魏豹彭越列传》的评论中，司马迁指出：

> 怀畔逆之意，及败，不死而虏囚，身被刑戮，何哉？中材已上且羞其行，况王者乎！彼无异故，智略绝人，独患无身耳。得摄尺寸之柄，其云蒸龙变，欲有所会其度，以故幽囚而不辞云。②

毫不奇怪，"知时变"的想法经常出现在《史记》中。作为历史学家，司马迁敏锐地意识到历史趋势和变革。他关注那些成功地适应了环境变化的个人和国家，偶尔会指出那些有幸顺应了时代的人。例如，司马迁说秦国"然世异变，成功大"，说平津侯"公孙弘行义虽修，然亦遇时"③。

有些人就不太成功，也不那么幸运了。司马迁引用汉文帝对李广的评论说："惜乎！子不遇时。如令子当高帝时，万户侯岂足道哉！"他自己用"诚不知时变"解释了窦婴垮台。④ 司马迁报告

---

① 《史记》卷79·2401，卷86·2527，卷89·2572，卷92·2610；华兹生，《记录》，秦：131—132、167—168，《记录》，汉1：132、163—164。
② 《史记》卷90·2595；华兹生，《记录》，汉1：152。司马迁钦佩选择羞辱而不是自杀的人的例子，见《史记》关于季布的评论，卷100·2735，华兹生《记录》，汉1：253。
③ 《史记》卷15·686，卷112·2963；华兹生《记录》，秦87，汉，2：206。
④ 《史记》卷109·2867，卷107·2856；华兹生，《记录》，汉2：117、106。

说，项羽在一首歌中抱怨他即将到来的灭亡，"时不利我兮"①；司马迁自己也曾写过题为《悲士不遇赋》的哀叹诗，他把自己归于那一类人。②

适应和遵循道德以令人难堪的方式重叠。公孙弘和秦国都不是道德模范③，司马迁的《李广列传》描绘了一个令人同情的悲剧人物。④ 那么，怎么知道应该做什么？什么时候应该与时俱进或坚持抵抗它们？虽然司马迁声称"考之行事，稽其成败"，但似乎成功不能被归功于任何不变的、不可改变的规则，即使是"知时变"这样的模糊的规则。在一种情况下可能可以，到另一种情况下就可能不行了。⑤ 尽管常说"天道无亲"，但司马迁已经证明天道在这方面的失败很多，而且"德"概念本身可以有不同的定义。

这些基本的矛盾和含糊不清，是司马迁对"历史教训"犹豫不决的原因之一。他需要的是基于广泛的历史先例的灵活的道德理解。司马迁为我们保留了说客蔡泽的言论，其中汇集了历史周期、适应时代和遵循道德的主题：

---

① 《史记》卷7·333；华兹生，《记录》，汉1：45。

② 关于司马迁赋的翻译，见海陶玮《陶渊明赋》，《哈佛亚洲研究杂志》17（1954），第197—200页。

③ 在很多方面，公孙弘都是一个道德上被排斥的人。见淮南王、辕固和董仲舒对其的负面评价。《史记》卷120·3109，卷121·3124、3128；华兹生《记录》，汉1：48、466。

④ 约瑟夫·艾伦，《〈史记〉叙事结构研究介绍》，《中国文学：散文、论文和评论》3（1981），第47—66页。

⑤ 在《史记》中有一些段落，司马迁甚至批评一些人改变或不模仿古老的方式。见《史记》卷7·339，卷101·2748；华兹生《记录》，汉1：48、446。

语曰:"日中则移,月满则亏。"物盛则衰,天地之常数也。进退盈缩,与时变化,圣人之常道也。故"国有道则仕,国无道则隐"。圣人曰:"飞龙在天,利见大人。""不义而富且贵,于我如浮云。"①

现在需要的是一种清晰的方法,一种解决和分析这些问题的系统程序。

理性的限度

《史记》中充斥着那些借用历史说服统治者或为自己行为辩护的人。毫不奇怪,其中一些提供了解释历史的指导方针。例如《秦始皇本纪》卷末是贾谊的一篇长文,他写道:

野谚曰:"前事之不忘,后事之师也。"是以君子为国,观之上古,验之当世,参以人事,察盛衰之理,审权势之宜,去就有序,变化有时,故旷日长久而社稷安矣。②

同样,司马迁自己在《高祖功臣侯者年表》序中提出如下

---

① 《史记》卷79·2422;华兹生,《记录》,秦:152。可识别的引文来自《论语》15·7和7·16,以及《易》,乾卦。请注意,和司马迁一样,蔡泽假设他的听众会理解这些超脱引文的含义,并能够理解他的观点。

② 《史记》卷6·278;华兹生,《记录》,秦:77。

建议：

> 居今之世，志古之道，所以自镜也，未必尽同。帝王者各殊礼而异务，要以成功为统纪，岂可绳乎？观所以得尊宠及所以废辱，亦当世得失之林也。何必旧闻？于是谨其终始，表其文，颇有所不尽本末。著其明，疑者阙之。[①]

贾谊的建议似乎很实际（虽然含糊不清），司马迁则承诺提供一本更方便的指南，但与《史记》中的其他许多指南一样，这些听起来权威的声明在其他地方被削弱了。尽管司马迁有免责声明，但他肯定有兴趣向古代学习，虽然他在表中巧妙地叙述了这些家族被分封和被削爵的原因，这些家族的命运，却并不像我们在传记中所发现的那样具有文学力量或能让普通读者产生共鸣。

我们希望司马迁在如何比较古代和现代、判断情况、检验人类事务方面提供更多指导，但《史记》并未真正展示或模拟这种分析。我们的叙述者没有代表我们承担这些任务。相反，我们在各卷中发现的都是那些以富有挑战性但模棱两可的方式努力生活的人。战国时代的说客和政治家对从历史中提取教义充满信心（司马迁向我们展示了很多这样的人），但他们在分析方面的狡猾并不总是能让他们取得成功或坚守道德要求。很多时候，故事可以用各种方式来解释，司马迁的碎片化和重叠的叙事方式强化了这一点。

[①] 《史记》卷18·878；华兹生，《记录》，汉1：428—429。

我们以秦始皇的大臣李斯的传记为例,他是臭名昭著的焚书的始作俑者。在那里,我们看到了一个邪恶而强大的太监赵高,他用同样的论点劝说胡亥除掉了他的哥哥。他引用儒家的圣王商汤和周武王,甚至孔子的例子,得出结论(与郦生呼应),"夫大行不小谨,盛德不辞让"①。不过,这在伍子胥的例子里可能是真的,赵高在这里集结了同样的历史先例和解释为邪恶的行为服务。

在将李斯带入这个阴谋时,赵高说:

盖闻圣人迁徙无常,就变而从时,见末而知本,观指而睹归。物固有之,安得常法哉!②

问题是,赵高的分析似乎基本上是正确的。李斯的传记充满了"知时变"③,但是像李斯这样一个聪明、知识渊博,又勇于抗争的人(他甚至拒绝自杀,他相信他的清白和引用历史说服别人的能力)④,但他的生命以灾难性的方式结束,他的才能被用于邪恶目的。

不幸的是,司马迁对李斯生平的介绍只会使这些问题复杂化。司马迁在结论中谴责李斯,但传记本身却是奇怪的同情。李斯被皇帝误判,拒绝自杀,并试图通过他的作品为自己辩护(司马迁

---

① 《史记》卷87·2549;华兹生,《记录》,秦:187。
② 《史记》卷87·2550;华兹生,《记录》,秦:189。
③ 《史记》卷87·2539、2540、2549,卷130·3315;华兹生,《记录》,秦:179(2X)、180、188。
④ 《史记》卷87·2561;华兹生,《记录》,秦:202。

可能从李斯身上看到了他自己的人生），司马迁以一种不同寻常的感伤的姿态记叙李斯在临终时含泪希望能和儿子一起再次猎兔。但是比引起读者对李斯同情更重要的是赵高的形象，他在叙述中被大加渲染。当李斯和赵高并列叙述时，相比而言，李斯更好一些。至少他有所顾忌，并能有悔意。①

如果历史先例能同样灵活地运用到善举和邪恶上；如果历史没有提供一个可以避免痛苦和失败的原则，那么研究历史的重点是什么呢？从《史记》的镜头看，中国的政治家、哲学家和说客通常使用的历史技巧似乎既有限又危险。②如果历史太过多变、太过复杂、太过矛盾，无法提供最终可靠的教训（除了司马迁明确知道的证据充足和明确的问题），我们到哪里寻求指导？

《史记》的核心问题是一场信仰危机，或者说是一对危机。第一个困难，如同我们在前面看到的，是"天道"问题；也就是说，历史似乎并未说明"天"的概念需要的那种道德正义。鉴于历史解释的脆弱性，第二个困难是，历史的重点是什么？

《史记》的结构及其大部分内容使这些问题暴露无疑。准确性显然很重要，但还不够。无论如何，绝对的准确性和全面性是无法

---

① 知道司马迁如何看待他自己与赵高的比较会很有趣，这两个人都是宦官，他们都推翻了始皇帝的遗产——赵高从字面意义上，司马迁从意识形态角度——但他们是通过相反的方式这样做的。

② 尽管司马迁对本卷的著作权有争议，《日者列传》中也包括了一些对讨论者利用历史论据作为推进其个人讨论的工具的挑衅性批评。见《史记》卷127·3219；华兹生《记录》，汉2：430。

实现的。辩论者对历史的分析太狭隘、太容易扭曲了。司马迁还对儒家学者为了无休止地增加评论而从历史中曲解意义表示谴责。①然而,情况并非完全没有希望。整部《史记》都有一些暗示,好运和道德行为不仅仅基于机会和一时的兴致。这些暗示有的来自上天的信息预示,有的来自能做出预测的明智观察者,偶尔也来自稳定可靠的人性,那是人们在做计划时可以考虑到的。②然而,《史记》包含许多晦涩的预言、失败的预测,以及似乎超越人性的人。

这种情况类似席文所揭示的中国早期月食的预测——天文学家知道他们正在处理一个规律性的、周期性的现象,并且他们有一种方法可以在大部分时间内起作用,但是他们仍然没有准确地预测到每一次月食。③司马迁可以识别历史周期和基本的道德框架,但是他无法解释所有事情,而这种不确定因素使得对历史的兴趣成为问题。

然而,《史记》中暗示了另一种理解历史的方法。如果文本的结构突出了某些困难,那么它也指出了解决问题的方法,尽管在这里我们也没有找到确定的结论。司马迁撒网的范围如此之广,同情心如此之强,以至于他似乎把自己置于与历史的非理性的、

---

① 见司马迁给我们展示的批评,见《史记》卷130·3290;华兹生《大史家》,第45—46页。尽管司马迁钦佩孔子,但他可以批评同时代的儒家学者。见聂石樵《司马迁论稿》(北京:北京师范大学出版社),第106—111页。

② 关于人性,见《史记》卷30·1432,卷87·2540,卷129·3271;华兹生《记录》,秦:180,汉2:73、446。请注意冯驩的评论,即人类社会有一件事是确定的,即许多人希望为富人服务,而穷人没有多少朋友。见《史记》卷75·2362;倪豪士,《史记》,7:200。

③ 见席文《中国早期数学天文学的宇宙与计算》,《通报》55(1969),第1—73页。

不可琢磨的联系之中。司马迁的信仰危机问题是由另一种信仰来回答的。在这种情况下，历史是通过精神接近的（不过我们必须记住，中文"心"意味着"精神"和"心脏"）。

葛瑞汉（A. C. Graham）把他所谓的"准三段论"视为中国哲学的核心：

> 在所有与问题相关的所有观点、空间、时间和个人的意识中，我发现自己走向了 X；忽略相关的东西，我发现自己走向了 Y。我应该朝哪个方向移动？请注意与问题相关的所有事项。因此，让自己向 X 移动。①

葛瑞汉继续强调儒家思想中的自发倾向的重要性以及道家、儒家观点的多元性，尽管对儒家来说，自发倾向导致直观性的类比和分类（优秀的道家则避免出现这样的问题）。②

这与《史记》中所体现的历史方法非常吻合。司马迁将他的读者暴露在历史的各个方面，他们必须面对在一定程度上得到了验证和编辑，但却充满了模棱两可的事件转折和多元观点。他邀请我们与他一起思考历史，使我们能够理解历史，但司马迁的理

---

① 葛瑞汉，《论道者》（拉萨尔，伊利诺伊州：敞院出版社，1989），第 383 页。重点在原文。

② 葛瑞汉指出，孔子的教义"恕"，即"以己度人"，鼓励多重观点。我想补充说明一些汉代学者拥护儒家经典提供的多重观点。司马迁在《司马相如列传》结尾处提到《春秋》《易》和《诗经》的各个部分之间的差异，总结说："所以言虽外殊，其合德一也。"《史记》卷 117 · 3037；华兹生，《记录》，汉，2：306。

想读者不是一个从这种互动中获得了完整分析、掌握了历史每一个细节的人。更确切地说，司马迁理想中的读者是被他或她所读到的东西感动并学会了如何辨别的人。他们的目的不是积累关于历史的所有事实，甚或得到关于历史的正确解释；没有一个正确的被编码的信息可供发现。这是一个对证据的给予和接受，以及学习阅读的过程，这是历史研究的真正目标。通过与历史遭遇，特别是《史记》传达的历史，有可能学到如何成为一个圣人。圣人的品质不是通过记诵大量事实，而是通过理解得来的。

司马迁在各卷的结尾评论中为我们对历史的反应建立了一种模式。这些评论不具有分析性，更大程度上是情绪性的，他对自己刚刚叙述过的事件做出了自由回应，有时带有强烈的情感。例如，14条评论中含有诸如"呜呼""悲夫"这样的哀叹；①4条评论告诉我们他是如何想象那个他刚刚讲述过的人的生活；②在19条评论中，他描述自己的阅读行为，经常记录详细的反应。关于最后一点，司马迁在卷74中的评论最为典型：

> 太史公曰：余读《孟子》书，至梁惠王问"何以利吾国"，未尝不废书而叹也。曰：嗟乎，利诚乱之始也！③

---

① 《史记》卷10，卷14，卷15，卷31，卷65，卷66，卷74，卷83，卷93，卷107，卷112，卷120，卷121，卷124。
② 《史记》卷47，卷55，卷62，卷84。
③ 《史记》卷74·2343；倪豪士，《史记》，7：179。这种描述几乎有点滑稽，因为这篇文章是《孟子》的第一篇。司马迁一边叹气一边把他的书放在一边，在卷14和卷74中也

除了情感方面，没有多少评论部分有共同之处，尽管缺乏规律性，与其说这是一个缺点，不如说是一个指南。司马迁有时的古怪反应刺激读者去发现自己的自发倾向，尽管同时他也邀请读者加入他的行列（也许是以一种圣训的方式）。他通过两种形式——感叹句（通常用虚词"哉"标记）和反问句（通常由疑问词"岂"表示）。以"太史公曰"开头的有个人评论的《史记》128卷中，18个包含至少一个感叹词，51个构成反问，20个两者兼而有之。

这种充满情感的历史方法并不仅仅体现在司马迁的评论中，叙事本身常常反映出他对良知和圣贤的迷恋。在《史记》中，我们看到将军、政治家，甚至是平民，他们设法做正确的事情，不是因为精明的计算，而是因为直觉。在这方面，人们认为《滑稽列传》（卷126）用了一个恰当的词，他们成就了不可能，比如卜式的淳朴慷慨使他获得高的官位①，或者那些找到了他们的长辈没有找到的对政治问题的解决办法的孩子们。②其他人能够辨别出成功或失败的最初迹象，因此可以做出相应的计划。正如司马相如所说："盖明者远见于未萌，而智者避危于无形。"③

（接上页）有其他评论：在卷24和卷80，他边哭泣边读书；在卷18、卷19和卷62，他对他阅读的材料很吃惊；在卷1、卷15、卷31、卷37、卷47、卷64、卷67、卷68、卷84、卷97和卷123中，他只是简单地说到了阅读。

① 《史记》卷30·1430—1431、1439—1441；华兹生，《记录》，汉1：142。
② 例如甘罗和外黄的小孩。见《史记》卷71·2319—2320，卷7·329；华兹生，《记录》，秦：110—112，汉2：72—75、80—83。
③ 《史记》卷117·3054；华兹生，《记录》，汉2：294。

虽然，我一直认为司马迁的观点基本上是儒家的，但所有这些似乎更符合道家的关注和倾向。如果我们阅读司马迁的《悲士不遇赋》，这种印象会得到加强：

> 逆顺还周，乍没乍起。理不可据，智不可恃。无造福先，无触祸始。委之自然，终归一矣！①

我们再次看到历史模式的问题和明确指导的缺乏，但现在司马迁采取的是道家的无为。我们也许可以接受司马迁偶尔在道家下舒缓片刻，但这些情绪对于一个不知疲倦地把所有的历史浓缩成一本书的人似乎并不具有代表性。

当然，缺乏一个超越一切的单一视角，不愿做明确的解释，以及对自发倾向的开放，都有助于对《史记》道家倾向的解释，但司马迁是一位兼收并蓄的作家，他借鉴了许多传统，包括道家。他不是孔子的盲目追随者，毕竟，《史记》读起来不像《春秋》。但我认为这种态度不仅仅是道家的。儒家也反对把分析推得太远，以免它在道德上被削弱。

正如孔子所说的那样（并且司马迁在他对《酷吏列传》的介绍中引用了这段话）："道之以政，齐之以刑，民免而无耻；道

---

① （清）严可均编，《全上古三代秦汉三国六朝文》（北京：中华书局，1958），《汉文》26·4b—5a；见海陶玮《陶渊明赋》，第199—200页。

之以德，齐之以礼，有耻且格。"① 正如法律可能过于严密和严格（《史记》中一个重要主题），所以过去的历史分析可能只是推动个人目标的工具，而不会导致孔子和司马迁所期望的道德转型。

孔子认为，榜样和礼是塑造道德情感的正确方法。这些似乎也是司马迁最钟情的手段。在《史记》中，他创立了一种特殊的历史模式（或用他自己的话说，他"成一家之言"），正如我们在上一章中看到的那样，他同时试图实施儒家命名和关联的计划，这是语言在礼的运用中的关键要素。事实上，礼的典范可能是掌握《史记》历史方法的关键。正如《礼书》中指出的那样，礼是根植于人类血统的。确实，它是由圣人探索出来的，但并不是绝对的。它在一代又一代中演变，甚至孔子也在参与修正它。而且，它是有效的，因为它符合人性，协调了人类世界与上天的关系。最后，只有通过经验才能理解它，因为对礼的践行正是对礼的变革。

因此，《史记》虽然不能提供永恒的原则，但它是人类创造的，确实在协调天人之际方面取得了进展。它反映了宇宙的道德倾向，同时避免了轻视人类存在的道德复杂性。此外，它提出了一种必须付诸实践才能有效的阅读方法，也就是说，如果我们想要学习经典，必须与司马迁一起体验过去。

理性分析是《史记》的重要组成部分。处理史料、年代和准

---

① 《论语》2·3；刘殿爵译，见《论语》（哈蒙兹沃思：企鹅出版社，1979）。

确性是历史研究的基础。但是，如果我们要真正理解历史的意义，最终必须超越理性的极限。司马迁建议我们可以通过对直觉反应和明智的关联进行建模，并通过拒绝提供我们在西方历史中通常寻找的封闭类型和排他性解释的方式，真正认识过去的人们，而不仅仅是了解他们的情况。这也许是一个我们无法分享的历史视野——因为我们被广阔的时间和文化所分离——但它仍然是一个令人振奋的梦想。

理解与被理解

《史记》对历史研究最重要的贡献不是它的信息，而是它的方法论。这是一种工作模式，而不是一套确凿的解释。因此，它允许司马迁准确地、富有启发性地表达世界，同时它提供了理解世界的方法。像他的读者一样，司马迁用微观《史记》作为获得理解和智慧的工具，他在建构时做的工作，在许多方面类似于掌握技巧的读者为了理解文本而必须付出的努力，并通过它理解更广阔的世界。然而，《史记》还有另一种功能，它以一种独特的方式适用于司马迁——对司马迁而言，《史记》是一种自我表达的模式和通往不朽之路的途径。

《史记》里的一个关键问题是如何识别有才能和有价值的人，特别是这些人可能不被他们同时代的人所赏识。我们之前看到的司马迁对聂政故事的编辑强调了这个问题，而在文本的其他地方，我们也遇到了类似的赞誉有加的故事。孟尝君和平原君及魏公子都以养了成千上万的门客而著称，司马迁告诉我们，这些门客中的一些人是如何成功地获得主人的关注，然后有机会展示他们的真正才能的。孟尝君曾经被两个能模仿狗叫和鸡鸣（在偷窃中有用的技能）的低级门客救了一命。司马迁插入了一条不寻常的旁白："始孟尝君列此二人于宾客，宾客尽羞之。及孟尝君有秦难，卒此二人拔之。自是之后，客皆服。"① 同样，平原君认识到毛遂的能力，并受益于他非正统的外交（尽管在事后得到承认才被充分认可）。② 在魏公子找到侯嬴和朱亥前，他们一直作为守门人和屠夫默默无闻。③ 像豫让和荆轲这样的刺客以死效忠于赏识他们的统治者，战国时代的君主很快就会注意到那些游走在他们国家中的说客和军事冒险者的才能。④

一方面，拥有欣赏他人价值的能力是像孔子这样提供历史判断的圣人的特征，另一方面，像汉高祖这样的统治者，他的成功在很大程度上得益于他在招募得力助手方面的能力。这种基于不同标准的重叠责任，使历史学家和统治者相互竞争，并且不难看出司马迁的同情心，因为他邀请读者不仅要评价汉高祖的追随者，

---

① 《史记》卷75·2355；倪豪士，《史记》，7：194。
② 《史记》卷76·2366—2368；倪豪士，《史记》，7：204—205。
③ 《史记》卷77·2378—2381；倪豪士，《史记》，7：215—218。
④ 再看看埃里克·亨利（Eric Henry）关于中国早期承认主题的精彩文章。亨利从各种来源引用的大多数故事都在《史记》某处中重复，亨利注意到司马迁在将其作为中国文学的标准主题中所扮演的角色。见埃里克·亨利《早期中国认可的母题》，《哈佛亚洲研究杂志》47，第1期（1987年6月），尤其是第12—13页。

还要评价汉高祖本人。当司马迁衡量功绩时,他会侵犯皇帝的特权和责任,甚至可能侵犯上天的特权和责任。人们不禁要问,司马迁精心制作的表格,或许不是为了彰显上天的不足,而是以更好的方式把复杂的事件罗列出来,并以此表彰有德者。无论如何,历史学家将个人从遗忘中拯救出来,也是为上天服务。

圣人、历史学家和《史记》的读者如何认识有价值的男男女女呢?当然,拥有准确的事实是一个至关重要的起点,然而司马迁经常并未真正提供他的主人公的完整传记。他的选择和编辑旨在帮助读者掌握各类历史人物的基本要素,并且似乎删除了许多无关紧要的细节(尽管他从未将它们削减到"一个传记相当于一个教化课"的水平,有足够的细节让读者自己忙着筛选和解释)。而且,我们已经注意到司马迁试图向读者灌输与过去的情感联系。

虽然这个过程很脆弱,但它仍然是司马迁托付自己的过程。司马迁用一种最终的方式赋予孔子生命的意义——特别是因为它以孔子对获麟的绝望和他通过书面历史保存他的观点为中心——通过在孔子自己的生活中重现这些事件。历史变成了现实。司马迁本人也遇到了迫害和困难。他也觉得自己像一个与他的时代格格不入的人,他的回应是通过将他的个人哲学融入历史作品来效仿孔子,希望有一天像他一样的人会读它,认识他的价值,为他的生活辩护。

在司马迁的《太史公自序》和《报任安书》中,他列举了一些著名人物的例子,他们在困难时期完成的著作保存了他们的思想，并保证了他们未来的名誉。这份令人印象深刻的名单包括《诗经》《尚书》的作者，包括文王、孔子、屈原、左丘、孙子、吕不韦和韩非子，他们的著作从古典到哲学、从诗歌到历史。[①] 司马迁也希望通过自己的著作而青史留名（事实上，他只给自己的生活和事迹留下了很少的记载），而且，在一些方面，《史记》比它绝大多数先例显得更聪明。司马迁的写作不是他自己思想的记录，事实上，他对于表达个人意见保持沉默。更确切地说，《史记》是整个世界的历史，因此，它是无价的。从某个角度看，它也是坚不可摧的。

哲学写作的问题在于它与那些坚持另一种传统的人无关。甚至历史也可能过时和被废弃。随着时代的变迁和诠释的转变，曾经被视为福音真理的东西越来越被忽视，或被大量的评论所隔离。《史记》观点的多元性和开放性虽然如此令人沮丧，但却让它在一代又一代人中保持新鲜感和吸引力。一个连贯的、清晰的且内部一致的模型易于过时，但是一个复杂的、有些矛盾的系统（特别是如果它看起来有具备指导意义和终极意义的可能性）可以适应新发现的事实和新发明的解释。简而言之，它可以是魅力无限的。《易》的经久不衰就是例子。

司马迁征服历史有两种截然不同的形式。首先，他把所有历

[①] 《史记》卷 130・3300，《汉书》卷 62・2735；华兹生，《大史家》，第 54—55、65 页。司马迁的编辑也揭示了对能够通过信件表达真实自我的个人魅力，见苏代（卷 72）、乐毅（卷 80）和鲁仲连（卷 83）。

史汇集在一起，关联、编辑，最后从秦始皇的皇权中夺取对帝国的控制权。在很大程度上，我们仍然是通过司马迁的眼睛看待中国的早期历史。其次，他对历史的控制并不完全，以至后来的研究和社会变革让它受到威胁。《史记》是如此庞大，这就暗示，面对任何形势的人，都可以在其中找到一些相关的先例，而中国古代历史学家关于任何假设的争论，都可以从司马迁的作品中至少找到一些相关证据。

司马迁通过创建一个新的话语学派和一种理解过去的新方式完成了历史写作。通过《史记》的微观结构，他创造了一个塑造整个世界的模型。他邀请我们进入他的模型，并与他一起用这个模型来理解历史。他的循循善诱和鼓励，确保即使我们获得自己的认识，也不会离开他。通过这种方式，司马迁克服了对历史几乎不可避免的破坏，也就是说，他为自己赢得了历史上永恒的地位，他将被永远怀念和书写。

结　语

1290年，南宋王朝灭亡后不久，宋朝的忠臣谢翱登上浙江富春山的西亭，向几年前被蒙古人处决的南宋爱国官员文天祥致敬。在对这次旅行的动情描述之后，谢翱写道：

> 予尝欲仿太史公著《季汉月表》，如秦楚之际。今人不有知予心，后之人必有知予者。①

很显然，《史记》中除了准确性之外的其他东西给谢翱留下了深刻印象；他是一个杰出的学者，很遗憾自己没有机会写一部古代的编年史。

谢翱钦佩司马迁《史记》的原因，也正是司马迁钦佩孔子《春秋》的原因。这是同样的被令人沮丧的现状的抛弃，也是同样的对写出一部能够超越当代困难，并将过去和未来结合起来的历

---

① 谢翱，《登西台恸哭记》，载朱东润主编《中国历代文学作品选》（上海：上海古籍出版社，1980），4：405。

史的渴望（通过睿智的历史学家的综合）。而且重要的是，谢翱写作愿望的重点是按时间顺序排列的表——在这一部分中，司马迁简洁的、隐含深意的文字最接近《春秋》的重要风格。正如在各种行和列的有限视角内锁定的那些人无法获得表中所揭示的世界的全部规模和范围，司马迁和孔子也认为他们同时代的人所感知的现在将彻底被未来的历史学家重新思考，他们可以用敏锐的洞察力来审视他们的表格和编年记事。

这些传统导致很难将司马迁与希腊古代先驱历史学家进行比较。① 当然，希罗多德或修昔底德所做的很多事情都与司马迁相似——他们各自创造了关于过去信息新的呈现方式，他们以有意义的方式组织和编辑他们的材料；他们与证据和年代搏斗；他们完成了一些美学上令人愉悦的叙事，他们尊重一些历史人物，也贬低另一些历史人物；一般来说，他们传达自己的道德见解。但司马迁做了非常了不起的事。他认为历史学家具有宇宙学功能，他构建了一个作为世界模型的历史。

在这里，我们可以把《史记》和希腊罗马世界另一部经典——普鲁塔克（Plutarch）的《传记集》比较。在司马迁之后大约两百年，普鲁塔克以常规的希腊人和罗马人穿插的方式写了 22 个传

---

① 在中国和西方，关于司马迁的研究，总要把他和希腊历史学家进行对比，据我所知，只有两篇文章在一定程度上研究了二者的相似之处，见邓嗣禹（S. Y. Teng）《希罗多德与司马迁：两位史学之父》，载《东西方》，新系列，12：4（1961 年 12 月），第 233—240 页；N. I. 康纳德（N. I. Konrad）,《波利比奥斯与司马迁》，载《苏联社会科学》5，第 4 期（1967），第 37—58 页。

记。① 这些叙述在很多方面与《史记》的一些卷次相似。普鲁塔克也关注个人和道德意义，他为其中几组传记撰写了序言，并在几乎所有传记结尾处发表了评论（他的个人评论部分实际上比司马迁更长、更详细）。普鲁塔克在某种程度上关心准确性，他一般不专注于作品主要人物的缺点。每一组希腊人和罗马人的生活都以有趣的方式产生共鸣，普鲁塔克的一般方法有时让人想起司马迁，就像他在亚历山大传记的开头所指出的那样：

> 我们没有说这些人的所有著名行为，甚至在每个特定情况下都没有详尽地说，但在大多数情况中都是缩影。……在最杰出的事迹中，并不总是表现出美德或恶习，不过，像一句话或者一种玩笑这样的小事，往往会比成千上万的战争或是大的军备或城市的围攻更有启示。②

这可能就是常说的《史记》中许多传记开始于一个看似无关紧要的逸事，后来被证明这则逸事可以预测某个主题未来的荣耀或灾难。

两部作品都只需要一点时间就会很快让读者接受，然而，它

---

① 有关普鲁塔克的详细介绍，见 D. A. 罗素（D. A. Russell）《普鲁塔克》（伦敦：达克沃思出版社，1973）；阿伦·沃德曼（Alan Wardman）《普鲁塔克的传记集》（伯克利和洛杉矶：加利福尼亚大学出版社，1974）；C. P. 琼斯（C. P. Jones）《普鲁塔克》，载詹姆斯·卢斯（T. James Luce）编《古代作家：希腊和罗马》（纽约：斯克里布纳出版社，1982），2：961—983。

② 普鲁塔克，《传记集》，亚历山大，Ⅰ·1—2。贝尔纳多特·佩兰（Bernadotte Perrin）译的洛布版（剑桥，马萨诸塞州：哈佛大学出版社，1919），7：225。

215 们的差异远大于相似之处。一方面，《史记》更有组织、有条理；另一方面，《史记》叙事的意义从来没有像《传记集》那样清晰。在前面的引文中，被省略的部分有这样的话——"它不是我正在写的历史，而是生活"，差别很明显。普鲁塔克选择他需要的东西，以便完成美学上令人愉悦的、道德上令人振奋的叙事。司马迁关心的是直截了当地说明事实，在许多卷次中，道德意义完全被模糊或遗漏了。普鲁塔克在农村写作，主要靠记忆；司马迁彻底研究了帝国档案。普鲁塔克提供历史背景很少，司马迁将他的传记嵌入了一部世界史；普鲁塔克的心理分析和评论很疯狂，但司马迁两者都没有。尽管普鲁塔克在他的传记中所做的事情一般都相当明显，司马迁在他的历史中的存在让人难以捉摸。然而，最重要的差别是《史记》的宇宙学形式，它比司马迁自己能提供更多的洞察力。

《史记》以其独特的五体形式，代表了天、地和人。它的各个部分和重叠的叙述相互影响，暗示了一个运动的世界，一个包含各种解释的开放的世界。司马迁通过他的编辑，创造并突出了各种模式和对应——事实上，我猜测，他把自己的分类和命名看作是践行"礼"的重要方式，这让人想起了孔子正名的计划——但《史记》的功能在某种程度上似乎与作者无关。司马迁不愿意对他的材料做出明确的解释，而且他将早期记录直接纳入其历史的习惯，加强了这种效果。因为《史记》本身是要表达世界，而不是简单地表达司马迁自己的观点，读者发现可以逃离司马迁的道德说教和模式。事实上，他显然希望为未来的研究提供材料，这些材料可能超出他自己的重建，甚至与其矛盾。

《史记》碎片化形式的一个后果是，叙述从不同角度定期描述同一事件，并且这些重叠的叙述并不总是一致的。这是一个棘手的问题，特别是司马迁在其他地方表达了对准确性的极大关注。我相信，在《春秋》互相矛盾的评论和战国时代说客相互矛盾的历史解释的推动下，他将历史视为一个巨大的数据库，可以用多种方式解释。当然，有些阅读可能比其他阅读更可靠，但同一事件可被视为许多故事中的一个元素，所有这些都与证据有关。

学术分析和研究有一席之地，但最终真正最重要的问题——我们应该如何生活，天的意志是什么——只能通过超越理性论证而形成一种圣贤的理解来回答。我们可以通过批判性和共情性阅读历史来实现这一目标。我们被邀请加入司马迁的行列，他演示了如何感知过去的秩序、如何正确地标记，以及我们如何被我们阅读的东西击中心灵。他的历史写作的目标不是无懈可击的真理，而是灵活、有用的理解。

这个概念似乎更符合宇宙学模型的理念，而不是西方熟悉的结构紧密、统一、令人信服的叙事（或论证）的观念。[①] 司马迁所追求的不是单一的历史叙事，而是那种以其不可否认的力量来验

[①] 在推测西方历史为何采用这种形式时，我想看看古希腊具有说服力的公众演讲的重要性，和几何学的逻辑上令人信服的论点的影响，以及后来对单一的、无所不知的神的信仰的影响（随之而来的观念是，对过去更准确的描述将逐渐接近他的一个永恒的、无可争议的观点）。

证自己的历史叙事。他寻求的不是强迫读者同意，而是邀请读者参与世界创造的神圣劳动，而且《史记》包含了许多声音和观点。结果是一部反映世界本身而不是司马迁思想的著作。通过《史记》，司马迁试图让历史本身可以被访问（虽然是以暗示和适用的形式）。①

司马迁所创造的宇宙实际上是一个多元宇宙，它可以通过空间和时间来构建无数的因果关系。随着司马迁将历史相对化，他也从当下的绝对化中退缩了。司马迁意识到他自己可以被视为许多不同故事的参与者——孝道故事、对挫折的文学回应、对丢失传统的修复、对帝国权威的挑战等——他并没有为一个狭义的目的或传达一个压倒一切的信息来定制他的作品。

《史记》是一个工具，通过它可以将多个历史与可能的未来联系起来，虽然它显然具有判断性的一面，但它不能简单地使用历史来批评现在。司马迁放弃了当下，他的工作并没有针对他的同时代人。相反，它是为未来的读者编写的，他们会用它来形成自己的判断并满足自己的要求，无论那些可能是什么。《史记》故意将历史与未来联系在一起，这是一个最终脱离司马迁控制的过程。他只能期待令人满意的结果。

他有理由自信。尽管《史记》缺乏解释性的结论，有多重声音且模糊性和矛盾并存，但司马迁绝不是一个将所有真理视为相

---

① 《史记》卷61·2124—2125；华兹生，《大史家》，第188—189页。

对和有条件的后现代主义者。毕竟还有上天和孔子。司马迁相信宇宙中固有的自然道德秩序。它的运作有点神秘，但司马迁的历史已经在某种程度上揭示了它的存在并恢复了它在人类话语中的地位。司马迁期望《史记》能像《春秋》一样，通过增加世界的正义，通过神圣的命名和分类改变宇宙本身，来帮助上天的事业。司马迁努力颠覆了秦始皇青铜世界的集权主义和强制秩序，当他创建自己的竹简世界时，他拒绝这种做法，而宁愿依靠"天道"。

司马迁对意义的强烈探索，拒绝接受有限的、世俗的观点，他对最终辩护的期望，以及他对超越道德力量的信任，似乎使《史记》成为宗教信仰的产物或信仰危机的结果。尽管有历史证据，面对自己悲惨的人生经历，司马迁仍然努力地去相信。与此同时，他仍然忠于历史和经验。《史记》是一份非常人性化的文献，即使我们不能分享司马迁历史的、依情况而定的信仰体系，我们也可以被他的正直和决心所感动。

最后，据我所知，《史记》鹤立鸡群，在中国历史作品中独一无二。具有讽刺意味的是，作者努力破坏的绝对正统和统一系统的文本，现在却在被称为正史的常规序列中排在首位。司马迁能够避免单一、权威的观点，部分原因是他没有写出证明当时政权的合理性的历史。《史记》显然是非官方的，其多重观点可以合理地被视为煽动性的，或者至少对集权政权具有威胁性。相比之下，后来的正史确实成为王朝继承的工具，特别是它们并没有分享《史记》作为宇宙历史、宇宙的综合模型的宏伟目标。然而，司马迁的历史继续激励和刺激着中国的历史学家和读者。

《史记》迫使我们扩展"世界历史"这个术语的概念。司马迁的书不仅仅是对他所知的所有时间和地点的描述，还是一部流传万世的历史。司马迁拒绝限制自己的观点，成功地创作了一个可以持续有趣的文本，不只是特定时代的遗物，而且还是一个一代又一代人可以进入、争论和解释的世界。《史记》是如此的模棱两可，如此的富于启发性，以至于它与各种新情况，对过去的重新构建，以及历史学的新理论密切相关。尽管历经岁月沧桑，但它仍然是一部鲜活的作品。通过它，我们可以创造性地、兴奋地与历史紧密相连。《史记》的持久相关性是对司马迁宇宙观的致敬。

致　谢

很多人在这本书漫长的成形过程中曾提供过帮助。我想要感谢休·史汀生和余英时先生多年前的指导，以及美国人文基金会给我暑期津贴来启动这个项目。齐思敏、杜润德、大卫·哈尼、司马安、李惠仪、比尔·倪豪士、南薇莉、戴梅可、普鸣、苏源熙和席文都给予了我很多支持与鼓励。我还要特别感激几位匿名评论者，他们对我的原稿做出了详细的评价，虽然这些人可能不会完全被我提出的假设说服，但我的书因为他们的评论和批评变得更好了。很明显地，读者们都能知道我应该多么感谢华兹生，虽然我从未见过他。最后，我要感谢我的家人，他们慷慨地支持了我许多个周末和晚上，尤其是我的妻子希瑟，这本书献给她。

参考文献

Allen, Joseph Roe III. "An Introductory Study of Narrative Structure in *Shiji*." *Chinese Literature, Essays, Articles, Reviews* 3 (1981): 31-66.

Ames, Roger T. *The Art of Rulership: A Study in Ancient Chinese Political Thought*. Honolulu: University of Hawaii Press, 1983.

Balazs, Etienne. *Chinese Civilization and Bureaucracy: Variations on a Theme*, trans. H. M. Wright and ed. Arthur F. Wright. New Haven, Conn.: Yale University Press, 1964.

Ban Gu 班固 et al. *Han shu* 汉书. Beijing: Zhonghua, 1962.

Birch, Cyril, ed. *Anthology of Chinese Literature: From Early Times to the Fourteenth Century*. New York: Grove Weidenfeld, 1965.

Bodde, Derk. *China's First Unifier: A Study of the Ch'in Dynasty as Seen in the Life of Li Ssu (280?-208B.C.)*. Leiden: Brill, 1938.

——. *Chinese Thought, Society, and Science: The Intellectual and Social Background of Science and Technology in Pre-modern China*. Honolulu: University of Hawaii Press, 1991.

——. *Essays on Chinese Civilization*, ed. Charles Le Blanc and Dorothy Borei. Princeton, N. J.: Princeton University Press, 1981.

——. "The State and Empire of Ch'in." In *The Cambridge History of China*. Vol. 1, *The Ch'in and Han Empires, 221 B.C.-A.D. 220*, ed. Denis Twitchett and Michael Loewe, pp. 20-102. Cambridge: Cambridge University Press, 1983.

——, trans. *Statesman, Patriot, and General in Ancient China: Three "Shih chi" Biographies of the Ch'in Dynasty (255-206 B.C.)*. New Haven, Conn.:

American Oriental Society, 1940.

———. "Types of Chinese Categorical Thinking." *Journal of the American Oriental Society* 59 (1939): 200-219.

Book of Lord Shang 商君书 (see *Shangjun shu* and J. J. L. Duyvendak).

Braudel, Fernand. *The Mediterranean and the Mediterranean World in the Age of Philip II*, trans. Siân Reynolds. 2 vols. New York: Harper & Row, 1972.

Butcher, S. H., trans. *Aristotle's Theory of Poetry and Fine Art (The Poetics)*. 4th ed. London: Macmillan, 1907.

Chang, K. C. *Art, Myth, and Ritual: The Path to Political Authority in Ancient China*. Cambridge, Mass.: Harvard University Press, 1983.

Chavannes, Édouard, trans. *Les mémoires historiques de Se-ma Ts'ien*. 6 vols. Paris: Ernest Leroux, 1895-1905, 1969 (vol. 6).

Chen Zhi 陈直. "Han Jin ren dui *Shiji* de chuanbo ji qi pingjia 汉晋人对史记的传播及其评价. In *Sima Qian yu Shiji lunji*, ed. Lishi yanjiu bianji bu, pp. 215-242. Xi'an: Shanxi renmin, 1982.

Chunqiu 春秋 (*Spring and Autumn Annals*). I have used the text in the *Chunqiu jingzhuan yinde*, 春秋经传引得 ed. William Hung. Harvard-Yenching Institute Sinological Index Series, no. 11 (1937). Beijing: Harvard-Yenching; rpt. Shanghai: Shanghai Guji, 2 vols., 1983. This text includes the *Gongyang* Commentary 公羊, *Guliang* Commentary, and the *Zuo zhuan* 左传.

Crawford, Robert B. "The Social and Political Philosophy of the *Shih chi*." *Journal of Asian Studies* 22, no. 4 (August 1963): 401-416.

Creel, Herrlee G. *Confucius: The Man and the Myth*. New York: John Day, 1949.

Crump, James I., trans. *Chan-kuo Ts'e*. Oxford: Oxford University Press, 1970.

Cullen, Christopher. *Astronomy and Mathematics in Ancient China*. Cambridge: Cambridge University Press, 1996.

———. "Motivations for Scientific Change in Ancient China: Emperor Wu and the Grand Inception Astronomical Reforms of 104 B.C." *Journal for the History of Astronomy* 24 (1993): 185-203.

Dawson, Raymond, ed. *The Legacy of China*. Oxford: Oxford University Press, 1964.

——, trans. *Sima Qian: Historical Records*. World's Classics Series. Oxford: Oxford University Press, 1994.

de Bary, Wm. Theodore, Wing-tsit Chan, and Burton Watson, eds. *Sources of Chinese Tradition*. New York: Columbia University Press, 1960.

Diodorus. *Diodorus of Sicily*, trans. C. H. Oldfather et al. Loeb Classical Library. 12 vols. Cambridge, Mass.: Harvard University Press, 1933-1967.

Du Shengyun 杜升云. "Sima Qian de tianwenxue chengjiu ji sixiang" 司马迁的天文学成就及思想. In *Sima Qian he Shiji*, ed. Liu Naihe, pp. 222-248. Beijing: Beijing chubanshe, 1987.

Du Weiyun 杜维运 and Huang Jinxing 黄进兴, eds. *Zhongguo shixueshi lunwen xuanji* 中国史学史论文选集. 3 vols. Taipei: Huashi, 1976-1980.

Dubs, Homer H., trans. *The History of the Former Han Dynasty*. 3 vols. Baltimore: Waverly Press, 1938-1955.

——. "The Reliability of Chinese Histories." *Far Eastern Quarterly* 6 (1946): 23-43.

Durrant, Stephen W. *The Cloudy Mirror: Tension and Conflict in the Writings of Sima Qian*. Albany: State University of New York Press, 1995.

——. "Self as the Intersection of Traditions: The Autobiographical Writings of Ssu-ma Ch'ien." *Journal of the American Oriental Society* 106, no. 1 (January/March 1986): 33-40.

Duyvendak, J. J. L., trans. *The Book of Lord Shang*. London: Arthur Probsthain, 1928.

Eberhard, Wolfram. *A History of China*. Berkeley and Los Angeles: University of California Press, 1950.

Egan, Ronald. "Narratives in *Tso chuan*." *Harvard Journal of Asiatic Studies* 37 (1977): 323-352.

Fa Yan 法言 (see Yang Xiong).

Fan Wenlan 范文澜. *Zhengshi kaolüe* 正史考略. Beijing: Beiping wenhuaxue, 1931.

Fong, Wen, ed. *The Great Bronze Age of China: An Exhibition from the People's*

Republic of China. New York: Knopf, 1980.

Fornara, Charles William. *The Nature of History in Ancient Greece and Rome*. Berkeley and Los Angeles: University of California Press, 1983.

Gallie, W. B. *Philosophy and the Historical Understanding*. New York: Schocken Books, 1964.

Gardner, Charles S. *Chinese Traditional Historiography*. Cambridge, Mass.: Harvard University Press, 1938.

Genette, Gérard. *Narrative Discourse: An Essay in Method*, trans. Jane E. Lewin. Ithaca, N. Y.: Cornell University Press, 1980.

Gongyang Commentary 公羊 (see *Chunqiu*).

Gottschalk, Louis, ed. *Generalization in the Writing of History*. Chicago: University of Chicago Press, 1963.

Graham, A. C. *Disputers of the Tao*. La Salle, Ill.: Open Court, 1989.

Gu Jiegang 顾颉刚. *Shilin zashi* 史林杂识. Beijing: Zhonghua, 1963.

Guliang Commentary 穀梁 (see *Chunqiu*).

Guoyu 国语 (*Narratives of the State*s). 2 vols. Shanghai: Shanghai guji, 1988.

Hall, David L., and Roger T. Ames. *Thinking Through Confucius*. Albany: State University of New York Press, 1987.

Hanfeizi 韩非子. Sibu congkan edition.

Hansen, Chad. *A Daoist Theory of Chinese Thought*. Oxford: Oxford University Press, 1992.

Han shu 汉书 (see Ban Gu).

Hardy, Grant. "The Interpretive Function of *Shih chi* 14, 'The Table by Years of the Twelve Feudal Lords.'" *Journal of the American Oriental Society* 113, no. 1 (January/March 1993): 14-24.

Hardy, Peter. *Historians of Medieval India*. London: Luzac, 1966.

Hearn, Maxwell. "The Terracotta Army of the First Emperor of Qin (221-206 B.C.)." In *The Great Bronze Age of China: An Exhibition from the People's Republic of China*, ed. Wen Fong, pp. 334-373. New York: Knopf, 1980.

Henderson, John. B. *The Development and Decline of Chinese Cosmology*. New York: Columbia University Press, 1984.

Henry, Eric. "The Motif of Recognition in Early China." *Harvard Journal of Asiatic Studies* 47, no. 1 (June 1987): 5-30.

Hightower, James Robert. "The *Fu* of T'ao Ch'ien." *Harvard Journal of Asiatic Studies* 17 (1954): 169-230.

———, trans. "Letter to Jen An (Shao-ch'ing)." In *Anthology of Chinese Literature: From Early Times to the Fourteenth Century*, ed. Cyril Birch, pp. 95-102. New York: Grove Weidenfeld, 1965.

Hsu, Cho-yun, and Katheryn M. Linduff. *Western Chou Civilization*. New Haven, Conn.: Yale University Press, 1988.

Huainanzi 淮南子 (see Liu An).

Huang Peirong 黄沛荣, ed. *Shiji lunwen xuanji* 史记论文选集. Taipei: Changan, 1982.

Hucker, Charles O. *A Dictionary of Official Titles in Imperial China*. Stanford, Calif.: Stanford University Press, 1985.

Hulsewé, A. F. P. "The Ch'in Documents Discovered in Hu-pei in 1975." *T'oung Pao* 64 (1978): 175-217.

———. "Founding Fathers and Yet Forgotten Men: A Closer Look at the Tables of the Nobility in the *Shih chi* and the *Han shu*." *T'oung Pao* 75 (1989): 43-126.

Intrigues of the Warring States 战国策 (see J. I. Crump and Liu Xiang).

Jin Dejian 金德建. *Sima Qian suo jian shu kao* 司马迁所见书考. Shanghai: Shanghai renmin, 1963.

Jin Yufu 金毓黻. *Zhongguo shixue shi* 中国史学史. Shanghai: Shangwu, 1941.

Jones, C. P. "Plutarch." In *Ancient Writers: Greece and Rome*, ed. T. James Luce, vol. 2, pp. 961-983. New York: Scribner, 1982.

Kamada Tadashi 鎌田正. *Saten no seiritsu to sono tenkai* 左傳の成立と其の展開. Tokyo: Daishūkan, 1963.

Kao, George, ed. *The Translation of Things Past: Chinese History and*

Historiography. Hong Kong: Chinese University Press, 1982.

Karlgren, Bernhard. "On the Authenticity and Nature of the Tso-chuan." *Göteborgs Högskolas Årsskrift* 32 (1926): 3-65.

Keightly, David N. "Early Civilization in China: Reflections on How It Became Chinese." In *Heritage of China: Contemporary Perspectives on Chinese Civilization*, ed. Paul S. Ropp, pp. 15-54. Berkeley and Los Angeles: University of California Press, 1990.

———. *Sources of Shang History: The Oracle-Bone Inscriptions of Bronze Age China*. Berkeley and Los Angeles: University of California Press, 1978.

Kellner, Hans. *Language and Historical Representation: Getting the Story Crooked*. Madison: University of Wisconsin Press, 1989.

Kierman, Frank Algerton, Jr, trans. *Ssu-ma Ch'ien's Historiographical Attitude as Reflected in Four Late Warring States Biographies*. Wiesbaden: Otto Harrossowitz, 1962.

Kitto, H. D. F. *Poesis: Structure and Thought*. Berkeley and Los Angeles: University of California Press, 1966.

Knoblock, John, trans. *Xunzi: A Translation and Study of the Complete Works*. Vol. 2. Stanford, Calif.: Stanford University Press, 1990.

Kongzi jiayu 孔子家语 (see Robert P. Kramers).

Konrad, N. I. "Polybius and Ssu-ma Ch'ien." *Soviet Sociology* 5, no. 4 (1967): 37-58.

Kramers, Robert P. "The Development of the Confucian Schools." In *The Cambridge History of China*. vol. 1: *The Ch'in and Han Empires 221 B.C.-A.D. 220*, ed. Denis Twitchett and Michael Loewe, pp. 747-765. Cambridge: Cambridge University Press, 1986.

———, trans. *K'ung Tzu Chia Yü: The School Sayings of Confucius*. Leiden: Brill, 1950.

LaCapra, Dominick. *History and Criticism*. Ithaca, N.Y.: Cornell University Press, 1985.

———. "Rethinking Intellectual History and Reading Texts." In *Modern European Intellectual History: Reappraisals and New Perspectives*, ed. Dominick LaCapra and Steven C. Kaplan, pp. 47-85. Ithaca, N.Y.: Cornell University Press, 1982.

Lai Changyang 赖长扬, Chen Keqing 陈克青, and Yang Yanqi 杨燕起, eds. *Lidai mingjia ping Shiji* 历代名家评史记. Taipei: Boyuan, 1990.

Lai Mingde 赖明德. *Sima Qian zhi xueshu sixiang* 司马迁之学术思想. Taipei: Hongshi, 1982.

Lau, D. C., trans. *Confucius: The Analects*. Harmondsworth: Penguin Books, 1979.

Le Blanc, Charles (see Bodde, Derk).

Legge, James, trans. *The Ch'un Ts'ew and the Tso Chuen*. Chinese Classics, vol. 5. 2nd ed. Oxford: Oxford University Press, 1872; Taiwan rpt., n.d.

———, trans. *The She King*. Chinese Classics, vol. 4. Oxford: Oxford University Press, 1871; Taiwan rpt., n.d.

———, trans. *The Shoo King*. Chinese Classics, vol. 3. Oxford: Oxford University Press, 1865; Taiwan reprint, n.d.

Li Changzhi 李长之. *Sima Qian zhi renge yu fengge* 司马迁之人格与风格. Shanghai: Kaiming, 1948.

Li, Wai-yee. "The Idea of Authority in the *Shih chi* (Records of the Historian)." *Harvard Journal of Asiatic Studies* 4, no. 2 (December 1994): 345-405.

Li Xueqin. *Eastern Zhou and Qin Civilizations*, trans. K. C. Chang. New Haven, Conn.: Yale University Press, 1985.

Li Zongtong 李宗侗. "Shiguan zhidu: fulun dui chuantong zhi zunzhong" 史官制度——附论对传统之尊重. In *Zhongguo shixue shi lun wen xuanji*, ed. Du Weiyun and Huang Jinxing, vol. 1, pp. 65-109. Taipei: Huashi, 1976.

Liang Wenwei 梁文伟. "Yunmeng Qin jian biannianji xiangguan shishi hejiao" 云梦秦简编年记相关史事覈斠. Ph.D. dissertation. National Taiwan University 1981.

Liang Yusheng 梁玉绳 (1745-1819). *Shiji zhiyi* 史记志疑. 3 vols. Beijing: Zhonghua, 1981.

Ling Zhilong 凌稚隆 (late Ming), ed. *Shiji pinglin* 史记评林, and enlarged and supplemented by Li Guangjin 李光缙 and Arii Norihira 有井范平. 5 vols. Rpt, Taipei: Lantai, 1968.

Lishi yanjiu bianji bu 历史研究编辑部, ed. *Sima Qian yu Shiji lunji* 司马迁与史记论集. Xi'an: Shanxi renmin, 1982.

Liu An 刘安 (179?-122 B.C.E.) et al. *Huainanzi* 淮南子. Sibu congkan edition.

Liu Naihe 刘乃和, ed. *Sima Qian he Shiji* 司马迁和史记. Beijing: Beijing chubanshe, 1987.

Liu Weimin 刘伟民. *Sima Qian yanjiu* 司马迁研究. Taipei: Wenjing, 1975.

Liu Xiang 刘向 (79-8 B.C.E.), ed. *Zhanguoce* 战国策 (Intrigues of the Warring States). 3 vols. Shanghai: Shanghai guji, 1985.

Liu Zhiji 刘知幾 (661-721) and Pu Qilong 浦起龙 (Qing). *Shitong tongshi* 史通通释. Shanghai: Shijie, 1935.

Loewe, Michael. *Chinese Ideas of Life and Death*. London: Allen & Unwin, 1982.

——, ed. *Early Chinese Texts: A Bibliographical Guide*. Berkeley and Los Angeles: Society for the Study of Early China, 1993.

——. *Imperial China*. London: Allen & Unwin, 1965.

——. "Manuscripts Found Recently in China: A Preliminary Survey." *T'oung Pao* 63 (1977): 99-136.

——. *Ways to Paradise: The Chinese Quest for Immortality*. London: Allen & Unwin, 1979.

Luce, T. James, ed. *Ancient Writers: Greece and Rome*. 2 vols. New York: Scribner, 1982.

Mansvelt Beck, B. J. *The Treatises of the Later Han*. Leiden: Brill, 1990.

Meskill, John, ed. *The Pattern of Chinese History: Cycles, Development, or Stagnation?* Boston: Heath, 1965.

Mink, Louis. *Historical Understanding*. Ithaca, N.Y.: Cornell University Press, 1987.

Mote, Frederick W. *Intellectual Foundations of China*. 2nd ed. New York: Knopf, 1989.

Mozi 墨子. Sibu congkan edition.

Nanhuazhenjing 南华真经 [*Zhuangzi* 庄子]. Sibu congkan edition.

Narratives of the States 国语 (see *Guoyu*).

Needham, Joseph, et al. *Science and Civilization in China*. 7 vols. projected. Cambridge: Cambridge University Press, 1954- .

Nienhauser, William H., Jr., et al., trans. *The Grand Scribe's Records*. Vols. 1 and 7. Bloomington: Indiana University Press, 1994.

Nie Shiqiao 聂石樵. *Sima Qian lungao* 司马迁论稿. Beijing: Beijing Shifan daxue, 1987.

Nyitray, Vivian-Lee. *Mirrors of Virtue: Lives of the Four Lords in Sima Qian's Shiji*. Stanford, Calif.: Stanford University Press, forthcoming.

Owen, Stephen. *An Anthology of Chinese Literature: Beginnings to 1911*. New York: Norton, 1996.

——. *Remembrances: The Experience of the Past in Classical Chinese Literature*. Cambridge, Mass.: Harvard University Press, 1986.

Pei Yin 裴骃 (fl. 438). *Jijie* 集解. See Sima Qian.

Perrin, Norman, and Dennis C. Duling. *The New Testament: An Introduction*. 2nd ed. San Diego: Harcourt Brace Jovanovich, 1982.

Peterson, Willard J. "Making Connections: 'Commentary on the Attached Verbalizations' of the *Book of Change*." *Harvard Journal of Asiatic Studies* 42 (1982): 67-116.

Plaks, Andrew H. *Chinese Narrative: Critical and Theoretical Essays*. Princeton, N.J.: Princeton University Press, 1977.

Plutarch. *Lives*, trans. Bernadotte Perrin. Loeb Classical Library. 11 vols. Cambridge, Mass.: Harvard University Press, 1914-1926.

Pokora, Timoteus. "Ch'u Shao-sun—The Narrator of Stories in the *Shih chi*." *Annali dell'Istituto Orientale di Napoli* 40 (1981): 1-28.

Průšek Jaroslav. *Chinese History and Literature*. Dordrecht: Reidel, 1970.

Pulleyblank, E. G. "The Historiographical Tradition." In *The Legacy of China*, ed. Raymond Dawson, pp. 143-164. Oxford: Oxford University Press, 1964.

Ropp, Paul S., ed. *Heritage of China: Contemporary Perspectives on Chinese Civilization*. Berkeley and Los Angeles: University of California Press, 1990.

Rosemont, Henry, Jr., ed. *Explorations in Early Chinese Cosmology*. Chico, Calif.: Scholars Press, 1984.

Ruan Zhisheng 阮芝生. "Shi lun Sima Qian suo shuo de 'tong gu jin zhi bian'" "试论司马迁所说的'通古今之变'". In *Zhongguo shixue shi lunwen xuanji*, ed. Du Weiyun and Huang Jinxing, vol. 3, pp. 185-224. Taipei: Huashi, 1980.

———. "Taishigong zenyang souji he chuli shiliao". 太史公怎样搜集和处理史料. *Shumu jikan* 书目季刊 7.4 (March 1974): 17-35.

Rubin, Vitaly A. "Ancient Cosmology and Fa-chia Theory." In *Explorations in Early Chinese Cosmology*, ed. Henry Rosemont Jr., pp. 95-104. Chico, Calif.: Scholars Press, 1984.

Russell, D. A. *Plutarch*. London: Duckworth, 1973.

Ryckmans, P. "A New Interpretation of the Term *Lieh-chuan* as Used in the *Shih-chi*." *Papers in Far Eastern History* 5 (March 1972): 135-147.

Sawyer, Ralph D., trans. *The Seven Military Classics of Ancient China*. Boulder, Colo.: Westview Press, 1993.

Schwartz, Benjamin I. *The World of Thought in Ancient China*. Cambridge, Mass.: Harvard University Press, 1985.

Shangjunshu 商君书 (*Book of Lord Shang*). Sibu congkan edition.

Shaughnessy, Edward L. *Sources of Western Zhou History: Inscribed Bronze Vessels*. Berkeley and Los Angeles: University of California Press, 1991.

Shanxi Province Qin Shihuang Mausoleum Archaeological Team. *The First Emperor's Terracotta Legion*. Beijing: China Travel and Tourism Press, 1988.

Shi Ding 施丁. "Sima Qian xie 'jinshang' (Han Wudi)" "司马迁写'今上'（汉武帝）". In *Sima Qian yanjiu xinlun*, ed. Shi Ding and Chen Keqing, pp. 137-162. Henan renmin, 1982.

Shi Ding 施丁 and Chen Keqing 陈克青, eds. *Sima Qian yanjiu xinlun* 司马迁研究新论. Henan renmin, 1982.

Sima Qian 司马迁 (145?-86? B.C.E.). *Shiji* 史记. 10 vols. Beijing: Zhonghua, 1959. This edition includes the *Jijie* 集解, *Zhengyi* 正义, and *Suoyin* 索隐 commentaries.

Sima Zhen 司马贞 (fl. 745). *Suoyin* 索隐. See Sima Qian.

Sivin, Nathan. "Cosmos and Computation in Early Chinese Mathematical Astronomy." *T'oung Pao* 55 (1969): 1-73.

———. "Next Steps in Learning About Science from the Chinese Experience." In *Proceedings of the XIV International Congress of the History of Science, Tokyo and Kyoto, Japan, August 19-27, 1974*, pp. 10-18. Tokyo: Science Council of Japan, 1975.

———. "State, Cosmos, and Body in the Last Three Centuries B.C.." *Harvard Journal of Asiatic Studies* 55, no. 1 (June 1995): 5-37.

Spring and Autumn Annals 春秋 (see *Chunqiu*).

Su Chengjian 苏诚鉴. "*Shiji* shi dui Han Wudi de pipan shu" 史记是对汉武帝的批判书. In *Sima Qian he Shiji*, ed. Liu Naihe, pp. 75-100. Beijing: Beijing chubanshe, 1987.

Sunzi 孙子. *Sunzi bingfa* 孙子兵法 (*Sunzi's Art of War*). Sibu congkan edition.

Takigawa Kametarō 泷川龟太郎. *Shiki kaichū kōshō* 史记会注考证. 10 vols. Tokyo: Tōhō bunkagakuin, 1934.

Teng, S. Y. "Herodotus and Ssu-ma Ch'ien." *East and West*, New Series 12, no. 4 (December 1961): 233-240.

Thapar, Romila. "The Historical Ideas of Kalhana as Expressed in the *Rajatarangini*." In *Historians of Medieval India*, ed. Mohibbul Hasan, pp. 1-10. Meerut: Meenakshi Prakashan, 1968.

Thompson, James Westfall. *A History of Historical Writing*. 2 vols. New York: Macmillan, 1942.

Twitchett, Denis, and Michael Loewe, eds. *The Cambridge History of China*. Vol. 1, *The Ch'in and Han Empires, 221* B.C.-A.D. *220*. Cambridge: Cambridge University Press, 1986.

Veyne, Paul. *Did the Greeks Believe in Their Myths?* trans. Paula Wissing. Chicago: University of Chicago Press, 1988.

Waldron, Arthur. *The Great Wall of China: From History to Myth*. Cambridge: Cambridge University Press, 1990.

Waley, Arthur, trans. *The Book of Songs*. 2nd ed. New York: Grove Press, 1987.

Wang, John C. Y. "Early Chinese Narrative: The *Tso-chuan* as Example." In *Chinese Narrative: Critical and Theoretical Essays*, ed. Andrew H. Plaks, pp. 3-20. Princeton, N. J.: Princeton University Press, 1977.

——. "The Nature of Chinese Narrative: A Preliminary Statement on Methodology." *Tamkang Review* 6, no. 2 & 7, no. 1 (October 1975-April 1976): 229-246.

Wang Shumin 王叔岷. *Shiji jiaozheng* 史记斠证. 10 vols. Taipei: Academia Sinica, 1982.

Wang, Zhongshu. *Han Civilization*, trans. K. C. Chang et al. New Haven, Conn.: Yale University Press, 1982.

Wardman, Alan. *Plutarch's Lives*. Berkeley and Los Angeles: University of California Press, 1974.

Watson, Burton, trans. *The Complete Works of Chuang Tzu*. New York: Columbia University Press, 1968.

——. *Early Chinese Literature*. New York: Columbia University Press, 1962.

——, trans. *Hsün Tzu: Basic Writings*. New York: Columbia University Press, 1963.

——, trans. *Records of the Grand Historian*. 3 vols. (Qin, and Han 1 & 2). Rev. ed. Hong Kong: Chinese University of Hong Kong, 1993; original ed., 2 vols. (Han only), New York: Columbia University Press, 1961.

———, trans. *Records of the Historian: Chapters from the Shih chi of Ssu-ma Ch'ien.* New York: Columbia University Press, 1969.

———. *Ssu-ma Ch'ien: Grand Historian of China.* New York: Columbia University Press, 1958.

———, trans. *The Tso Chuan: Selections from China's Oldest Narrative History.* New York: Columbia University Press, 1989.

Wecksler, Howard J. *Offerings of Jade and Silk: Ritual and Symbol in the Legitimation of the T'ang Dynasty.* New Haven, Conn.: Yale University Press, 1985.

Wen xuan 文选 (see Xiao Tong).

Wenshizhe zazhi bianji weiyuanhui 文史哲杂志编辑委员会, ed. *Sima Qian yu Shiji* 司马迁与史记. Beijing: Zhonghua, 1957.

White, Hayden. *Metahistory: The Historical Imagination in Nineteenth-Century Europe.* Baltimore: Johns Hopkins University Press, 1973.

———. *Tropics of Discourse: Essays in Cultural Criticism.* Baltimore: Johns Hopkins University Press, 1978.

Wilhelm, Richard, trans. *The I Ching or Book of Changes.* Rendered into English by Cary F. Baynes. Bollingen Series 19. 3rd ed. Princeton, N.J.: Princeton University Press, 1967.

Wright, Arthur F. "On the Uses of Generalization in the Study of Chinese History." In *Generalization in the Writing of History*, ed. Louis Gottschalk, pp. 36-58. Chicago: University of Chicago Press, 1963.

Wu Hung. *The Wu Liang Shrine: The Ideology of Early Chinese Pictorial Art.* Stanford, Calif.: Stanford University Press, 1989.

Xiao Li 肖黎. *Sima Qian pingzhuan* 司马迁评传. Jilin: Jilin wenshi, 1986.

Xiao Tong 萧统 (501-531) et al. *Liu chen zhu wenxuan* 六臣注文选. Sibu congkan edition.

Xie Ao 谢翱 (1249-1295). "Deng Xitai tongku ji" 登西台恸哭记. In *Zhongguo lidai wenxue zuopin xuan*, ed. Zhu Dongrun, vol. 4, pp. 404-405. Shanghai:

Shanghai guji, 1980.

Xu Wenshan 徐文珊. *Shiji pingjie* 史记评介. Taipei: Weixin, 1973.

Yan Kejun 严可均 (1762-1843), ed. *Quan shanggu sandai Qin Han Sanguo Liuchao wen* 全上古三代秦汉三国六朝文. Beijing: Zhonghua, 1958.

Yang Hsien-yi, and Gladys Yang, trans. *Records of the Historian.* Hong Kong: Commercial Press, 1974.

Yang Xiong 扬雄 (53 B.C.E.–C.E. 18). *Fa yan* 法言. Sibucongkan edition.

Yin Menglun 殷孟伦. "Lvetan Sima Qian xianshizhuyi de xiezuo taidu" 略谈司马迁现实主义的写作态度. In *Sima Qian yu Shiji*, ed. Wenshizhe zazhi bianji weiyuanhui, pp. 55-74. Beijing: Zhonghua, 1957.

Yu Dacheng 于大成 and Chen Xinxiong 陈新雄, eds. *Shiji lunwen ji* 史记论文集. Taipei: Muduo, 1976.

Yü, Ying-shih. "'O Soul, Come Back!' A Study in the Changing Conceptions of the Soul and Afterlife in Pre-Buddhist China." *Harvard Journal of Asiatic Studies* 47 (1987): 363-395.

——. "The Seating Order at the Hung Men Banquet," trans. T. C. Tang. In *The Translation of Things Past: Chinese History and Historiography*, ed. George Kao, pp. 49-61. Hong Kong: Chinese University Press, 1982.

Yunmeng Shuihudi Qin mu 云梦睡虎地秦墓. Beijing: Wenwu, 1981.

Zhang Dake 张大可, ed. *Shiji quanben xinzhu* 史记全本新注. 4 vols. Xi'an: San Qin, 1990.

——. *Shiji yanjiu* 史记研究. Lanzhou: Gansu renmin, 1985.

Zhang Shoujie 张守节 (fl. 725-735). *Zhengyi* 正义. See Sima Qian.

Zhang Zhizhe 张志哲. *Zhongguo shiji gailun* 中国史籍概论. Jiangsu: Jiangsu guji, 1988.

Zhao Yi 赵翼 (1727-1814). *Nianershi zhaji* 廿二史劄记. 2 vols. Beijing: Zhonghua, 1963.

Zheng Qiao 郑樵 (1104-1162). *Tongzhi* 通志. 3 vols. Beijing: Zhonghua, 1987.

Zhou Hulin 周虎林. *Sima Qian yu qi shixue* 司马迁与其史学. Taipei: Wenshizhe, 1978.

Zhou Yiping 周一平. *Sima Qian shixue piping ji qi lilun* 司马迁史学批评及其理论. Shanghai: Huadong shifan daxue, 1989.

Zhu Dongrun 朱东润, ed. *Zhongguo lidai wenxue zuopin xuan* 中国历代文学作品选. Shanghai: Shanghai guji, 1980.

Zhu Ziqing 朱自清. "Shiji dao du" 史学导读. In *Shiji lunwen xuanji*, ed. Huang Peirong, pp. 231-242.

Zhuangzi 庄子 (see *Nanhuazhenjing*).

Zuo zhuan 左传 (see *Chunqiu*).

索 引

索引中的页码为原书页码，即本书边码

A

Academicians (*boshi*) 博士 165–166, 180, 188

Adam 亚当 174

Ai, duke of Lu 鲁哀公 164

Ai, marquis of Hann 哀侯 151, 250*n*31

Alexander the Great 亚历山大 214

Allen, Joseph Roe III 约瑟夫·艾伦 239*n*23

Ames, Roger 安乐哲 6, 138, 140–141, 234*n*6, 259*n*18

An, king of Hann 韩王安 186

Analects《论语》64–65, 161, 163–164, 167, 235*n*7, 260*n*39

Ancestor worship 祖先崇拜 5–6, 9, 12, 16, 48–49, 177, 182

Annals 年表 *see* Basic annals

Archives 档案 42, 56, 117

Aristotle 亚里士多德 3

Armies, size of 军队 241*n*54

Ashoka 阿育王 174, 177

Astrology 占星术 18, 51, 110, 196, 224*n*67

Austin, J. L. J. L. 奥斯汀 137

Avoidance 回避 *see* Confucius

B

Bai Gui 白圭 196

Bailixi 白里奚 198

Balazs, Etienne 白乐日 10

Bamboo, books written on 竹简 1, 49–50, 183

Ban Biao 班彪 154

Ban Gu 班固 86–87, 191, 242n84; criticism of Sima Qian, 16, 115, 154

Ban Zhao 班昭 86

Baobian 褒贬 *see* Praise and blame

Basic annals 本纪 29, 88, 123, 195

Ben 贲 151

Benevolence (*ren*) 仁 167, 177, 187

Beng (place-name) 祊 62

Biannianji (Chronological record) 《编年记》 2

Bin (place-name) 邠 197

Biographies 列传 *see* Categorized biographies

Bixi 佛肸 198

Bo, Lady 薄姬 77, 80

Bo Yi 伯夷 40, 164, 197–198, 246n42, 259n18; *see also* Categorized biographies, Shu Qi

Bodde, Derk 卜德 10, 180, 183, 237n39, 255n22, 256n34

Book of Lord Shang《尚书》6

Boshi 博士 *see* Academicians

Braudel, Fernand 费尔南·布罗代尔 130

Bronze 青铜 49, 170, 172, 181, 183, 186, 189, 190, 192–193, 217, 232n49; legendary cauldrons, 176–177, 255n20

Bu Shi 卜式 207

Bureaucracy 官僚 172; and history, 10–13

C

Cai, state of 蔡 37, 155; *see* Confucius

Cai Ze 蔡泽 148, 202, 260n39

Calendar 日历 101, 133, 177, 189,

193, 226n 10, 239n 29, 245n 30

Calvinism 加尔文主义 111

Cao, state of 曹 200

Cao Can 曹参 117

Cao Jiu 曹咎 83

Cao Mei 曹沫 199

Castration 腐刑 *see* Sima Qian

Categorized biographies (*lie zhuan*) 列传 38–41, 130–135, 165, 190, 196, 260n 47; "Biographies of Assassin-Retainers," 147, 150–153; "Biographies of Compassionate Officials," 39; "Biographies of Cruel Officials," 39, 130, 190, 208, 245n 33; term, 40; "Biographies of Bo Yi and Shu Qi," 40, 125–127

Cavalry General 骠骑（霍去病）*see* Huo Qubing

Chang, K. C. 张光直 178

Chao Cuo 晁错 117

Chao Wujiu 晁无咎 245n 38

Chavannes, Édouard 沙畹 25, 40, 44, 227n 10

Chen, state of 陈 37, 96, 132, 155; *see* Confucius

Chen Ping 陈平 38, 74, 90, 94–96, 106, 108, 109

Chen Renxi 陈仁锡

Chen She 陈涉 37, 87–88, 92, 95, 106, 123, 241n 62

Chen Ying 陈婴 92, 106, 241n 62

Chen Yu 陈馀 90, 105, 200, 240n 42, 242n 76

Chen Zhi 陈直 226n 8

Cheng Jing 成荆 151

Chengfu (place-name) 城父 160

Chenggao (place-name) 成皋 83

Chengyang (place-name) 城阳 104

Chief of the West 西伯 46, 162; *see* Wen, king of Zhou

Chou 丑 70

Christianity 基督教 4

Chronicles 编年史 45, 230n 37

Chronological tables 年表 xiii, 29–35, 43, 45, 46, 66, 73, 78, 83–84, 98, 106, 121, 134, 191, 203, 213; in *Han shu*, 86–87; include information not found elsewhere in *Shiji*, 45, 100, 131, 230n38; significance in, 100–101; states combined in, 225n4; "Table by Months of the Conflict between Qin and Chu," 99–101, 133, 134, 213, 247n64; "Table by Years of the Six States," 31–34, 132–133; "Table by Years of the Twelve Feudal Lords," 55–57, 66, 68–69, 72, 131–132, 134, 251n38; upside-down entries in, 35, 134; 226n8

Chu, state of 楚 75, 88, 94, 96, 149, 158, 161, 173

Chu Shaosun 褚少孙 230n40

Chunshen, Lord 春申君 196

Chunyu Yue 淳于越 176

Classic of Change《易经》2, 53–54, 65, 118, 211, 233n62, 260n39

Classic of Documents《书经》8, 9, 11, 12, 14, 29, 115, 117, 180, 211, 230n39, 249n85

Classic of Music《乐》156, 244n14

Classic of Poetry《诗经》2, 64, 115, 117, 120, 140–141, 161, 180, 187, 211, 234n6; quoted, 1, 12, 166

Classic of the Way and Its Power 体道行德 see *Daodejing*

Complementary viewpoints, technique of 互见法 see *Hujianfa*

Comprehensive Mirror for Aid in Government《资治通鉴》12, 15, 66

Confucian Classics 儒家经典 xvii, 7, 115, 128, 156, 158, 162, 170, 177, 224n65, 261n52; experts in, 8; models for *Shiji*, 24; Sima Qian critiques, 43; Sima Qian to continue, 17, 22, 57, 66, 116, 127

Confucianism 儒家思想 178, 206, and history, 7–10; Han dynasty, xvi, 8, 22, 166, 189, 200; Qin dynasty, 186, 256n22; Warring States, 6–7; *see also* Han dynasty, Zou Yan

Confucius 孔子 xi, xvi–xvii, 56, 108, 189, 197, 208, 210, 211, 251n38; as hero, 17, 204; as official in Lu, 159, 166, 252n45; between Chen and Cai, 25, 118, 119, 156, 157, 160–162, 197; cited in *Shiji* personal comment sections, 41, 116, 131, 208, 228n24, 243n9; hereditary house of, 37, 120, 123, 153–168, 252n40; made deliberate omissions, 45, 228n30, 230n39; quoted, 65, 137; reputed author of *Great Treatise*, 53; reputed author of *Spring and Autumn Annals*, xvi, 55, 57, 115, 119, 230n39; studies the past, 12, 115, 117, 163; transmits rather than creates, 6, 58, 122; used literary technique of avoidance, 58, 121, 156, 235n30, 245n36; years of wandering, 159–162, 166, 198; *see also Analects*, Sima Qian

Constellations 宿／天文 *see* Heavens or names of individual constellations

Cosmology, correlative 宇宙学 xvi, 49, 50, 182

Creel, H. G. 顾立雅 154

D

Daifu Zhong 大夫种 148

Dante 但丁 233n64

Dao 道 *see* Way

Daodejing《道德经》2, 177, 245n42, 260n28

Daohui, king of Qi 悼惠王 132

Daoists 道家 6, 8, 115, 144, 145, 154, 177–178, 200, 206, 256n26,

260n 29

Darius I 大流士一世 174, 177

Daxia (place-name) 大夏 93

Daye (place-name) 大野 164

Di barbarians 翟 171–172

Ding, duke of Lu 鲁定公 58

Ding, Lord 丁公 112

Diodorus of Sicily 西西里的狄奥多罗斯 114–115

Diplomacy, and history 外交 11, 148

Diviner's boards (*shi*) 筮 52

Dong Hu 董狐 121

Dong Zhongsu 董仲舒 xiii, 17, 55, 56–57, 65, 243n 101, 260n 36

Dou Ying 窦婴 201

Duan 段 69–70, 72

Dubs, Homer H. 德效骞 14, 240n 39

Duo Jiao 铎椒 56

Durrant, Stephen 杜润德 xvii, 7, 25, 26, 47, 124, 224n 62, 224n 64, 238n 7, 243n 4, 238n 11, 251n 33, 252n 40

E

E, Marquis 鄂侯 46

Earth Lord 地上的神 53

Eastern Commandery 东郡 188

Eclipses 日蚀 72–73, 101, 205, 239n 31, 239n 32

Elixir of immortality 不死之药 182

Egan, Ronald 艾朗诺 127–128

Egypt 埃及 170

Eminent Grand Astrologer 太史公 *see* Grand Astrologer

Encampment (constellation) 营室 53, 181

Epang Palace 阿房 53, 181, 188

Ephorus 埃福罗斯 243n 1

F

Falkner, William 威廉·福克纳 74

Fan Ju 范雎 148, 200

Fan Kuai 樊哙 199

Fan Wenlan 范文澜 244n 27

Fan Zeng 范增 104, 106, 109

Feng sacrifice 封 17, 19, 36, 181, 186

Feng Huan 冯驩 261n49; Feng Xuan, 153

Filial piety 孝 20, 21, 23, 115, 177, 195, 198, 224n62

Fingarette, Herbert 赫伯特·芬格莱特 137

First August Emperor (*Shi huangdi*) 始皇帝 48, 173–174, 177, 189

First Emperor (Zheng, king of Qin) 秦始皇 xi, 91, 103, 188, 202; as world-maker, xvii, 49, 169–183, 173–176; burns books, 10, 11, 117, 179–180, 184, 203; 221n27; eclecticism of, 177–178; inscriptions of, 174–178, 255n17; reforms of, 21, 172–173, 175, 184–185; rumored to be son of Lü Buwei, 237n39; tomb of, 48–50, 59, 88, 140, 181–183, 186, 188; unifier of China, 3, 48, 172; *see* also Historians, Sima Qian

Five classics 五经 *see* Confucian Classics

Five emperors 五帝 29, 30, 53, 175, 178, 179, 181, 185

Five hegemons 春秋五霸 131

Five phases 五行 52, 65, 177, 186–187, 196

Fu Cha, king of Wu 夫差王 150

Fuchun, Mount 富春山 213

G

Gai, Duke 盖公 117

Gaixia (place-name) 垓下 112

Gan, Lord 甘公 110

Gan Luo 甘罗 261n57

Gao Qi 高起 107

Gaoyang (place-name) 高阳 236n36

Gaozu (Han, King of Han, Liu Bang, Liu Ji, Lord of Pei) 高祖 xvii, 82, 91, 191, 199, 201, 210, 258n66; basic annals of, 29, 76, 83, 88,

195, 237*n*43; and Confucianism, 8, 107, 165, 200; contrasted with Xiang Yu, 102–112, 128, 240*n*34; founds Han dynasty, 21–22, 30, 88, 128; genealogy, 242*n*84; and Han Xin, 93–96; names of, 133; shot by Xiang Yu, 100; treatment of family members, 104; and Wei Bao, 75–81; *see also* Xiang Yu

Gentleman 君子 xvii, 63–64, 68, 120, 122, 135, 152, 161, 164, 171

Gong (place-name) 鞏 236*n*36

Gongfu Wenbo 公甫文伯 148

Gonghe reign period 共和 57

Gongshan Buniu 公山不狃 198

Gongsun Gu 公孙固 56

Gongsun Hong (Lord Pingyuan) 公孙弘 117, 144–145, 148, 201, 209–210, 260*n*36

Gongsun Qing 公孙庆 100

Gongyang commentary《公羊传》57, 64, 66, 119, 121, 123, 140, 163–165

Goujian, king of Yue 勾践 143

Graham, A. C. 葛瑞汉 206, 261*n*52

Grand Astrologer (*Taishiling*) 太史令 xiii, 16, 18, 22–23, 45, 65, 101, 117, 130, 184, 220*n*8

Grand Historian 大史家 18, 220*n*8

Great Treatise《系辞》53–54

Great Unity 上天 53

Great Wall 长城 173, 254*n*8

Greece, ancient 古希腊 9, 170

Guan, state of 管 37

Guan Zhong (Guanzi) 管仲 154, 242*n*83, 251*n*38

Guangwu (place-name) 广武 100, 102

Guangwu, Lord 广武君 242*n*76

Guanzi 管子 *see* Guan Zhong

Guliang commentary《穀梁传》57, 64, 66, 123

Guoyu《国语》 *see* Narratives of the States

H

Hall, David 郝大维 138, 140–141, 234n6, 259n18

Hall of Brightness (*Mingtang*) 明堂 53, 117, 184

Hamlet 哈姆雷特 116

Han, king of 汉武帝 *see* Gaozu

Han, state of 汉 *see* Gaozu

Han dynasty 汉朝 183, Confucian scholarship in, xvi, 57, 70, 138, 140, 199, 205, 261n48; cultural consolidation in, 22, 116; founding of, xvii, 30, 87; intellectual milieu, xvi, 52–55, 65, 117, 129, 140, 154; partial restoration of feudalism in, 35, 37, 190–191; unification of China, 20, 192; *see also* Confucianism

Han Guang 韩广 95

Han shu《汉书》16, 86–87, 154

Han Xin (Marquis of Huaiying) 韩信 77, 80, 90, 107, 117, 191, 199, 200, 242n76; ally of Gaozu, 102–105, 109–110, 112; and a tapped foot, 93–96; *see also* Gaozu, Xiang Yu

Hanfeizi 韩非子 12, 56, 154, 162, 211, 251n38

Hann, state of 韩 88, 34, 37, 150–151, 173, 186, 227n16

Hansen, Chad 陈汉生 248n77

Heart (constellation) 心 188

Heaven (*Tian*) 天 8, 10, 12, 23, 45, 77, 101, 127, 128, 163–164, 177, 193, 195, 201–202, 208, 210, 216–217, 237n43, 242n83; *see also* Mandate of Heaven, Way of Heaven

Heavenly Apex (constellation) 天极 53, 181, 256n36

Heavenly Plank Road (constellation) 阁道 53, 181
Heavens 上天 48, 49, 50, 53, 181
Hellespont 赫莱斯旁 181
Helü, king of Wu 阖闾 146–147
Henei (place-name) 河内 76
Hengshan, king of 衡山 123
Henry, Eric 埃瑞克·亨利 262n64
Hereditary houses 世家 36–38, 50, 190–191, 196, 227n18
Hermeneutics 诠释 91; *see also Shiji*, as hermeneutical tool
Herodotus 希罗多德 xii, xiv, 3, 27, 44, 45, 79, 214, 262n5
Heyang (place-name) 河阳 121
Hierarchy 等级 5, 86, 87, 100–101, 105, 130–135, 187
Historians, rival emperors 历史学家 139, 183, 184–193, 210, 211
Historiography, Confucian 史学 xvii, 115, 126, 130, 169, 185, 198, 208, 257n44; Greek, 3, 115, 214, 262n5; Indian, 3–4; Medieval, 63, 230n37; Religious, 4; Western, xiii–xiv, 27–28, 44–47, 58, 63, 73–74, 82–83, 113, 127, 188, 229n31, 262n5
History, as a web 历史 62–73; comprehensive, 15; cycles in, 17, 112, 116, 128–129, 185, 187, 195–196, 202, 205, 207; didactic, 9, 124–126, 204, 210, 246n49; in philosophical argumentation, 6–7, 129, 178, 179–180, 202, 260n47; judgmental, 115–127; moral order in, xv, 23, 49, 59, 66, 92, 125–127, 168, 169, 193, 217; patterns in, 22, 65, 90–91, 98, 128, 154, 208, 229n31, 258n4; role of, in Chinese culture, 5–13; universal, 14, 114, 217, 243n1; used to criticize present,

11, 22; *see also* Posthumous justification

History of the Peloponnesian War 《伯罗奔尼撒战争史》25

Homer 荷马 xiv, 3; *see also Iliad*

Hongmen (place-name) 鸿门 91

Hou Ying 侯嬴 209

Hu Sui 壶遂 22

Hua Du 华督 71

Huai 怀 *see* Righteous Emperor

Huainan, king of (Liu An) 淮南王 123, 145, 191, 260*n*36

Huaiying, Marquis of 淮阴 *see* Han Xin

Huan, duke of Lu 桓公 63

Huan, duke of Wey (Wan) 桓公（完）67–68, 70

Huan Tui 桓魋 155

Huang-Lao Daoism 黄老 117

Huayang, dowager-queen of Qin 华阳太后 186

Huhai 胡亥 *see* Second Emperor

Hui (avoidance) 讳 *see* Confucius

Hui, duke of Lu 惠公 62

Hui, Emperor 惠帝 222*n*5

Hui, king of Chu 楚惠王 149

Hui, king of Liang 梁惠王 197, 207

Hujianfa (technique of complementary viewpoints) 互见法 82, 123, 236*n*39, 261*n*52; *see also Shiji*, overlapping narratives

Hulsewé, A. F. P. 何四维 226*n*6

Human nature 人性 139, 261*n*49

Human sacrifice 人殉 49, 171, 186, 254*n*3

Hume, David 大卫·休谟 124–125

Hun 魂 *see* Soul

Huo Qubing (Cavalry General) 霍去病 39

I

Iliad,《伊利亚特》9

Impersonators of ancestors 扮演祖

先者 5

India 印度 3–4, 174

Injustice 不公正 24, 126, 128, 129; see Posthumous justification

Intrigues of the Warring States (*Zhanguoce*)《战国策》2, 29, 39, 44, 148, 150–153, 250*n*20, 251*n*36

Iron 铁 232*n*49, 254*n*7

Islam 伊斯兰教 4

J

Ji An 汲黯 144–146, 249*n*8

Ji Bu 季布 260*n*31

Ji Ci 季次 199

Ji Huanzi 季桓子 159–160, 253*n*56

Ji Kangzi 季康子 160, 162, 253*n*56

Jia (family/school) 家 23

Jia, Master 贾生 39, 117

Jia Yi 贾谊 202–203

Jiantu (place-name) 践土 121

Jin, state of 晋 37, 149, 158

Jing, duke of Qi 景公 137

Jing, Emperor 景帝 55

Jing (region) 荆 96

Jing Ju 景驹 83

Jing Ke 荆轲 147, 184, 200, 209

Jiran 计然 196

Ju Shang 商 164

Judaism 犹太教 4

Jupiter 木星 196

K

Kangshu 康叔 69–70

Keightley, David 吉德炜 13

Kellner, Hans 汉斯·凯尔纳 74

Kennedy, George 乔治·肯尼迪 233*n*67

Kingly Way 王道 56, 115, 136

Kitto, H. D. F. H. D. F. 基托 130

Knoblock, John 约翰·诺布洛克 221*n*17

Knowing and being known 了解与被了解 151–152, 209–212, 213,

251*n*32

Kongfu 孔父 72

Kongzi jiayu《孔子家语》167

Korea 朝鲜半岛 22

Kuai Tong 蒯通 110

Kuaiji, governor of 会稽 88

Kuang, state of 匡 155

Kundera, Milan 米兰·昆德拉 74

Kunlun Mountains 昆仑山 53

L

LaCapra, Dominick 多米尼克·拉·卡普拉 26

Lai Mingde 赖明德 220*n*52

Language, performative 语言 xv, 26, 137–139, 169, 193, 208

Lao 牢 163

Laozi 老子 116, 154, 155, 157–158, 228*n*24, 243*n*11

Lau, D. C. 刘殿爵 167

Law codes 法律条文 172, 173, 177, 178, 180, 189, 193, 208

Legalists 法家 6, 8, 154, 172, 177–178, 187, 189, 200, 252*n*39, 256*n*26

Legge, James 理雅各 229*n*32

Letters《报任安书》262*n*65; *see also* Sima Qian, letter to Ren An

Li 礼 *see* Ritual

Li, king of Zhou 厉王 115

Li, Master 郦生 199, 204, 236*n*36

Li, Mount 郦山 48, 182–183

Li, Wai-yee 李惠仪 26, 124, 229*n*34, 238*n*5, 239*n*24, 258*n*61

Li Guang 李广 201

Li Ling 李陵 18, 118

Li Qingchen 李清臣 245*n*38

Li Si 李斯 179–181, 196, 203–204, 255*n*22

Li Xueqin 李学勤 232*n*49

Li Yiji 郦食其 90, 102, 104–105, 106, 107, 110, 242*n*83

Li Zhangzhi 李长之 17, 223*n*57

Li Zhongtong 李宗侗 222*n*30

Liang, state of 梁 197

Liang Yusheng 梁玉绳 235*n*13, 235*n*21, 237*n*47

Lie zhuan 列传 *see* Categorized biographies

Liji《礼记》*see* Records of the Ritualists

Lin Xiangru 蔺相如 199

Ling, duke of Wey 灵公 197, 198

Linjin (place-name) 临晋 75–76

Literature, power of 作品 24–25, 118–120, 162, 211, 224*n*69, 244*n*18

Liu An 刘安 *see* Huainan, king of

Liu Bang 刘邦 *see* Gaozu

Liu Ji 刘季 *see* Gaozu

Liu Weimin 刘伟民 39, 133

Liu Xiahui 柳下惠 164

Liu Xiang 刘向 250*n*20

Liu Zhiji 刘知幾 57

Lo River 雒 164

Local bosses (*you xia*) 游侠 38, 42, 191, 199

Loewe, Michael 鲁惟一 52

Long Ju 龙且 95

Lord on High (*Shangdi*) 上帝 53, 134–135, 171, 177

Lou Huan 楼缓 148

Loyang (place-name) 洛阳 236*n*36

Lu, state of 鲁 xvi, 54, 101, 120, 131, 155, 158, 176, 200, 239*n*31

Lu Jia 陆贾 102, 110, 147

Lu Zhonglian 鲁仲连 39, 262*n*65

Lü, Empress 吕太后 35, 258*n*57; basic annals of, 29, 123, 222*n*5

Lü Buwei 吕不韦 54, 56, 162, 197, 211, 237*n*39

Lü Li 吕礼 153

Lülan《吕览》*see* Spring and Autumn Annals of Mr. Lü

Luan Bu 栾布 112

M

Ma Duanlin 马端临 15

Mandate of Heaven (*tianming*) 天命 8, 12–13, 17, 30, 80, 103, 104, 109–111, 173, 185–187, 193, 195

Mansvelt Beck, B. J. B. J. 曼斯韦尔特·贝克 226*n*9

Mao Sui 毛遂 209

Mawangdui 马王堆 2, 52

Memoirs 列传 *see* Categorized biographies

Mencius (Mengzi) 孟子 8, 12, 21, 39, 56, 116, 136, 154, 197, 207, 251*n*38, 261*n*52

Meng Tian 蒙恬 242*n*89, 249*n*85

Mengchang, Lord 孟尝君 143, 152–153, 209–210

Mengzi 孟子 *see* Mencius

Merchants 商人 197, 199–200; *see also* Treatises

Metaphor 暗喻 64–65

Microcosms, architectural 微观 53, 231*n*45

Textual 文本 52, 53–55

Ming 明 *see* Mandate of Heaven

Ming, Emperor 明帝 123

Mingtang 明堂 *see* Hall of Brightness

Mink, Louis 路易斯·明克 58, 82–83

Mirrors, TLV 铜镜 2, 52; history as a, 12, 202

Mo Di 墨翟 *see* Mozi

Models 模型 48, 50–51, 125, 182, 211

Mohists 墨家 6, 8, 178

Morality, conventional and practical 道德 108, 111, 198–201, 259*n*18

Mozi (Mo Di) 墨子 12, 154

Mu, duke of Qin 秦穆公 171, 185, 198

Mythology 神话 29, 46, 158, 185, 230*n*40; Confucian dislike of, 9

N

Names, rectification of (*zhengming*) 名 xvii, 137, 139, 156, 169, 184, 193

Names and naming 名字和命名 xv–xvi, 38, 132–133, 137–139, 173–174, 177–178, 188, 193, 208, 216–217, 248*n*77, 257*n*52

Nan Ruzi 南孺子 253*n*56

Nanzi 南子 198

Narratives of the States (*Guoyu*) 《国语》12, 57, 158, 162, 166

Needham, Joseph 李约瑟 113, 187

New Testament 《新约》154, 248*n*79

Nie Shiqiao 聂石樵 167

Nie Zheng 聂政 150–153, 209; *see also* Rong

Nienhauser, William 倪豪士 44, 249*n*2

Nomos 传统 139

Nyitray, Vivian-Lee 南薇莉 26, 124

O

Objectivity 客观性 xiii, xvii, 47, 59, 123, 127, 139, 231*n*42, 257*n*55

Oracle bones 甲骨 5, 10

Organicism 有机主义 113, 243*n*101

Owen, Stephen 宇文所安 234*n*7

P

Panyu (place-name) 番禺 93

Pei, lord of 沛公 *see* Gaozu

Pei Yin 裴骃 116, 240*n*45

Peng Yue 彭越 78, 80, 88, 112, 200

Pengcheng (place-name) 彭城 75–78, 205

Perrin, Norman 诺曼·佩兰 248*n*79

Persia 波斯 170, 174

Peterson, Willard 裴德生 53, 233*n*62

Physis 自然 139

Ping 冯 68, 70–72

Pingjin, marquis of 平津侯 201

Pingyuan, Lord 平原君 *see* Gongsun Hong

Plaks, Andrew 浦安迪 22*n*67, 239*n*24, 259*n*18

Plutarch 普鲁塔克 214–215

Po 魄 *see* Soul

Portents 征兆 92, 101, 110, 127, 186, 192–193, 205, 238*n*15, 239*n*31; *see also* Unicorn

Posthumous justification 辩护 xv, 126, 138, 155, 166, 193, 197, 217, 248*n*79, 258*n*66

Praise and blame (*Baobian*) 褒贬 115

Precedents, historical 先例 6–7, 11, 92, 202–204, 260*n*38

Průšek, Jaroslav 雅罗斯拉夫·普实克 229*n*31, 232*n*52

Pu (place-name) 濮 67, 70

Pu, state of 蒲 159

Q

Qi, state of 齐 48, 90, 94, 104, 152–153, 155, 158, 173, 227*n*15, 241*n*50

Qian Gongzhan 钱宫詹 239*n*33

Qii, state of 杞 37, 132, 209, 227*n*15

Qin, state of 秦 2–3, 101, 162, 183, 201, 239*n*31; barbarism of, 13, 170–171, 184, 186

Qin dynasty 秦朝 23, 38, 49, 123, 169–193, 185; end of, 87–88, 183

Qin Jia 秦嘉 83

Qing 庆 *see* Song Yi

Qing (place-name) 清 67

Qing Bu 黥布 88, 102, 104, 107, 112

Qiong (place-name) 邛 93

Qu Yuan 屈原 39, 162, 211

R

Rajatarangini《诸王流派》3

Rang, marquis of 穰侯 196

Rashomon《罗生门》74

Rationality and intuition 合理性与直觉 47, 59, 111, 128, 158, 202–209,

216

Records of the Ritualists (*Liji*)《礼记》36, 171

Ren 仁 *see* Benevolence

Ren An 任安 *see* Sima Qian, letter to RenAn

Righteous Emperor (Huai) 义帝 99–100, 102, 103, 106, 134

Ritual 仪式 xvii, 42, 48, 63–64, 120, 137, 139, 156, 166, 167, 171–172, 189, 193, 200, 208–209, 259*n*4; *see also* Feng sacrifice

Roman Empire 罗马帝国 114

Rong 荣 152, 251*n*32

Rong barbarians 戎 171–172

Ruan Zhisheng 阮芝生 258*n*4

Rubin, Vitaly 维塔利・鲁宾 187

Rustic union 野合 156

S

Sages 圣人 xv, 8, 59, 86, 110, 111, 126–127, 138, 139, 158, 162, 163, 167, 178, 193, 202, 204, 206, 208–209, 249*n*85

Scholars of Wide Learning 博士 *see* Academicians

Scribes (*shi*) 史官 11, 16, 92, 154, 171, 220*n*8, *222n30*

Second Emperor (Huhai) 秦二世 133, 174, 182, 203, 255*n*22, 257*n*52

Shan sacrifice 禅 *see* Feng sacrifice

Shang, duke of Song 宋殇公 70, 72

Shang dynasty (Yin dynasty) 商 38, 46, 112, 121, 139, 171; as a mirror, 12; authority of, 13; conquest of Xia, 9; divination, 5, 10

Shang, Lord 商君 117, 148, 197, 251*n*39

Shangdi 上帝 *see* Lord on High

Shao, state of 韶 155

Shao Lian 少连 164

She, lord of 叶公 149

She, state of 叶 159

Shen Buhai (Shenzi) 申不害 117, 154, 251*n*38

Shen Dao 慎到 154

Shennong 神农 7

Sheng 胜 149–150

Shengzi 声子 62

Shenzi 申子 *see* Shen Buhai

Shepu Park 社圃 63

Shi 史 *see* Scribes

Shi 式 *see* Diviner's boards

Shi Ding 施丁 257*n*55

Shi Hou 石厚 68

Shi huangdi 始皇帝 *see* First August Emperor

Shi Que 石碏 68–70, 72

Shiji《史记》accuracy in, 43, 47, 51, 59, 84, 123–124, 168, 205, 210, 215; authority of, xiv–xiv, 81–82; comprehensiveness of, 42, 49, 50–51, 93, 98, 215; contradictions in, 74–75, 83–84, 98, 153, 195, 236*n*35, 237*n*47, 239*n*24; corrects *Annals*, 69–70; cosmological interpretations of structure, 50, 232*n*51; deliberate omissions in, 43, 45, 90, 228*n*30, 247*n*57; as "discourse of a single school," 22–23, 123, 208, 212; editing in, 127–135, 142–153, 190–193, 210; five sections, xii, 14, 29–41, 130–131; form based on *Annals* and commentaries, 69, 73; fragmented nature of, 25, 28, 43–46, 58–60, 97, 135, 191, 203; as hermeneutical tool, 127, 140; irony in, 229*n*34; juxtaposition in, 62–65, 97, 143, 167; lack of interpretive closure, 48, 51, 211; lack of unified narrative, 45–46; literary devices in, 25, 80, 96–99, 124, 135, 248*n*67; as microcosm, xiv–xv, 26, 47, 48–60, 61, 73, 81, 125, 188, 209, 212, 215–216; narratives lack coherence, 45;

narratives lack consistency, 46–47; overlapping narratives, 15, 45–46, 71, 73–85, 130, 142–143, 146, 148, 203, 211, 229*n*31, 250*n*27; personal comment sections, xiii, 15, 25, 41, 44–45, 52, 59, 78, 122, 128–129, 148, 206–207, 228*n*30, 229*n*34, 234*n*3, 239*n*24, 243*n*10, 246*n*50–53; physical appearance, xi, 188; preserved in a mountain, 23, 49, 119, 244*n*22; as private history, 18, 217; reading strategies, 64–66, 80–82, 120, 140, 145–146; reconciles accuracy and didacticism, 124–130; as shaper of world, xv, 136–141, 217; significance in, 87–102, 130–135; sources of, 40, 42–43, 125; and *Spring and Autumn Annals*, xvi, 17–18, 57–58, 63–64, 118–124, 135, 136, 144, 155, 213, 244*n*27; as first of the Standard Histories, 14–15; synopsis of contents in chap. 130, 41, 228*n*26, 231*n*43; title of, xvi, 58, 220*n*8; trains readers, 59–60, 135, 206, 209, 216; transforms sources, 67–73, 148–153; no unified narrative voice in, 44–45; written for future generations, 23–24, 49, 52, 58, 59, 118–120, 148, 211, 216

Shu (likening to oneself) 恕 261*n*52

Shu, state of 蜀 162

Shu Qi 叔齐 164, 197, 259*n*18; *see also* Bo Yi, Categorized biographies

Shuihudi (place-name) 睡虎地 1

Shun, Emperor 舜 181, 187, 257*n*48

Shusun Shi 叔孙氏 164

Shusun Tong 叔孙通 8, 117, 200

Si River 泗水 176, 186

Silk, writing on 丝帛 2

Sima Guang 司马光 15, 66; *see also Comprehensive Mirror for Aid in Government*

Sima Qian 司马迁 ancestors of, 16, 19; author of "Gentlemen Who Did Not Fit Their Times," 201, 207–208; author of *Shiji*, 4; autobiography of, 16–17, 19, 23, 24–26, 28, 40, 42, 65–66, 115, 121, 211; aware of own limitations, 59, 228*n*30; castration of, 4, 18–21, 58, 54, 200; challenges world of First Emperor, 184–193, 211, 217, 260*n*46; and Confucianism, 16–18, 261*n*48; emulates Confucius, 24–26, 58, 113, 115–118, 119–122, 124, 126, 168, 211, 223*n*52, 243*n*4, 259*n*4; as successor to Confucius, 17; develops critical methodology, 43, 47, 51, 84, 228*n*30; Daoist tendencies, 16, 115, 157–158, 207–208; daughter of, 220*n*9; preference for decentralized authority, 189–192, 217; early Chinese conceptions of, 123, 190; early Western conceptions of, 28, 47, 61, 123, 150; emotional connection to history, 166, 205–207, 210; eclectic, 16, 116, 117–118, 154, 195, 208, 245*n*42, 261*n*55; elusiveness of, xii–xiv, 44, 129, 135, 145–146, 211; favorite themes of, 145–146, 152, 164–212; and history, 14–26; letter to Ren An, 16, 19, 21, 24, 90, 118, 195, 211; critical of Emperor Wu's policies, 189–192; youthful travels, 20, 43, 120, 158, 166, 257*n*43

Sima Ranju 司马穰苴 251*n*39

Sima Tan 司马谈 xiii, 16, 24, 40, 116, 118, 140, 192, 261*n*48; and Daoism, 16, 115, 158, 224*n*66, 260*n*29; death of, 17, 19, 25; work on *Shiji*, 20, 26, 41, 84, 223*n*57

Sima Xiangru 司马相如 207, 257*n*51, 261*n*52

Sima Zhen 司马贞 224*n*65

Sivin, Nathan 席文 113, 205

Soldiers of righteousness 正义之师 103, 173

Son of Heaven 天子 62, 64, 71, 77, 110, 121, 135, 139, 166, 171, 176, 177, 193, 255*n*22

Song, state of 宋 155, 171

Song dynasty 南宋 213

Song Yi (Qing) 宋义 89, 102

Sophists 诡辩 139

Soul, Chinese conception of 灵魂 219*n*4

Southern Yi (barbarian tribe) 南夷 93

Southern Yue, state of 南越 147

Spring and Autumn Annals《春秋》 xvi, 14, 29, 40, 101; commentaries interpret, 237*n*47; as Confucian history, xvii, 58; genre of, 56–58; as microcosm, 54–55; Sima Qian's conception of, 17, 22, 24, 25–26, 65–66, 121–122, 136–138, 165–167, 194; source of *Shiji* information, 67, 239*n*32; subtle language in, 121; *see also* Confucius, *Gongyang*, *Guliang*, *Shiji*, *Zuo zhuan*

Spring and Autumn Annals of Mr. Lü (Lülan)《吕氏春秋》54, 56, 162

Spring and Autumn Annals of Mr. Yu《虞氏春秋》56

Spring and Autumn Annals of Mr. Zuo《左氏春秋》*see Zuo zhuan*

Standard Histories (*Zhengshi*) 正史 xii, 9, 14, 16, 18, 86, 115, 217

Stimson, Hugh 休·史汀生 242*n*92

Su Chengjian 苏成建 257*n*55

Su Dai 苏代 262*n*65

Subtleties of Mr. Duo《铎氏微》56

Sui He 随何 102, 104, 107

Sun Bin 孙膑 199

Sunzi 孙子 103, 154, 162, 211, 251*n*38

Sunzi's Art of War《孙子兵法》2, 162

Synecdoche 提喻法 65–66

T

Tables 表 *see* Chronological tables

Tai, Mount 泰山 17, 19, 53, 62, 181, 186

Tai Bo, duke of Wu 太伯 126, 131, 143, 147, 247*n*59

Tai Wang 太王 197

Taishiling 太史令 *see* Grand Astrologer

Takigawa, Kametarō 泷川龟太郎 232*n*51, 248*n*83

Tang (place-name) 棠 62

Tang, King 汤王 197, 204

Teng 腾 186

Thompson, James 詹姆斯·汤普森 114–115

Three Kings 三王 178

Threes and fives 必叁而五之 249*n*85

Thucydides 修昔底德 xii, 3, 25, 44, 130, 150, 214

Tian 天 *see* Heaven

Tian Dan 田单 199

Tian Guang 田广 102, 104

Tian Jingzhongwan 田敬仲完 37

Tian Rong 田荣 105, 241*n*50

Tianming 天命 *see* Mandate of Heaven

Times, fitting the 时代 111–112, 129, 157, 177, 195–202, 204, 211, 259*n*18, 260*n*29

Tombs, Han dynasty 墓 1–2, 52; Qin dynasty, 1; *see also* First Emperor, tomb of

Treatises 列传 35–36, 42, 77, 186, 190, 195–196, 208, 245*n*33; "Treatise on the Calendar," 36,

226*n*10; "Treatise on Ceremonial," 139, 208; "Treatise on the Heavens," 36; "Treatise on Moneymakers," 190, 196; "Treatise on Pitch Pipes," 36

Tuqiu (place-name) 菟裘 62

U

Unicorn 麟 20, 56, 58, 115–116, 119, 156, 163–164, 211

Universal Library 《历史丛书》114

W

Waihuang (place-name) 外黄 103, 109, 261*n*57

Wan 完 *see* Duke Huan of Wey

Wang, John 王靖宇 229*n*33, 239*n*24, 246*n*49

Wang Feng 王凤 192

Wang Ling 王陵 107

Wang Wan 王绾 179

Wang Yun 王允 123

Watson, Burton 华兹生 xvii, 18, 21, 25, 44, 54, 124, 127, 155, 228*n*30, 244*n*18, 245*n*40, 247*n*63, 253*n*49

Way (*dao*) 道 xv, 50, 53, 65, 118, 158, 163–165, 177, 200, 202

Way of Heaven 天道 125–127, 138, 196, 201, 205, 209, 217

Wei (family name) 蒍 63

Wei, General 卫将军 39

Wei, king of Chu 楚威王 56

Wei, Madame 魏媪 77

Wei, prince of 魏公子 *see* Wuji, prince of Wei

Wei, state of 魏 37, 75, 137, 152–153, 173, 226*n*4

Wei, viscount of Song 卫国 70, 71

Wei Bao 魏豹 75–81, 82–83, 93, 107, 200, 238*n*47; *see also* Gaozu, Xiang Yu

Wei River 渭河 53, 181

Wen, Emperor 汉文帝 74, 147, 201,

245n33

Wen, king of Zhou (Chief of the West) 周文王 162, 211

Wen Tianxiang 文天祥 213

Wey, state of 卫 67, 71, 155–156, 199, 226n4

Whale oil 鱼膏 48–49

Whey, Prince 公子挥 62–63, 67–68, 234n1

White, Hayden 海登·怀特 83, 237n42

Windstorm 暴风 89

Wright, Arthur F. 芮沃寿 8

Wu, duke of Qin 秦武公 171

Wu, Emperor 武帝 35, 123; basic annals of, 29, 36, 190, 225n1; and Confucianism, 22, 165–166; builds Hall of Brightness, 53, 231n45; aggressive policies of, 22, 58, 189–190, 245n33; punishes Li Ling and Sima Qian 18–19, 58; see also Academicians

Wu, king of Zhou 周武王 197–198, 204

Wu, state of 吴 30, 146

Wu Chen 武臣 95

Wu Liang Shrine 武梁祠 53

Wu Qi 吴起 148, 154

Wu River 乌江 109

Wu She 武涉 104

Wu Zixu 伍子胥 143, 147, 149–150, 198–199, 204

Wuan, marquis of 武安侯 93

Wuji, Prince of Wei 魏公子 143, 209–210, 249n2

X

Xerxes 薛西斯 181

Xi 喜 3–4

Xia dynasty 夏 9, 112, 139; records of, 7

Xialei 侠累 151, 251n31

Xiang, duke of Qin 秦襄公 134–135

Xiang, Mount 湘山 181, 187

Xiang Liang 项梁 88–89, 91, 101, 106, 241*n*50

Xiang Yu 项羽 xvii, 30, 91, 199, 201; basic annals of, 29, 83, 88, 92, 123, 133, 237*n*43; death of, 98; defeated by Gaozu, 44–46, 88–89, 102–113, 133; treatment of Gaozu, 240*n*35, 240*n*39; genealogy, 88, 242*n*84, 242*n*92; and Han Xin, 95; massacres troops, 100, 102, 104, 241*n*50; and Wei Bao, 75–81; *see also* Gaozu

Xianyang 咸阳 181–182

Xiao, marquis of Jin 孝侯 62

Xiao He 萧何 80, 107, 109, 112, 117

Xiao Li 肖黎 245*n*36

Xiaocheng, king of Zhao 孝成王 56

Xie Ao 谢翱 213

Xin, king of Sai 塞王欣 78

Xin'an (place-name) 新安 100

Xingyang (place name) 荥阳 76–79

Xiongnu barbarians 匈奴 18, 22, 58

Xu (place-name) 许 62

Xu Fu 许负 77

Xu Wenshan 许文珊 248*n*67

Xuan, duke of Wey 卫宣公 70, 72

Xun Qing 荀卿 *see* Xunzi

Xunzi (Xun Qing) 荀子 36, 39, 56, 139, 154, 248*n*83

Y

Yan, state of 燕 95, 173

Yan Hui 颜回 126, 142, 163–164, 245*n*42

Yan Shigu 颜师古 226*n*6

Yan Zhongzi 严仲子 150, 152

Yang Xiong 扬雄 98

Yangzi River 长江 187

Yanzi 晏子 154, 251*n*38

Yao, Emperor 尧 119, 181

Yellow Emperor 黄帝 7, 46, 119

Yellow River 黄河 48, 75–78, 164, 174, 186

Yi, king of Di 翟王 78

Yi Yi 夷逸 164

Yi Yin 伊尹 197

Yin and yang 阴阳 57, 65, 219n4

Yin, duke of Lu 鲁隐公 37, 62–63, 67, 68, 122

Yin dynasty 阴 *see* Shang dynasty

Yingchuan Commandery 颍川 186

Yingying (place-name) 颍阳 104

Yo Yi 乐毅 262n65

You, king of Zhou 周幽王 115, 183

You xia 游侠 *see* Local bosses

Youli (placename) 羑里 162

Yu 育 151

Yu, Emperor 禹 187, 257n48

Yü, Ying-shih 余英时 91

Yu Qing 虞卿 56, 148, 163

Yu Rang 豫让 147, 209

Yu Zhong 豫仲 164

Yuan, king of Chu 楚元王 132

Yuan Gu 袁固 260n36

Yuan Xian 原宪 199–200

Yue, state of 越 143

Yun 允 62

Z

Zang Tu 臧荼 100

Zang Xibo 臧僖伯 64

Zhang Cang 张苍 56, 90, 117

Zhang Dake 张大可 82, 237n39

Zhang Er 张耳 90, 95, 110

Zhang Han 章邯 76, 83, 102

Zhang Liang 张良 88, 94–96, 103, 106, 107, 109, 110, 111

Zhanguoce《战国策》*see Intrigues of the Warring States*

Zhao, king of Qin 秦昭王 3

Zhao, marquis of Jin 晋昭侯 62

Zhao, state of 赵 37, 95, 173, 197

Zhao Gao 赵高 203–204, 255n22, 257n52, 260n46

Zhao Tuo 赵佗 102, 110, 147

Zhao Yi 赵翼 14, 131

Zhe River 浙江 187

Zheng, king of Qin 秦政王 48; *see* First Emperor

Zheng, state of 郑 30, 62, 64, 70–71, 149, 155

Zheng Dangshi 郑当时 144–146

Zheng Qiao 郑樵 15, 43

Zhengming 正名 *see* Names, rectification of

Zhengshi 正史 *see* Standard Histories

Zhi, state of 轵 151–152

Zhi, Robber 跖 126, 246*n*42

Zhongshan, state of 中山 225*n*4

Zhongwu 钟巫 63

Zhou 纣 197, 198

Zhou, Duke of 周公 17, 64, 115–116

Zhou, state of 周 71, 101, 121, 131, 155, 171

Zhou dynasty 周 7, 13, 23, 24, 29, 38, 46, 112, 139, 170, 172, 186, 191, 192, 197; conquest of Shang, 6, 9, 11, 173, 177

Zhou Bo 周勃 74

Zhou Ke 周苛 93

Zhou Hulin 周虎林 228*n*23, 231*n*42, 245*n*36

Zhou Shi 周市 241*n*62

Zhou Yiping 周一平 237*n*39

Zhouxu 州吁 67–72, 235*n*21

Zhu Hai 朱亥 209

Zhu Ziqing 朱自清 82

Zhuan (biography/commentary) 传 69–70

Zhuang, duke of Wey 卫庄公 67–68

Zhuang, king of Qin 秦庄王 3

Zhuang Zhu 庄助 145

Zhuangxiang, king of Qin 秦庄襄王 56

Zhuangzi 庄子 154, 154, 246*n*42

Zigong 子贡 163, 164, 165, 199–200

Zilu 子路 71, 156, 164, 165, 198

Zixi 子西 149–150, 250*n*25

Zixia 子夏 121

Ziying 子婴 102

Zou, state of 陬 159

Zou Yan 邹衍 154, 162, 196–198; and Confucianism, 187

Zou Yang 邹阳 39

Zouyi, Mount 邹峄山 256*n*23

Zuo Qiu 左丘 *see* Zuo Qiuming

Zuo Qiuming (Zuo Qiu) 左丘明 56, 162, 211

Zuo zhuan commentary《左传》评论 11, 44, 51, 56, 64, 66, 128, 247*n*49; quoted, 13; model for *Shiji*, 122–123, 144, 229*n*33; source of *Shiji* information, 67, 149–150, 159, 160, 164, 165, 167, 235*n*14, 235*n*19, 253*n*68; relationship to *Spring and Autumn Annals*, 68

译后记

司马迁对阵秦始皇,虽不似秦琼战吕布一样无稽,但多少也会让读者诧异。美国学者侯格睿的《青铜与竹简的世界:司马迁对历史的征服》为我们呈现了一副司马迁与秦始皇争夺世界的画面:"两个人参加了同一个比赛。他们都试图通过重新排序历史、命名和分类以及控制话语的基础来定义世界。"在这场比赛中,秦始皇凭借强制和暴力,而司马迁以道德重建作为管理国家和人类社会的基础,借助《史记》赢得了比赛。他们争夺的焦点是"定义世界"(在最初动笔翻译此书时,我曾犹豫是否将书名翻译为《定义中国》,而不是现在直译的《青铜与竹简的世界:司马迁对历史的征服》)。

侯格睿是美国当代《史记》研究的重要学者之一,是北卡罗莱纳大学艾塞维利分校的教授。1988年,侯格睿获得耶鲁大学中国文学博士学位,博士论文的题目是《〈史记〉中的客观性和解释性问题》(Objectivity and Interpretation in the Shih Chi)。1999年,侯格睿的《青铜与竹简的世界:司马迁对历史的征服》由哥伦比亚大学出版社出版，成为其关于《史记》研究的代表性作品。该书出版后在美国汉学界有较广泛影响，被认为是与华兹生《司马迁：中国伟大的历史学家》、杜润德《朦胧的镜子：司马迁笔下的矛盾与冲突》齐名的当代美国《史记》研究重要成果之一。该书的结构和各章的具体内容，侯格睿在"前言"中有简要的概括，读者可以容易地获得全书的梗概，此处不赘述，我们将目光聚焦侯格睿组织的司马迁与秦始皇的比赛上。

司马迁与秦始皇的比赛，结果显而易见：司马迁的竹简世界最终战胜了秦始皇的青铜世界。侯格睿客观地评判了这场比赛。秦始皇以武力建立了统一强大的帝国后，"试图通过思想的重组使他自己的军事征服合法化。他试图改变人们理解世界的范畴，最重要的是他希望自己能够定义世界"，即由他来定义理解和判断世界的术语。"在重新命名的狂热中，……一个新世界所有的东西都需要新的名字，它们都来自秦始皇。"不幸的是，司马迁以直截了当的方式，消除了秦始皇的努力，"司马迁写了一段历史，其意图是点对点消除秦始皇的意识形态结构"。《史记》不是一部普通的历史，因为它不仅讲述了过去的故事，还试图以象征的方式代表过去。就像秦始皇的陵墓一样，《史记》是一个宇宙模型，一个写在成千上万片竹简上的世界。事实上，《史记》是一个最终被证明胜利了的竞争模型。秦始皇试图利用他的政治手段来塑造一个没有历史的新世界，但最终他被迫只是在司马迁的《史记》所创造的宇宙中占据了一席之地。在这场不同寻常的比赛中，"历史学家——而不是皇帝——是天地之间的真正联系",司马迁的胜出也自然毫不意外。

为什么秦始皇、司马迁都选择以历史作为定义中国的手段呢?侯格睿认为"祖先崇拜、儒学和官僚主义都促成了在中国文明中历史思想的盛行","非常明显的是,中国人不同寻常地将历史作为身份认同和发展方向的源泉"。司马迁不仅把《史记》作为他历史观的代表,"而且也以特别的字面方式代表了世界本身,通过它的存在,寻求改变那个世界"。作为客观世界的模型,"司马迁的历史具有一种神奇的魔力,他用写实的笔法记录超越普通因果关系的具体话语和行动,旨在以这样的记录影响世界。《史记》就是用这样具有表演感和仪式感的语言呈现这个世界。通过《史记》中的命名、归类和排序,司马迁给予宇宙本身一种特定的结构"。《史记》五体结构的灵活性发挥了重要功用,它允许司马迁在不同主题下,灵活取舍史料,既保证了客观性,又能发挥历史的道德教化功能。司马迁希望他的读者在他的模型指引下自己去理解世界。侯格睿相信,读者即使在模型的指引下找到了理解世界的妙门,也不会离开司马迁,这也是司马迁在中国历史上鹤立鸡群的原因所在。

司马迁的世界模型能够发挥功能,也离不开他独特的叙事艺术和对人物传记次序的巧妙编排,这也是模型发挥作用的重要保障。侯格睿通过《孔子世家》的叙事分析指出,司马迁关于孔子一生的描述,折射的正是司马迁自己的人生际遇。司马迁通过描述圣人，也拉近了他与圣人的距离。遭遇坎坷，通过著述获取后世的认可，这是孔子和司马迁共同的命运。司马迁认为这也是历史的价值，通过历史学家的努力，让那些被埋没的圣贤重新获得应有的地位，这是天道。天道，不应被局限在一个短的历史时期。伯夷叔齐虽然没有善终，但他们被孔子从尘埃中打捞出来，被后世敬仰，这是天道。司马迁自己正在遭受的坎坷，也必将通过《史记》得到应有的澄清。

　　司马迁为了完成《史记》的写作，不惜承受腐刑这样的奇耻大辱。他为何如此急迫地选择这样激烈的对抗呢？侯格睿也给出了他的分析：司马迁发现，他的竞争对手秦始皇从骊山帝陵中复活了，他在汉武帝身上附体了。他们是如此相像，推行的政策如出一辙，甚至两人对长生不老的追求也不谋而合。司马迁被恐惧包围着，他一定要完成《史记》，完成世界模型的构建，否则，他与秦始皇的竞争，终将败在秦始皇的孪生者手上。当他的描述突出了秦始皇和汉武帝之间的相似之处时，读者认识到这两个君主其实属于同一类型的人。相同的批评适用于二者。《史记》的结构允许司马迁将二者匹配。

　　侯格睿把《史记》五体结构下呈现的竹简世界，与秦始皇陵中呈现的微缩的青铜世界作为两个具象对比。秦始皇在地下复刻了自己统治的世界，他试图借助祖先精神对后世的控制，通过地下这个微缩的帝国，万世统治人间。可悲的是，随着秦帝国的灭亡，秦始皇陵也遭到破坏，他的野心也被司马迁曝光。而司马迁的《史记》成为后世膜拜的经典,不断被研究阐发,司马迁藏之名山、传之后世的愿望被光大。侯格睿之所以将司马迁的《史记》看作客观世界的微观模型,秦始皇陵近乎模型的结构一定给了他颇多灵感。过去的研究成果对《史记》五体结构之功能也有足够关注,但鲜有将其上升到客观世界模型的层面,严谨的中国学者更不会将《史记》与秦始皇陵类比,这些给侯格睿留下了足够的发挥空间。

侯格睿发现了司马迁的野心,司马迁害怕汉武帝重建秦始皇的世界,不惜承受腐刑完成了《史记》。司马迁将秦始皇拉回了他试图否定的历史序列中,接受历史的评价;他通过全面记载汉武帝推行的一系列政策,以暗含褒贬的叙事手法,将汉武帝置于秦始皇评价体系之下,完成了竹简世界体系的构建。中国文化中,"野心"不是一个褒义词,鲜有学者将这个词用在司马迁身上,侯格睿很仰慕司马迁,把他看作孔子一样的圣人(美国学者杜润德在《朦胧的镜子:司马迁笔下的矛盾与冲突》中甚至将司马迁称作"孔子二世"),他认为司马迁写作《史记》,有征服历史的野心,并无贬义。在他看来,司马迁不仅战胜了秦始皇,很好地继承和发扬了孔子关于道德世界的创建,而且塑造了秦始皇和孔子在历史中的形象。司马迁以这样一种体面的方式,结束了与秦始皇的竞争。

《史记》是百科全书式著作,任何一个纬度的解读都有其合理性,侯格睿从"正名"角度切入,把司马迁的著史看作他与秦始皇争夺古代中国的定义权，让人耳目一新。在侯格睿看来，孔子、司马迁借助道德教化改变世界，他们实现历史道德教化的手段，就是"正名"，司马迁通过《史记》构建了客观世界的微观模型，通过这个模型，将历史的道德教化功能发挥到极致。较之于《春秋》，《史记》庞大的结构，五体之间的配合，本身就有寓意，什么样的人入本纪，什么样的人入世家，在史料取舍、排列及叙事手法上有足够的空间，使司马迁能够尽情发挥。它建构的客观世界的模型，不仅反映客观世界，帮助司马迁战胜了秦始皇，赢得古代中国的命名权，它也是司马迁理解世界、改变世界的工具。

侯格睿相信，司马迁通过《史记》理解世界、改变世界，他希望他的读者——那些能真正读懂他著作的人，能和他一起在《史记》所构建的客观世界的微观模型中，找到理解世界、改变世界的方法。在这个过程中，司马迁选择了"遁形"，读者在一个看不见的向导的指引下，与司马迁共同探寻古代中国，并从中获得理解世界、改变世界的能力。司马迁通过《史记》构建了一个开放的微观模型，并让模型获得了永久的生命力。《史记》之所以成为经典，成为理解中国传统文化的钥匙，这是根本原因之一。《史记》传世至今，已有两千多年，历代关于《史记》之注释、选本及研究汗牛充栋，特别是20世纪以降，海内外关于《史记》的专著及论文更是蔚为大观，侯格睿作为汉学家，对《史记》这样一部中国古代经典有如此宏观之概括，确实值得钦佩，这也是激励我动笔翻译的最大动力。

我与《史记》结缘甚早，要感谢我的硕士导师崔凡芝先生。在山西大学历史系攻读本科学位时，我的学位论文题目是"汉武帝推行新经济政策的原因"，论文指导老师崔凡芝先生鼓励我尽最大努力认真研读《史记》相关篇目，力争论从史出。为了做好论文，我第一次认真研读了《史记》中的《高祖本纪》《吕太后本纪》《孝文本纪》《封禅书》《河渠书》《平准书》《匈奴列传》《货殖列传》等篇目，完成了一篇还算让崔凡芝先生满意的论文，崔凡芝先生精心修改后，推荐到《山西大学学报》（2000年第4期）发表。硕士阶段，崔凡芝先生鼓励我继续在《史记》上下功夫，全面精读《史记》全书，在崔凡芝先生的精心指导下，硕士期间我完成了《〈史记·将相表〉的倒书》，就《汉兴以来名臣将相年表》中的"倒书"进行了初步探索，该文发表于《史学史研究》（2002年第2期）。从事编辑工作之后，在张大可先生的提携下，我参与了中国史记研究会部分工作，后来又与张大可先生一起创办北京史记研究会，致力于《史记》研究及推广普及。翻译《青铜与竹简的世界：司马迁对历史的征服》，既是学术兴趣使然，也是完成张大可先生及学会交给我的学术任务。张大可先生第一时间校阅了全部译文，提出了宝贵修改意见，并慨然作序推荐，这部译稿作为多年追随先生的一份作业，希望能不负先生对后学的奖掖。中山大学历史学系谢伟杰教授认真审校了全部译文，纠正了译文中的部分错讹；责任编辑郭晓娟以极大的耐心，指出了译文中种种的疏漏，并义不容辞地承担了索引编制工作。在此，深致谢忱。

  本书的翻译出版，得到了陕西师范大学张新科教授的大力帮助，蒙他不弃，将本书和我正在翻译的杜润德《朦胧的镜子：司马迁笔下的冲突与矛盾》列入他主持的"海外司马迁与《史记》研究丛书"，这对我既是鼓舞也是鞭策。

  研读《史记》已二十余年，动手翻译《史记》英文研究著作尚属首次，译文中难免有错漏之处，还望方家不吝指正。

丁波
2021 年 12 月

图书在版编目(CIP)数据

青铜与竹简的世界：司马迁对历史的征服 /（美）侯格睿著；丁波译. — 北京：商务印书馆，2022
（海外司马迁与《史记》研究丛书）
ISBN 978-7-100-19561-4

Ⅰ.①青… Ⅱ.①侯… ②丁… Ⅲ.①中国历史－古代史－纪传体②《史记》－研究 Ⅳ.①K204.2

中国版本图书馆CIP数据核字（2021）第035178号

权利保留，侵权必究。

长安与丝路文化传播学科创新引智基地资助项目

海外司马迁与《史记》研究丛书
青铜与竹简的世界：司马迁对历史的征服
〔美〕侯格睿 著
丁 波 译

商 务 印 书 馆 出 版
（北京王府井大街36号 邮政编码 100710）
商 务 印 书 馆 发 行
北京兰星球彩色印刷有限公司印刷
ISBN 978-7-100-19561-4

2022年4月第1版　　 开本 880×1230　1/32
2022年4月第1次印刷　 印张 12　1/2
定价：75.00元